光明社科文库
GUANGMING DAILY PRESS:
A SOCIAL SCIENCE SERIES

·政治与哲学书系·

中国特色社会主义文化自信研究

林柏成 | 著

光明日报出版社

图书在版编目（CIP）数据

中国特色社会主义文化自信研究 / 林柏成著 . -- 北京：光明日报出版社，2022.10

ISBN 978-7-5194-6858-3

Ⅰ. ①中… Ⅱ. ①林… Ⅲ. ①中国特色社会主义—文化事业—研究 Ⅳ . ① G12

中国版本图书馆 CIP 数据核字（2022）第 190608 号

中国特色社会主义文化自信研究
ZHONGGUO TESE SHEHUI ZHUYI WENHUA ZIXIN YANJIU

著　　者：林柏成

责任编辑：王　娟　　　　　　　责任校对：阮书平
封面设计：中联华文　　　　　　责任印制：曹　净

出版发行：光明日报出版社
地　　址：北京市西城区永安路 106 号，100050
电　　话：010-63169890（咨询），010-63131930（邮购）
传　　真：010-63131930
网　　址：http://book.gmw.cn
E - mail：gmrbcbs@gmw.cn
法律顾问：北京市兰台律师事务所龚柳方律师

印　　刷：三河市华东印刷有限公司
装　　订：三河市华东印刷有限公司
本书如有破损、缺页、装订错误，请与本社联系调换，电话：010-63131930

开　　本：170mm×240mm
字　　数：200 千字　　　　　　印　　张：13
版　　次：2023 年 1 月第 1 版　　印　　次：2023 年 1 月第 1 次印刷
书　　号：ISBN 978-7-5194-6858-3

定　　价：85.00 元

目　录
CONTENTS

绪　言

第一节　文化自信：现实的有力召唤与理论的焦点催生

一个国家和民族要想持续发展而获得生生不息的力量，就不能没有血脉和灵魂，毫无疑问，文化就是贯穿在其中的血脉，就是引领其进步的灵魂，它成为国家和民族凝聚共识和彰显风采的动力源泉。当今世界政治多极化、经济全球化、社会信息化的发展一日千里，而文化在国际交往中的作用与地位也越发凸显，不断成为国家和地区之间竞争力的代表和软实力的象征。一个真正强大的国家，既要有强大的经济实力做保障，也要有高度发达的文化来支撑，软硬实力兼备且平衡发展，才能使自己真正屹立于世界民族之林。站在新的历史方位上，如今我国已取得了显著而骄人的成就，经济地位明显提升而跃居世界第二，整个国家与全体人民的面貌也随之产生深刻而广泛的变化。但与经济社会的发展改变相比，我们在精神文化领域的建设上仍存在着很多不足之处。而且，在复杂多变的国际环境下，以美国为首的西方资本主义国家凭借着强大的文化话语权在世界范围内极力兜售自己的意识形态，他们利用信息技术与媒体等优势大搞文化输出和植入，致力于实现自己文化霸权主义的阴谋，而社会主义的中国历来是他们重点关注的对象，随着中国的日益崛起，他们的攻势有增无减。面对西方国家如此肆无忌惮的文化侵略与文化渗透，我们应该用怎样的文化心态来应对？应该如何在多元思潮的激荡中更好地保持自身文化的独立性？应该如何把牢意识形态建设的领导权与话语权，维护国家文化安全？应该如何更好地凝聚社会共识、提振国民精神？应该如何建设社会主义文化强国，增强民族的文化软实力？这些都是我们不得不思考和解答的问题。而文化自信就是认识与回应这些问题的切入点、关键源与金钥匙。在国内外的严峻形势下，培育和坚定高度的文化自信已是刻不容缓、势在必行。

中国共产党是一个具有高度文化自觉与强大执政自信的政党，始终把文化问题视为治国理政的重要方面，并不遗余力地持续推动社会主义文化等各方面建设。特别是，1996年党的十四届六中全会将思想道德和文化建设方面的问题作为会议主题，审议并通过了《中共中央关于加强社会主义精神文明建设若干重要问题的决议》，为建设精神文明的发展明确了工作方向与基本遵循；2011年"文化命题"又成为党的十七届六中全会的重要议题，文化在国家建设发展中的战略地位更加凸显，这次全会明确提到"培养高度的文化自觉和文化自信，提高全民族文明素质，增强国家文化软实力"[1]。党的十八大以来，"文化自信"问题被党中央摆到了民族复兴进程中前所未有的位置，成为习近平总书记在不同场合中频频提及并强调的关键词。如在十八大以后的中央政治局的第十三次集体学习时（2014年2月），习近平总书记特别强调应"增强文化自信和价值观自信"[2]；在全国两会期间参加地方代表团审议时（2014年3月），总书记也明确提道："我们要坚定理论自信、道路自信、制度自信，最根本的还要加一个文化自信。"[3] 在全国文艺工作座谈会的讲话中（2014年10月），他指出"增强文化自觉和文化自信，是坚定道路自信、理论自信、制度自信的题中应有之义"[4]。特别是在著名的哲学社会科学工作座谈会上（2016年5月），习近平总书记用了"三个更"来阐明文化自信的作用，认为它是"更基本、更深沉、更持久的力量"[5]。还有在建党95周年大会的讲话中（2016年7月），总书记又用了另外"三个更"阐释了文化自信的地位，认

---

① 中共中央关于深化文化体制改革　推动社会主义文化大发展大繁荣若干重大问题的决定
［N］.人民日报，2011-10-26（01）.

② 把培育和弘扬社会主义核心价值观作为凝魂聚气强基固本的基础工程［N］.人民日报，
2014-02-26（01）.

③ 李斌，霍小光."改革的集结号已经吹响"——习近平总书记同人大代表、政协委员共商
国是纪实［N］.人民日报，2014-03-13（01）.

④ 中共中央文献研究室.十八大以来重要文献选编（中）［M］.北京：中央文献出版社，
2016：135-136.

⑤ 习近平在哲学社会科学工作座谈会上的讲话（2016年5月17日）［N］.人民日报，2016-
05-19（02）.

为在中国特色社会主义的"四个自信"中,"文化自信,是更基础、更广泛、更深厚的自信"①。在十九大报告中(2017年10月),习近平总书记又郑重号召大家要坚定文化自信,推动社会主义文化繁荣兴盛,他从伟大复兴的角度出发阐述了文化自信问题,特别指出:"没有高度的文化自信,没有文化的繁荣兴盛,就没有中华民族伟大复兴。"②……习近平总书记多次围绕着一个主题强调和阐明一系列相关问题,这在历史上是少见的,足见文化自信问题的重要性。随着实践的日渐深入,再加上党和国家的高度重视和极力倡导,"文化自信"问题日益成为学术界研究的热点,也引发了我们的强烈关注。

因此,在现实的有力召唤与理论的焦点催生下,文化自信成为新时代的重要课题。当前学界围绕文化自信这个主题,从各方面做出了许多有益的思考和探讨,其取得的成果不仅为我们推进下一步的研究奠定了基础,也给我们带来很多启发。选择一个宏大的主题开展学术研究,必须在继承的基础上结合实际条件进行创新。本书紧紧围绕中国特色社会主义文化自信这一对象,着眼于全局性与整体性进行理论梳理与现实考察,以期更真切地贴近与回应学术热点,也旨在通过对这一问题的研究,用更有前瞻性和更具针对性的分析为当代中国文化理论的丰富发展、社会主义现代化强国与民族复兴梦想的实现贡献应有的学术力量。

第二节　开展文化自信问题研究具有重大的理论与现实意义

围绕"中国特色社会主义文化自信"的主题和中心,本节主要是从理论和实践两方面深入分析开展这个课题研究的重要价值。在理论上,我们应从文化理论建设、中国特色社会主义理论体系,马克思主义文化观的中国化、

---

① 习近平.在庆祝中国共产党成立95周年大会上的讲话(2016年7月1日)[M].北京:人民出版社,2016:13.

② 习近平.决胜全面建成小康社会 夺取新时代中国特色社会主义伟大胜利——习近平同志代表第十八届中央委员会向大会做的报告摘登[N].人民日报,2017-10-19(03).

时代化与大众化等几个方面入手来论述进行文化自信研究的意义。同时，在实践上，可以从人民主流意识形态认同、社会主义文化强国、中华民族伟大复兴的角度来剖析文化自信研究的意义。

一、理论意义

开展文化自信问题研究，必然对深化我国文化理论建设具有较强的促进意义。文化对于当今这个充满变革与机遇的时代而言，其作用与影响比以往任何时候都显得更加深刻而广泛。谁把握好了文化问题，就能更好地抢占主动权和先机，进而更好地提升国家文化软实力。进行文化自信方面的课题研究，必然要深入诠释好文化的相关问题，解读好文化方面的重要政策，也要认真探索有利于文化进步的路径和建议。只有文化理论建设先行一步，文化发展才能更好地明确导向、确定思路、优化布局，这样软实力的提升才能有遵循的思路。本书先对研究主题即文化自信的相关概念进行界定，进而探讨其本质、前提与目标，分析文化自信与其他"三个自信"的关系，接着梳理形成条件，再对其内容与特征进行论述，并专门对其现实境遇进行考察，最后提出增强中国特色社会主义文化自信的对策建议，这必然为进一步深化和提升社会主义文化研究提供相关理论借鉴。

开展文化自信问题研究，必然能更好地丰富和发展中国特色社会主义理论体系。不断推进理论创新，是时代赋予的内在要求，也是当代哲学社会科学研究者的重要使命。理论创新涵盖的维度相当广泛，打好每一部分每一环节的基石，对整个理论大厦的建构都具有极其重要的意义。对中国特色社会主义理论体系进行研究，必然少不了文化自信的相关内容，着眼于系统性、全面性与逻辑性，探索建立文化自信方面的分析框架，从中分层次深化对问题的理解把握，其研究成果既能增加文化自信研究的深度，也能更好地拓宽中国特色社会主义理论体系研究的广度。

开展文化自信问题研究，必然能更好地推动马克思主义文化观在中国的发展，促进其时代化与民族化。为更好地了解中国特色社会主义文化自信形成的理论渊源，本书有针对性地梳理马克思主义经典作家对文化的论述，并深入挖掘中国共产党人的文化自信思想。其实，中国共产党人的文化自信思想，本质上就是中国化马克思主义文化观的重要组成部分，既有效传承了马克思主义文化观的基本精神，又把符合时代发展要求的新元素融入其中，为当代中国的精神文化实践提供了强大指引。我们今天进行文化自信研究，不仅要将马克思主义文化观与当代中国的时代特征、具体国情结合起来，还要将理解群众的文化心态与尊重文化的建设规律统一起来。在这样的基础上进行文化自信研究，有针对性地梳理现状、寻找问题及原因，并寻找解决提升对策，期望所形成的成果能为实现马克思主义文化观的中国化、时代化与大众化贡献绵薄力量。

二、实践意义

从国民的思想意识层面看，开展文化自信问题研究，有利于提升人民大众对国家主流意识形态的认同度，进而增强其价值观自信。作为文化自信的核心和内在本质，价值观自信至关重要。通过理论的梳理，民众能在充分知晓的基础上更好地明确现状，进而把握问题与挑战，特别是本研究对如何提升民众的文化自信做出了具体分析和论述，能在强化人们对马克思主义的信仰、增强对中国特色社会主义的认同、加深对中华优秀传统文化的认可及增进对党和国家的热爱等方面起到路径引领与方法支撑的作用，这将能从根本上增强民众的总体价值观自信，并使之转化为现实力量，成为我们推动发展、支持改革的重要精神动力。

从社会主义文化发展的角度看，开展文化自信问题研究，有利于引领文化建设的发展，这对促进社会主义文化繁荣进步，使我们更好地向文化强国迈进具有重要推动作用。只有在研究上做好梳理，现实中才能有支撑。进行文化自信研究，不仅在理论上能为文化建设提供引领，在实践上也能真正促进发展，它涉及对社会主义核心价值观的培育弘扬、引导传统文化转型、促进文化事业繁荣、推动文化产业发展等方面。在理论和实践上坚定文化自信，社会主义文化的繁荣、文化强国的建设发展才能更有底气和魄力。

从实现民族复兴的维度看，开展文化自信问题研究，有利于形成强大的思想保障与有力的精神支撑，为实现中华民族伟大复兴的中国梦助力。中华民族的伟大复兴，必然是物质与文化兼具齐进步的复兴，少了任何一方面都不行。如果没有文化的繁荣振兴，没有高度的文化自信做支撑，那么伟大梦想的实现也只能是一句空话。因此，增强文化自信是实现伟大梦想的内在环节与迫切需要。当前我们搞好对文化自信问题的研究，尤其是探讨"四个自信"的内在逻辑，这能在根本上让民众知其然并知其所以然，这样中国人民必将对中国特色社会主义道路、理论与制度更加坚定不移，全民族就能汇聚起强大的精神力量，在实现中华民族伟大复兴中国梦的征程上，才能不断攻坚克难，争取到一个又一个新的胜利。

第三节 当前国内外研究现状及述评

文化自信作为当前的热点话题，已引起学术界的高度关注。其实，这是一个关乎国家民族命脉、影响实力建设的主题，深沉而博大，可探讨的空间很大。目前国内外学者围绕着文化自信及其相关问题开展了多学科、多领域、多角度、多层次的研究解读工作，取得了一系列显著喜人的成果，为进一步推动后续研究和实践探索奠定了理论基础。本书围绕主题，着重对国内外学者的成果进行系统梳理，在归纳了解现状和进展的基础上，试图分析当中不足之处，以期助益于本书思路与框架的搭建和写作。

一、国内研究现状

纵览国内学术界对文化自信问题的研究，我们了解到，2010年之前的著作和论文中涉及这一主题的并不是很多。自2011年胡锦涛同志在庆祝建党90周年的讲话中提到文化自信，又在十七届六中全会和十八大中提及相关概念，学术界对这一问题的研究逐渐变得热起来。特别是党的十八大以来，"文化自信"日益成为我们国内学术界广泛关注的焦点问题。通过认真梳理现有研究资料，我们知道，国内学者从各自的角度出发，就内涵、来源、意义、存在问题及制约原因、增强路径等，对文化自信问题开展了深入细致的研究，取得比较丰硕的成果，具体表现如下。

（一）关于文化自信的内涵方面

由于所属学科不同、所关注的领域不同，学者们主要从自己的角度表达了观点，这些观点有的具有一定的共性，有的又在某些方面体现出特色之处。大部分学者都认识到文化自信是主体对本民族历史文化的认知活动，如云杉认为文化自信是主体（包括国家、民族、政党等）对自身文化价值及生命力的充分肯定与坚定信念。[①] 石文卓认为文化自信是文化主体对自身文化价值做出的肯定性体认，这是以充分了解把握文化发展历史、内容和方向等为前提的。[②] 熊晓梅则强调了文化自信表现出主体（一个民族或政党）对自己民族文化价值的认同感与归属感。[③] 郭建宁指出文化自信是指人民群众对本民族优秀的理想和传统文化的崇尚坚守。[④] 同时，有的学者还站在文化交流比较的角度，强调文化主体应在面对文化竞争中保持对自己文化的优越意识。[⑤] 有的学者从心理学视角入手进行解读，指出文化自信是主体经过一系列的心理过程，对客体"形成对自身文化价值和文化生命力的确信和肯定的稳定性心理特征"[⑥]，强调了文化自信是主体在文化角度拓展自我的一种心理诉求，内在地表现出主体的自我认同，并用三个维度（即主体心态、价值追求和精神向度）来界定文化自信的内涵。[⑦] 有学者用马克思主义来给文化自信做定义，指出坚持以马克思主义为指导的社会主义先进文化应构成文化自信的科学内涵。[⑧] 还有学者从文化内容的自信、文化的现实解释力、文化的准确表达和传播等方面诠

---

① 云杉.文化自觉 文化自信 文化自强——对繁荣发展中国特色社会主义的文化的思考（中）[J].红旗文稿，2010（16）：4-8.

② 石文卓.文化自信：基本内涵、依据来源与提升路径 [J].思想教育研究，2017（05）：43-47.

③ 熊晓梅.文化自觉自信：高校思想政治教育的新向度 [J].中国高等教育，2012（18）：27-28.

④ 郭建宁.论坚持文化主体性与增强价值观自信 [J].中国特色社会主义研究，2014（06）：79-82.

⑤ 孔学堂书局.中国人的文化自信 [M].贵阳：孔学堂书局有限公司，2014：247.

⑥ 刘林涛.文化自信的概念、本质特征及其当代价值 [J].思想政治教育研究，2016（04）：21-24.

⑦ 廖小琴.文化自信：精神生活质量的新向度 [J].齐鲁学刊，2012（02）：79-82.

⑧ 陈一收.论以马克思主义为指导的文化自信 [J].思想理论教育导刊，2016（07）：51-54.

释文化自信的内涵。①学者们的不同认识和分析，使得文化自信的内涵阐释表现得更饱满、更生动，为我们拓宽了思路，给我们带来了很多深层次的启迪。

（二）关于文化自信的形成来源方面

很多学者就这一问题做出了深入而细致的探讨，形成了不少鲜明的观点。总的来说，围绕着文化自信为什么能形成或影响其形成的因素，大家不仅看到了文化思想本身的魅力，也看到了现实的辉煌成就，还看到了民众的心理因素；既回顾了历史，也立足于现在，更面向着未来；既有宏观的解读，又有微观的阐释，很好地表达了各自的立场和态度。具体来看，主要涵盖以下几个方面。从"五维度说"看，如陈曙光、杨洁认为，优秀的主体内容、海纳百川的文化心态、中华文明的辉煌历史、中国道路的巨大成功、对人类文明的重大贡献，这五个方面成为当代中国文化自信形成的来源因素。②汤恒从中华民族的系统原生文明、我们文化未曾中断、马克思主义中国化的理论成果、我们党的作风以及社会主义核心价值观等五个方面论证了文化自信是怎么来的。③从"四维度说"看，如王静指出文化自信之所以能够生成，主要源于我们有中国传统文化、有国家的强盛、有社会主义先进文化及有党的领导，这四个方面分别作为历史根基、国力根基、理论根基与领导根基，为文化自信的形成奠定坚实基础。④还有刘建军认为，当代中国的蓬勃发展、中华文明的历史辉煌、文化发展的正确道路、汉语学术的崛起趋势，这四个方面构成了当代中国人文化自信的来源。⑤从"三维度说"看，如秦志龙、王岩则将文化自信的来源归结于历史、现实和未来这三个维度，认为这应包括文化的传统、底蕴和资源，当代中国的成就与中国道路的成功，以及高度文化自觉基础上正确文化发展道路的体认等方面。⑥李月明认为高度的文化认同、深厚的

① 梁秀文，夏从亚.文化自信与社会主义核心价值观［J］.中州学刊，2016（11）：80-86.
② 陈曙光，杨洁.论文化自信［J］.文化软实力研究，2016（03）：19-26.
③ 汤恒.文化自信的来源及价值［J］红旗文稿，2017（18）：4-9.
④ 王静.试论文化自信的四维根基［J］.天府新论，2012（03）：115-119.
⑤ 刘建军.论当代中国人文化自信的来源［J］.文化软实力，2016（01）：49-53.
⑥ 秦志龙，王岩.论坚定文化自信的三个基本问题［J］.科学社会主义，2017（01）：61-66.

文化底蕴和文化软实力的持续提升，共同构成了文化自信的来源。①

（三）关于文化自信的作用意义方面

目前学界对此达成了一定的共识，都认识到文化自信在国家和民族发展中的重要地位与有效功用，但表述的侧重点各有不同。如靳凤林把文化自信提升到了与民族复兴相关联的高度，指出它是民族复兴的精神支柱。②艾文礼则强调文化自信在社会主义核心价值观的培育和践行中起着稳固基石的作用。③杨修伟指出在应对世界异质文化的冲突与融合的过程中，文化自信是心理支撑。④刘芳则强调文化自信是以内在动力来支撑社会主义文化强国、以重要前提促进文化发展繁荣、以基本保障助力中华文化走出去。⑤而邵芳强与魏晓文则在"四个自信"的大框架内探讨文化自信的意义问题，围绕着中国特色社会主义这个主题，强调文化是道路的涵养之源、是理论的精神之源、是制度的动力之源，指出要理性正确地把握践行我们的道路、理论与制度，就不得不坚定文化自信。⑥这其实是表达了文化自信之于其他"三个自信"的精神支撑地位。著名学者仲呈祥还于2011年《求是》上发表《文化自信的力量》一文，在当中专门论证了文化的自觉、自信与自强三者之间的辩证关系，指出自觉是自信的前提，而对自觉与自信的坚持方可真正促进自强的到来，这样的状态才是全面的自信。而刘林涛则专门从四个维度指出当代中国文化自信的社会功能，即教化激励成员、凝聚共识、调控冲突及整合资源。⑦总之，学者们认为，讨论文化自信的作用意义，必须聚焦当代中国的主题主线，不仅要立足于文化领域，还要进一步拓宽视野，密切关注国家和民族的历史进程，关注人民的精神状态与社会的精神风尚，解读透析与此相关的一系列问题。唯其如此，才能把思路理清、道理讲明，进而将价值内涵更好地分享给

① 李月明. 文化自信的意义、来源及表征［J］. 实事求是，2015（05）：105-108.

② 靳凤林. 文化自信：民族复兴的精神支柱［J］. 道德与文明，2011（05）：22-24.

③ 艾文礼. 深入把握和坚持文化自信［J］. 红旗文稿，2015（05）：13-14.

④ 杨修伟. 文化自信与道路自信、理论自信、制度自信的关系辩证［J］. 学校党建与思想教育，2016（13）：48-50.

⑤ 刘芳. 文化自觉和文化自信的战略考量［J］. 理论学刊，2012（01）：7-10.

⑥ 邵芳强，魏晓文. 习近平文化自信思想探析［J］. 思想教育研究，2017（10）：50-54.

⑦ 刘林涛. 文化自信的社会功能及其实现机制探究［J］. 思想教育研究，2017（02）：56-60.

社会大众。

（四）关于文化自信的现状分析（包括存在问题及原因探讨等）方面

不同学者看问题的维度不同，其视角也有宏观和微观之分。从宏观上来看，目前有学者对此的探讨是基于实证的角度，比如，人民论坛问卷调查中心在2016年开展了题为"中国公众文化自信指数"的调查活动，其对象是面向全国公众，并进行具体抽样，当中用翔实的数据分析了影响公众文化自信水平的因素，其调查结果具有一定的普遍性和代表性，认为从总体上看，当代中国公众的文化自信水平还比较高，但在不同程度上存在一些问题，包括对建党立国精神的认知与认同需要加强、国际文化发展意识要提升等。[①] 在文化自信的缺失上，有学者从整体的角度进行理论分析，指出当前国民不同程度地存在文化自负和文化自卑思想，这与我们自身对文化重视程度不够、建设不足有关，也与客观发展现实相关。[②] 关于文化不自信的原因，有学者从总体上将原因归结为四大部分，即根本的、直接的、现实的与外部的，指出根本在于我们物质基础的坚实程度不够，也就是生产力发达程度不够，而近代以来的历史事实因素极大地冲击了原有文化自信，这成为直接原因；现实原因指向我国文化发展亟须提升，外部原因指的是外来强势文化的冲击。[③] 从微观上看，有学者选择了从教育学的视角入手，选择了高校大学生这一特定群体来研究，特别是运用分层整群的抽样方法，通过个别访谈、问卷调查等方式，对大学生文化自信的现状做出了具体的研究，并从大学生自身、校园、社会、家庭等四个维度来分析影响原因。[④] 有学者也专门从价值认同的角度来剖析，指出造成当前文化自信问题出现的原因有经济、政治、思想等方面，

---

① 人民智库.中国公众的文化自信指数调查报告（2016）[J].人民论坛，2016（36）：122-125.

② 邓泽球，魏玲.社会主义核心价值体系视域下的文化自信研究 [J].人民论坛，2015（02）：181-183.

③ 亓静.文化创新：增强文化自信之路 [J].内蒙古大学学报（哲学社会科学版），2014（05）：36-40.

④ 黄秋生，陈元，薛玉成.当代大学生文化自信现状及培养研究 [M].北京：团结出版社，2017：63.

这分别跟利己主义和拜金主义的冲击、政治生态的破坏及价值虚无主义的影响有关。① 还有学者在进行传统节日文化研究中分析影响文化自信的因素，指出文化假日化、娱乐化与商业化的趋势，将导致传统文化面临断代失传的危险，这很不利于文化自信的形成和巩固。②

（五）关于增强文化自信的路径策略方面

国内学者从诸多维度诠释了具体提升措施。从整体上看，不少学者都站在宏观的角度来提出增强文化自信的路径，表现出对策思考的系统性，比如有学者提出了文化自信培养的方法论，主张要在对优秀民族文化做好传承的基础上促进文化的创新发展，更好地加强对自身文化的认同，并用开放态度来应对外来文化的冲击。③ 有学者主张提升当代中国文化自信应关注文化中的"三个力"，即文化凝聚力、文化同化力和文化引领力，指出它们分别在文化自信的塑造中起到了前提、路径与目的的作用。④ 还有的学者主要从社会主义文化的角度入手，指出培养高度文化自觉与自信的方法，着重强调了涉及先进文化的三个部分：文化对社会发展作用的认识、对文化发展规律的考量、对先进文化的信念。⑤ 有学者明确强调，要构建中华文化的精神命脉，而社会主义核心价值观是坚定文化自信的价值主轴，必须牢牢抓住这个支点，做好培育弘扬与融入建设工作。⑥ 在具体领域方面，有学者从文化生态学视角入手指出深化文化自信的思路，要求我们必须从根本上推进文化创新，并理智应对不断改变的文化矛盾与纠结，在内在融合与融通上把握好"中""西""马"三种不同的文化形态，还要对中国特色社会主义文化的"应然"和"实然"

---

① 冯静，张锐.理解文化自信的三重维度［J］.理论导刊，2017（04）：75-79.
② 陈晓莉."文化自信"语境下的传统节日文化弘扬研究［J］.学习论坛，2015（09）：60-63.
③ 杜振吉.文化自卑、文化自负与文化自信［J］.道德与文明，2011（04）：18-23.
④ 李江波，姚亚平，黎滢.文化自信：理论维度与实践维度［J］.江西社会科学，2016（09）：217-222.
⑤ 阳国亮.建设社会主义文化强国必须培养高度的文化自觉和文化自信［J］.广西大学学报（哲学社会科学版），2012（03）：177-180.
⑥ 刘旺旺.全球文化交融背景下提升文化自信的意蕴、挑战及对策——学习习近平关于文化自信的重要论述［J］.社会主义研究，2018（01）：16-23.

矛盾保持正确态度与方法；最后，还要把过程思维贯穿其中。① 有学者把视角放在了特定对象，探讨农民群体文化自信的提升策略，认为应从农民理想信念教育、农村公共文化建设与对待中外文化的辩证态度等部分着力。② 有学者专门就大学文化自信的提升路径来表达看法，指出社会主义核心价值体系建设是提升大学生文化自信的着眼点和着力点，强调在工作中要将育人为本体现出来，并要落实在多出高水平的文化成果上。③

二、国外研究现状

对于文化自信问题，国外学者直接论述或专门研究的著作与论文比较少，但他们对与此相关的问题做了不少有益探索，特别是就文化的全球化、文化的认同、文化的反思批判、文化的软实力等方面做出了深入的论述，当中很多观点和方法极具借鉴意义，这为我们今天研究当代中国的文化自信问题提供了较好的思路启迪与材料参考。

（一）关于文化的全球化方面

马克思在《共产党宣言》中提到，东方从属西方是因为经济全球化导致的文化全球化，而"世界性文学"的形成反过来造成了国家之间文化上的不平等，这让本来就属于经济弱势的国家更加受到经济强势国家的文化侵蚀。"赫尔德（英）和贝克（德）等学者认为全球化背景下文化的发展是一个兼具文化整合与分裂的辩证过程。萨缪尔·亨廷顿（美）在调整自己的'文明冲突论'中强调，即便世界文明多样化可能会导致文明冲突，但不同文明可以加强对话，可以构建共同的'核心文化'，以促进民众团结，促使社会达成共识。"④

（二）关于文化的认同方面

乔纳森·弗里德曼（美）是文化人类学方面的研究者，在全球化日渐加

① 张天勇.文化自信的文化生态学审视［J］.阅江学刊，2017（01）：27-32.
② 梁洋生.农民群众文化自觉自信培育路径探析［J］.理论观察，2016（01）：116-117.
③ 李春林.大学文化自觉和文化自信的着眼点［N］.光明日报，2011-11-23（16）.
④ 耿超.中国特色社会主义文化自信论［M］.桂林：广西师范大学出版社，2016：10-11.

深的形势下，不同国家的人民在对待自己民族认同时是怎么样的，又是如何重建和塑造的，这是他关注的重要问题，他还深刻指出"中心化世界体系的衰落与文化认同的增长呈现的是一种相反的关系"①。而塞缪尔·亨廷顿（美）从政治学的视角出发探讨相关问题，他特别关注人们对国家的认同及其认同危机导致的结局，强调文化认同对大多数人的重要性，指出在冷战后的世界中，文化的区别是各国人民之间的最主要区别。② Verkuy 从族群认同入手来分析，认为族群认同的内在本质在于文化认同，或者也可以说文化认同是族群认同的重要因素，表现为族群成员对自己族群的文化、语言、历史、风俗等的接受情感与认可态度。③Geertz 认为，一个人文化认同的前提同他与生俱来的共同文化有关，而这些共同文化实际上就是指这个人出生的社区、语言群体及周边的社会风俗。④

（三）关于文化的反思批判方面

哲学家奥斯瓦尔德·斯宾格勒（德）在历史研究中把文明文化作为基本单位，并在人类文明发展史中划分出八个各自经历运动周期的文化形态，同时他在《西方的没落》一书中还谈到了西方文化的危机问题。思想家埃德加·莫兰（法）认为"西方文明的福祉包藏了它自身的祸根，它盲目的经济发展给人类带来了道德和心理上的迟钝，引起很多领域的隔绝，致使人们在复杂问题面前感到束手无策，对全局的问题往往视而不见"⑤，并深刻反思法国自身的文化状况。塞缪尔·亨廷顿（美）认为世界文明发生冲突的原因在于存在多样化的文明形式，而这些文明彼此之间都是具有差异性的，同时在此基础上他还对美国文化进行了反思，正如他所说："美国已处于何去何从的重要关头，如果不大力发扬盎格鲁—撒克逊新教文化这一根本特性，美国就面

---

① 弗里德曼.文化认同与全球性过程［M］.郭建如，译.北京：商务印书馆，2003：306.

② 亨廷顿.文明的冲突与世界秩序的重建［M］.周琪，等译.北京：新华出版社，2010：15.

③ VERKUY.Ethnic group preferences and the evaluation of ethnic identity among adolescents in the Netherlands［J］.The journal of social psychology，2001，132（06）：741–750.

④ 姚诚.认同自我，尊重他人［A］.国小乡土教材教法论文研讨会论文集［C］.台北：国立台北师范学院，1996：94–97.

⑤ 莫兰.超越全球化发展：社会世界还是帝国世界？［M］.乐黛云，译.上海：上海文化出版社，2005：202.

临分化、衰落的危险"①,这为人们思考文化走向做出了提醒。对文化帝国主义等方面的问题,约翰·汤林森(英)进行了深入的剖析和批判。汤因比(英)在预测西方文明的未来的基础上指出,一种文明衰落的原因在于不能很好应对外来文明的挑战,并认为敢于迎接文明的挑战是促进文明进步的重要方式。贝尔(美)也探究了文化危机形成的根源,主张要建立新宗教和公众家庭构想,目的就是重塑人们信仰。弗雷德里克·詹姆逊(美)等在文化方面提出了实现乌托邦的设想,而这一切都源自他们对当代资本主义文化逻辑进行强烈批判的基础上。②

(四)关于文化的软实力方面

我们知道,这是由著名学者约瑟夫·奈(美)提出的,他被誉为软实力之父。软实力其实是相对于硬实力而言的,一个无形,一个有形,二者共同构成国家综合实力的重要组成部分,前者指向文化、意识形态、政治制度、政策机制等,后者往往指向军事、科技、经济和资源等实力,通常文化方面的软实力更具有强大的渗透力。约瑟夫·奈称"软实力是一种能够影响他人喜好的能力"③,并把"软实力"概括为"影响力"。也就是说,在约瑟夫·奈的视阈下,文化的影响力、同化力与吸引力等,就是代表文化的软实力,而我国说的文化软实力就是特指"文化国力"。④约瑟夫·奈的这一思想给全球各国各地区带来了一阵软实力研究旋风,为提升文化方面的建设提供了理论参考与依据。

三、研究述评

通过认真而详细的梳理,我们了解到,国内外学者围绕着文化自信问题着实开展了富有成效的研究工作,取得了不少成果,为我们全面地认识评价

---

① 亨廷顿.我们是谁?——美国国家特性面临的挑战[M].程克雄,译.北京:新华出版社,2005:119.

② 耿超.中国特色社会主义文化自信论[M].桂林:广西师范大学出版社,2016:11.

③ 奈.软力量——世界政坛成功之道[M].吴晓辉,钱程,译.北京:东方出版社,2005:5.

④ 沈壮海,佟斐.吸引力 影响力 文化软实力——中国特色社会主义文化建设[M].武汉:武汉大学出版社,2014:7.

问题提供了重要参考，也为我们科学地解读把握规律增添了思路启示。但当中也存在着一定的不足，我们还可以从内容、方法与视野等方面做进一步优化和努力。

（一）文化自信的研究内容尚需深化完善

当前学界对文化自信的探讨大都集中在其内涵解读、价值阐释、现实分析、路径思考等方面，现有研究成果的理论厚度有待进一步深挖，学理依据阐释需要加强，在研究的体系与深度上还需要提升。比如，在对与文化自信相关的概念解释上存在一定的混淆或等同的现象，对文化、自信发展脉络的梳理不够清晰，对其形成的时代背景的论述尚待细化，马克思主义经典作家及中国共产党人对文化自信的相关论述需要更好地挖掘，提升文化自信的策略上过于抽象，造成针对性和可操作性不强，文化是否自信的评判标准需要进一步探索建立，关于文化自信与相关理论之间的关系仍有待更好地明确，如文化自信与中国梦、中国精神、"四个全面"战略布局、"新发展理念""新时代中国哲学社会科学"等的关系还需要更仔细地理清逻辑……下一步，应着力深化完善内容研究，构建全面系统、逻辑严密的文化自信研究体系，为理论框架与论述层次的搭建奠定扎实根基。

（二）文化自信的研究方法需更丰富多样

通过资料梳理后我们发现，文献研究法是当前学者们在研究文化自信问题时多采用的一种方法，因此，今后应在研究中更多地关注实证研究法、比较分析法、跨学科交叉法等，以丰富多样的方法论更好地提升文化自信研究成果的理论诠释力。比如，可采用实证研究法对某个地区或某个群体进行文化自信现状分析，通过翔实的数据支撑样本支撑起现实个案剖析，以增强研究的精准度与代表性。可采用比较分析法，展现不同国家或地区的文化自信状况，探讨他们之间提升本国文化自信的政策差异性与共通性，从中汲取有益经验与启示以有利于我国文化自信的培育和践行；同时也可以将不同群体的文化自信状况进行比较分析，如大学生和其他群体、大学生内部的不同群体等，这样得出的结论应更有说服力与实效性。还可应用学科交叉法对文化自信问题进行研究，不仅局限于文化学、马克思主义哲学、伦理学，还可综合运用教育学、传播学、政治学、经济学、社会学、历史学、统计学等学科的理论，对涉及文化自信不同层面的问题加以分析，以博采之众长为我所用，更好地为阐释问题服务。

（三）文化自信的研究视野有待延展拓宽

研究视野的狭隘容易导致研究的同质化与重复性，并使研究成果缺乏说服力与创新力。探讨文化自信既需要现实眼光，也需要历史眼光；既需要立足中国，也需要放眼世界。当前，学者们关注文化自信的视野大都是局部的、个别的，多侧重现实中国，少研究历史和世界。尤其是把文化自信置于四十多年改革开放的探索进程中、七十多年新中国的发展进程中、一百多年中国共产党的建设进程中和五百多年世界社会主义的历史进程中，探究其作用、地位及对发展中国家的治理等研究还不多，对不同国别之间文化自信的比较还很少，期待视角的拓宽使相关研究得以进一步深化。要想使眼光得以延展、视野得以拓宽，就必须牢牢抓住文化自信问题的实质，紧跟形势格局的发展变化，秉承开放的胸怀，运用敏锐的洞察力去思考研判问题；应打破思维局限性，多一些系统思维、全局思维、立体思维，少一些单一思维、狭隘思维、平面思维。唯其如此，我们才能以高眼光、大格局创造出高质量、大境界的成果和作品，才能更好地提升文化自信研究的实践转化力与实际操作力。

第四节　本书的逻辑结构与创新之处

一、本书的逻辑结构

本书以"中国特色社会主义文化自信"为研究主题和研究对象，坚持宏观与微观相结合、纵向与横向相交融、理论与实践相统一的原则，运用哲学、文化学、管理学、伦理学等学科的基本理论，按照"理论概述—形成条件—内容特征—现实考察—方法途径"的思路，着力构建中国特色社会主义文化自信的研究框架，旨在更客观梳理现状、更全面分析问题、更精准提出对策，以期为新时代文化自信的研究与培育提供有益参考。

首先,在认真梳理研读现有成果和经典文本的基础上,对相关概念进行概括界定,再论述文化自信的本质、前提和目标,最后分析文化自信与其他"三个自信"的辩证关系,以凸显文化自信的重要地位;其次,从时代背景、理论渊源、历史省思和现实根基等四个方面梳理文化自信的形成条件;接着,从主要内容与基本特征上讲清楚文化自信的相关理论问题;再次,从现实的维度出发对文化自信的境遇进行考察分析,在完成价值与成就的梳理后,着重论述文化自信面临的挑战和问题,并探究其背后的制约因素,为提出科学的发展目标与对策建议提供支撑;最后,在前文研究的基础上,从指导思想、基本原则与路径设计入手,提出增强文化自信的方法途径,以提升文化自信培育的科学性、针对性与实效性。

二、本书的创新之处

任何的创新创造都是在继承前人优秀成果的基础上善于超越发展的结果,本书在目前学术界对文化自信问题研究取得积极而丰硕成果的基础上,把握学习借鉴与推陈出新的维度,注重凝练和整合,采取文献研究法、系统研究法、理论联系实际研究法和跨学科交叉法等方法进行研究阐释,力图从研究对象、研究内容和研究范式等方面着力,突出时效针对性、整体系统性与逻辑思辨性。

(一)在研究对象上,努力凸显了时效针对性

作为当前社会积极关注的热点话题,文化自信的重要性与必要性不言而喻,党中央多次提出文化自信并将它作为一项战略任务来抓,学术界也把它纳入重点课题进行研究,其深度和广度也在日益增加。研究梳理这个问题,不仅在理论上具有非凡的意义,而且也能为我们的实践发展创造价值。本书将"中国特色社会主义文化自信"作为研究对象,一切围绕着主题进行思考,一切朝向着对象进行论述,坚持理论阐释与现实分析相结合,旨在积极响应党中央号召,解读时政焦点,聚焦学术关切,把最前沿最实在的研究成果梳理展现出来,将目前最迫切最欠缺的探讨表达阐释清楚,以在把握时效性的

基础上更好地凸显研究的针对性。

（二）在研究内容上，力求展现了整体系统性

目前诸多学者对文化自信进行了多主体、多维度及多层次的探讨，达成了一些共识，也取得了不少积极成果，既有研究专著，又有调研报告，更有大量学术论文。但学者们大都从各自的角度出发来谈论文化自信问题的某一个方面，整体上缺乏系统性；且现有研究成果在梳理文化自信的基本理论层面上不成体系，还有很多需要深入挖掘的地方。本书以丰富的理论资料为经，以现实的成就问题为纬，将开阔的视野瞄准到写作内容中，使文章既有理论定义阐释，也有相关联系梳理；既有形成条件分析，也有内容特征论述；既有实践问题考察，也有政策路径设计。总的来说，兼顾了文化自信研究的各个方面，也在一定程度上弥补了某些探讨的不足之处，既从全局谋划一域，也以一域服务全局，构建了中国特色社会主义文化自信的整体研究框架，很好地展现了系统性的特征，以期用全面翔实的研究为学界提供参考。

（三）在研究范式上，严格遵循了逻辑思辨性

本书紧扣主题，一方面采用了多种研究方法（文献研究法、系统分析法、逻辑归纳法、理论联系实际法、跨学科交叉法等）进行综合研究，不仅使得整个研究能遵循科学的路径进行，避免学术规范上的错误；而且还保证了研究的条理性，使得文章的理论阐释更具逻辑性，让概念界定更精准，让战略构思更有序，让分析梳理更有层次感，让现实考察更能切中要害。另一方面，在研究的思路上，本书注重一定的逻辑性，按照先理论分析、再现实探讨、先成就梳理、再问题查找、先指导思想、再基本原则、先说明原因、再寻找对策的大思路，整个研究都坚持在清晰思路的指导下开展，力图让逻辑严谨的精神由表及里、从浅入深地贯穿到字里行间的每一处。

第一章

中国特色社会主义文化自信的相关理论概述

搞好理论阐释是研讨问题的首要前提，没有对相关理论知识的基本了解，没有对问题概貌的基本把握，整个研究就会缺少理性支撑，而提出的措施也会因不了解情况而缺乏具体针对性。本章是全书研究的逻辑起点，必须把"是什么"的维度弄清楚弄透彻，才能在此基础上将阐释研究往纵深推进。这一章共分三节，每节里面又有若干小节，具体来看，就是围绕研究的核心对象，先对其相关概念进行逐个解读和界定；接着将具体论述与文化自信相关的基本问题，涉及本质、前提与目标等几个方面；最后把眼光放到了"四个自信"的大框架内，分条梳理文化自信与其他"三个自信"的内在关系，借以说明文化自信在当中的重要地位与突出作用，加深人们对研究主题的认识。

第一节　相关概念界定

研究文化自信问题，必然绕不开文化这一概念。从文化概念出发，本节将做出周密细致的梳理，同时，我们还将对"文化自信""中国特色社会主义文化"与"中国特色社会主义文化自信"等概念进行界定，以期为下文的进一步研究奠定前提和基础。必须要强调的是，涉及的这几个概念，虽彼此相互联系、层层递进，但也存在一定的区别，应该说它们反映的是马克思主义哲学中普遍性与特殊性的辩证关系。中国特色社会主义文化肯定是既符合了文化的基本特征，又凸显了中国自身的风格特点；而中国特色社会主义文化自信，必然是具有中国主体和社会主义气派的，且又能彰显中国精神与中国力量的文化自信，这样的文化自信就是本书研究的核心对象。

一、文化的内涵

谈到"文化"，我们不得不说，这绝对是一个深沉而广大的话题。"文化二字，涵义至广，遽数不能终其物"（章太炎语）。对于文化的内涵，我们完全可以用"博大精深、丰富深刻、寓意广泛"来形容它。其实，"文"和"化"在最初是被人们分别加以释义的，天文、人文之意指代"文"，而变化、教化之意指代"化"。"观乎天文，以察时变；观乎人文，以化成天下"。[①]《周易》将这两字放在一起合用，当中的文化指向"人文教化"的意思。此后，文化的意蕴一直围绕着人文教化的意思而不断延伸和拓展，但总的来说，文化的概念始终没有离开精神上的维度。在中国，对于"文化"一词的内涵，人们的关注点一直就在精神领域；而在西方，这种情况稍微有所不一样，西方人对"文化"一词内涵的关注，最开始的落脚点是物质生产活动，后来才慢慢地往精神领域而延伸扩展。在西方人的视阈里，文化一词最初的意思指向了对动植物的养殖培育和对土地的耕种养护，后来发展到对人本身的教育。文化的含义不断地演化发展，虽然对象有所变化，但当中折射的教化、培育的意蕴始终没有变。逐渐地，文化一词又引申发展到了具有精神的意蕴，比如爱德华·泰勒（人类学家）在《原始文化》中说道："文化，或文明，就其广泛的民族学意义说来，是包括全部的知识、信仰、艺术、道德、法律、风俗以及作为社会成员的人所掌握和接受的任何其他的才能和习惯的复合体。"[②]在这里，文化一词表现出精神层次的意味更浓。

纵览中西方对文化概念的理解和把握，我们可以看出，各方彼此都经历了不同的发展阶段，对其中内涵的解读在不断深化的基础上也呈现比较多样化的情况，但最终的落脚点都指向了精神层面。其实，在当代社会，我们要把握文化的内涵，可以从广义和狭义两个维度来看。"从广义上看，文化被视为是人类所创造的物质财富和精神财富的总和；从狭义上看，文化特指精神

---

① 周易［M］．崔波，注译．郑州：中州古籍出版社，2007：144.

② 泰勒．原始文化：神话、哲学、宗教、语言、艺术和习俗发展之研究［M］．连树声，译．桂林：广西师范大学出版社，2005：1.

产品及精神生产能力。"①也就是说，观念性的文化可以被理解为文化的第一种形态，指代人类在长期的社会生活实践过程中形成的思想理念及意识形态等（同样涵盖形成的与此相关的产品），包括宗教、哲学、道德、文学作品等；而制度性的文化则被人们理解为第二种文化形态，指代人类在长期的生产生活中形成的一系列约定俗成的行为规范，包括法律法规、风俗习惯、政策制度等；第三种文化形态则是在前面两种的基础上而展现出的更广阔形式，属于大文化范畴，指物质性文化，即包括了人类在实践中创造的所有物质性产品，如衣物、机器、建筑等，这些当中同样凝结着文化的意蕴。可见，我们理解文化的概念内涵，不应仅仅局限于精神方面的东西，也应该把视野放到整个人类生产和生活实践中，要把人们的物质实践形式和实践产品纳入文化的范围，即观念性的、制度性的、物质性的都应是文化所涵盖的范畴。唯有拥有这样宏大的文化观，我们才能更好地认识和把握世界，才能真正领略文化的真实魅力。

二、文化自信的内涵

谈到"自信"，显而易见，这会涉及心理学的概念，也会跟主体的内心状态有关。个体自身对某些事物的把握程度或者对某种能力的自我评价，形成了自信的情感，而这种情感还是积极的、肯定的，并且是坚定稳固的。其实，作为一种自我认可，自信也可以说是一种正面态度和一种淡定的心境。当自信与文化相遇，便有了文化自信，这绝不是文化与自信的简单叠加，而是一定的主体对文化的内在认可与真心肯定，这必然是建立在对文化的充分认知与全面了解的基础上的。当今时代，社会各界对文化自信都做出了一定的解读，体现了不同的学科维度，呈现出各自领域的特点。但总结归纳这些内容或者特征，我们能发现人们对文化自信的理解都有共通之处。首先，从主体上看，国家、政党、民族或者个人，都可以成为文化自信的主体，这体现了主体的广泛性；其次，应明确文化应该是这一命题承载的对象，这里的文化所涵盖的内容比较丰富，既涵盖了不同种类的文化、代表不同群体和阶级精

---

① 夏征农，陈至立. 辞海：第六版缩印本 [M]. 上海：上海辞书出版社，2010：1975.

神的文化，又包括不同时期和阶段的文化，既有从古延续发展至今的文化，又有当前社会所呈现的文化，也包括特定历史时期发挥过特殊作用的文化，等等；最后，文化自信是主体对自身文化在充分认知的基础上形成的肯定和认同心理，这是发自内心的主观态度，这种肯定和认同，既有对本身历史文化内涵和价值的认可和称赞，又包含对其发展前景的希望和信心，也有与异质文化交流比较后对自身文化的确认与信赖。所以，文化自信意味着文化有根源，意味着继承和创新，意味着对它者的尊重，它应该是文化主体表现出的雍容气度，是一种善于吸收与升华的能力，是一种健朗和开明的心态，是看待外来文化的理智成熟，是把握民族历史的襟怀魄力，展现出对自身文化接纳与尊崇的情感，彰显了对自身文化自豪与骄傲的底气。

三、中国特色社会主义文化的内涵

中国特色社会主义文化不但汲取了文化共性的肥沃养分，是文化内涵的中国表达，又彰显了社会主义这个特点，而且在风格与内容上又保证了我们的民族特色得以涵盖和呈现。关于这个命题的概念，我们可从党的代表大会报告中找到权威的定义。社会主义文化建设，是我们党代会报告强调和涉及的重要方面，特别是十五大报告，曾对"建设有中国特色社会主义的文化"做出过简要论述，往后党的历次代表大会，都对这一内容有一定的深化和发展。在2017年的十九大报告中，习近平总书记又在性质和发展方向上做出了强调和解读："发展中国特色社会主义文化，就是以马克思主义为指导，坚守中华文化立场，立足当代中国现实，结合当今时代条件，发展面向现代化、面向世界、面向未来的，民族的科学的大众的社会主义文化，推动社会主义精神文明和物质文明协调发展。"[①] 所以，我们应该看到，一方面，我国的文化是具有社会主义的属性的，马克思主义始终是文化发展的指导思想和支撑旗帜；另一方面，中华文化立场、当代中国现实、当今时代条件，是发展文化的必要原则与重要条件；我们的文化是具有明确发展方向的，"三个面向"就是它的逻辑进路；民族的、科学的、大众的，成为我们文化发展的中国特色。

---

① 习近平.决胜全面建成小康社会 夺取新时代中国特色社会主义伟大胜利——在中国共产党第十九次全国代表大会上的报告［M］.北京：人民出版社，2017：41.

伟大的实践孕育催生伟大的文化，在推进社会主义现代化建设的伟大实践中，我们党领导人民艰苦奋斗、顽强拼搏、敢于斗争、敢于创造，既改变了国家民族的面貌，也形成了文化和理论上的结晶，这是中国特色社会主义文化的实践底色；同时它很好地把握了古和今、中与外的关系，批判性地吸收借鉴了人类文明的优秀成果，形成了三种具体的文化形态（优秀传统文化、革命文化与社会主义先进文化）；而在中国特色社会主义文化的形成过程中，人民群众当之无愧地发挥了主力军作用，他们既是文化的创造者，也是文化成果的共享者；在满足民众日益增长的精神文化需求的同时，中国特色社会主义文化也不断得到丰富和发展，有力地推动着现代化事业更好地向前迈进，彰显出与时俱进的特征与助力国家的气魄。

四、中国特色社会主义文化自信的内涵

中国特色社会主义文化自信必然蕴含着一般文化自信的共性特征，但在此基础上它又明显表现出自身的独有之处，它不仅植根于当代中国的时代特征，而且还带有明显的具体指向，当中涵盖了不少中国元素，表现出较强的中国气派。它是指中国共产党领导人民高举马克思主义的大旗，在推进中国特色社会主义恢宏而伟大的实践中，对中国特色社会主义文化的渊源形成、内涵价值与前景希望等保持高度认可的态度与强烈肯定的信心，并在与异质文化的交流碰撞中更好地确认自我、超越自我，以坚定的信念支撑推动中国特色社会主义文化建设进步的一种底气、心理与情感。具体地看，从主体上说，中国特色社会主义文化自信是一个涵盖国家、民族、政党和人民的有机统一集合整体，我们可以说是中国的、中华民族的文化自信，也可以说是中国共产党的、每一个中国人的文化自信。从客体上说，这应该指向的是中国特色社会主义文化，主要包括"三种文化"（中华优秀传统文化、革命文化和社会主义先进文化），其核心契合了社会主义核心价值体系的精髓，涉及马克思主义及其中国化成果、思想道德、价值观念等精神文明的内容。从构成要素上说，它包括对中华文化整体的自我认知、自我认同以及对文化的创新发展、包容互鉴等。从评价体系上说，中国特色社会主义文化自信不仅要看我国文化的实力彰显，同时也要看中外文化的比较，特别是表现在民族文化

的吸引力、竞争力与辐射力的强弱上。从总体逻辑上说，它内在地要求我们既要在基础和源头上明晰和珍视中华优秀传统文化资源，又要在过程中把握好我国文化生成发展的阶段性特征，并立足新的时代条件进行创新转化，传承弘扬好革命文化，并不断建设社会主义先进文化，更要对它们能创造更大的辉煌充满信心；外在地要求我们在中外文化交流中保持战略定力，提醒我们在把牢文化主权的前提下始终能不卑不亢、理直气壮地站稳中华文化立场、发出中国声音。所以，我们可以说中国特色社会主义文化自信具有现实针对性强、具体指向明显、功能指引力大的特点，它不仅成为激发文化主体创造性的力量源泉，也为社会主义伟大事业的进步和民族复兴梦想的实现提供了精神支撑与气质引领。

第二节　中国特色社会主义文化自信的本质、前提与目标

要把问题研究清楚就必须要抓住事物发展的规律性，唯有透过现象看到本质，总结概括深层次内在的东西，方能在知其然的基础上做到行稳致远。探讨文化自信这一命题，必然绕不开价值观、文化自觉、文化自强等名词。从逻辑上来说，价值观自信应该成为文化自信的本质所在，而文化自信的基本前提应该是文化自觉，而这一切最终的目的和归宿就是要实现文化自强。从价值观自信到文化自觉，再到文化自强，中间贯穿着文化自信这条主线。换言之，在抓住本质的基础上，明确前提，预判憧憬结果，知晓努力方向，这一思考顺序也构成了文化自信框架视阈内的逻辑推演过程。

一、价值观自信是中国特色社会主义文化自信的本质

文化与价值观紧密相连，文化承载着价值观，将价值观的精髓表现出来；而价值观又凝结蕴含于文化当中，对文化的存在和发展产生影响，成为文化的内在灵魂与核心要素。也就是说，价值观是什么样的，文化立场、文化取向与文化选择就会变成什么样，这也决定了文化在理念、精神、境界和功能等方面的具体表现特点。总之，对于文化来说，文化的性质由价值观决定，

文化的魅力通过价值观彰显，文化发展的方向也应由价值观引领。基于价值观在文化中的重要作用，我们在判定一种文化是否具有影响力以及影响力大小时，就不得不先考察这种文化所承载的价值观，不仅要看这种价值观是否有影响力，还要看它具体的影响力有多大。所以，把握理解价值观是认识衡量文化的内在要求与逻辑基础。

我们知道，文化自信是一定的文化主体对于自身文化的一种心理皈依与认同的状态，表现为"保持对自身文化理想、保持文化价值的高度信心，保持对自身文化生命力、创造力的高度信心"。①而"价值观的自信，是一个国家和民族在推进文化发展的进程中有所依循、知所趋止、顽强进取的定力与韧性所在，也是一个国家和民族面对各种文明创造和文化滋养择善而纳、从容吞吐的气度与尺度所在"②。因为"文化的核心在于价值观"③，价值观在文化中的精神统领地位决定了价值观自信在文化自信中最根本最内在的意义，所以文化自信的本质与核心应该是价值观自信。换言之，在文化自信系统构成要素中，价值观自信显然具有总体统摄的地位与作用。价值观自信不仅决定着文化体系的性质、魅力和发展，体现着人们的基本信仰，影响着人们判断和选择事物的方式结果，同时对一个国家和民族的未来更是起着直接的决定作用。一个国家和民族若是缺乏价值观上的自信，那么自己的文化自信必然也立不起来，那在推动文化发展的道路上就会显得没有韧劲和定力，就会显得瞻前顾后、畏首畏尾，这样下去整个民族就会失去赖以维系的精神纽带而变得无所归依，整个国家就会失去共同坚守的价值信仰而变得亦步亦趋、茫然失措而不知所向。

在中国特色社会主义文化自信视阈下，我们把握价值观自信的逻辑应该是，既要看到中华民族的文化自信与价值观自信具有内在共性，看到二者都立足于对中华文化的正确认识与理解，都植根于我国深厚的历史传统与伟大实践，都具有继承创新的特质和开放包容的情怀；又要看到二者的相互依存性，没有中国特色社会主义文化自信，其价值观自信就失去了成长的空间和

---

① 习近平.习近平谈治国理政（第二卷）[M].北京：人民出版社，2017：349.

② 沈壮海.文化自信之核是价值观自信[J].中国领导科学，2016（09）：10.

③ 张岱年.晚思集：张岱年自选集[M].北京：新世界出版社，2002：13.

承载的土壤，那跟虚假的符号没什么两样，跟抽象的口号几乎等同，而没有真正意义上的价值观自信，文化自信不仅强不起来甚至还会逐渐瓦解消逝；更要看到价值观自信的核心地位，如果说文化自信是"根"的话，那么价值观自信就是其中的"魂"，"根魂"融合，以"魂"养"根"，中国的文化安全才会有保障，中国的文化发展才能拥有无穷的生命力、凝聚力和感召力，进而更好地推动社会主义文化强国的建设步伐。当前，我们倡导要坚持和发展中国特色社会主义文化自信，其实就是要真正把握蕴含其中的价值理念及其精髓，就是要将对价值观自信的坚持和发展放在首位。唯其如此，文化自信的引领才能拥有厚实底气和根基，全民族的活力与激情才能被很好地激发出来，我们才能更好地创造文化新辉煌，为民族的复兴梦想助力铸魂。

二、提升文化自觉是中国特色社会主义文化自信的前提

要把文化自信问题考察清楚，一定要深入理解区分好它与文化自觉这一命题的关系，因为坚定的文化自信总是来源于深刻的文化自觉的，只有对文化自觉进行深化演绎与升华发展后，真正的文化自信才能得以建立，也就是说，文化自信以文化自觉的提升为前提。"文化自觉"同样是兼具心理学与文化学的内涵。自觉，是一种精神意识，更是一种思想境界，当自觉遇上文化，便拥有了承载的内容，也具备了思考的对象。费孝通先生明确表达了对文化自觉定义的看法，即"指生活在一定文化中的人对其文化的'自知之明'，明白它的来历、形成过程、在生活各方面所起的作用，也就是它的意义和它所受其他文化的影响及其发展的方向"[①]。也就是说，他认为对于本民族文化，了解优势和不足、把握本土与外来的关系，都是非常必要的；他号召我们既要探寻搞清楚它形成演变的轨迹，也要研究弄明白它的内容与特质，要在把握与异质文化的关系中认清其规律、价值与趋势。"各美其美、美人之美、美美与共、天下大同"，就是费老强烈文化自觉意识的真实写照。文化学者云杉强调，文化自觉是"主动担当推进文化历史发展责任的一种觉悟和觉醒"[②]。

---

① 费孝通. 文化与文化自觉［M］.北京：群言出版社，2016：195.
② 云杉. 文化自觉　文化自信　文化自强——对繁荣发展中国特色社会主义文化的思考（上）［J］.红旗文稿，2010（15）：4-5.

所以，作为一种内在的精神力量，文化自觉就是一定的文化主体对文化的理性审视与自我觉醒，是正确认知文化作用与地位的思想意识，是把握文化本质与规律基础上对自身文化的反思觉悟，是在"懂得"基础上的判断与思考，成为文化真正得以发展的先决条件，而文化主体的胸襟气度、思想高度与文化客体的历史发展、现实境遇等决定了文化自觉呈现的深度和广度。

文化上的自觉与自信都突出了文化主体的地位和倾向，都是主体对待自身文化的情感态度与意识过程，都在引领文化的繁荣进步上发挥作用，而文化自信的高低程度取决于文化自觉的状态与质量。然而，二者又有所区别，从形成上看，文化自觉与文化自信是一先一后的关系，也就是说文化自觉在先，而后才有文化自信，不经历文化自觉而生成的文化自信是不存在的，也是不符合逻辑的；从认知程度来看，文化自觉应是认识文化的第一阶段，而文化自信则是第二阶段，从对文化本身的内涵与价值的有意识把握，再到进一步的定位与评价、认同与肯定，这显然是一种升华与超越。建立在文化自觉基础上的文化自信，必然充满了理性精神，也彰显了认知能力的成熟，这绝不是文化自负，更不是文化自卑，它克服了文化盲从与文化自傲，是对自身文化有自知之明并做好继承与创新的高度自觉。从哲学上来看，文化自觉强调的是文化主体对文化发展规律性的正确认识与客观把握，即是一种合规律性的认识文化方式；而文化自信则是强调文化主体具有高度自觉后对自身文化内涵、价值、前景等的高度认可与自信态度，从客观认知到肯定而有信心，从基本情况到发展趋向，这反映出的是一种合目的性对待文化的方式。所以，文化自信的形成必须经过文化自觉这个环节，没有这个环节做前提，文化自信就失去了说服力和公信力。今天，我们要做成伟大事业，推动中国特色社会主义文化强国建设，就要正确处理好文化自觉与文化自信的关系，要把握好对民族文化的"自知之明"，把握好文化的现状和发展规律，保持一种客观理性的态度，让文化自觉的形成更具全面性与普遍性，为文化自信的培育和发展厚植沃土基础。

三、实现文化自强是中国特色社会主义文化自信的目标

了解了前提，就要探寻方向，就要明确发展的目标。我们努力地通过文

化自觉来促进文化自信，其最终的落脚点和归宿是什么呢？发展文化自信要达到什么状态和目的呢？那就是要实现文化自强。所谓文化自强，就是要在立足实践的基础上，通过中国特色社会主义文化发展道路，把社会主义先进文化建设好，将革命文化传承好，将优秀传统文化弘扬好，打造一个更健全更完善的文化体系，使我们的文化充满活力与创造力，并拥有感召力、辐射力与影响力，建设一个有实力有竞争力的社会主义文化强国。而在此过程中，必须强调的是，我们要在党的领导下依靠广大人民群众的力量，要充分突出我们文化的民族特性与风采魅力。的确，一个国家之所以强大，不仅在于它能掌握自己的前途命运，还在于它能更好规划自己的未来；不仅在于实现民族物质硬实力的提升，更在于它能促进文化软实力的进步。我们应在保持经济持续增长的同时，注重包括文化在内的各方面建设，不仅让物质文明强起来，更要让精神文明也跟着强起来。特别是应围绕"中国特色社会主义文化强国"这个中心，聚焦于"是什么""怎么做"的维度，深入细致地研究好解答好与文化自强相关的一系列重大课题。

在文化发展的宏观进程中研判分析文化自强的相关问题，我们知道，其实文化的自觉、自信与自强，都同是属于把握文化的重要方式，先要对文化有客观、全面、科学的认知，才能逐渐地形成对文化的自信心，再经过努力将这种自信应用于文化建设实践，才能促进文化自强的实现。也就是说，对于文化自信来说，它的内在诉求其实就在于文化自强的实现，文化自信就是实现文化自强的精神动力，也可以作为文化自强的前提和条件，而文化自强就是文化自信的结果和归宿，内在地折射彰显着高度的文化自觉意识与文化自信心。也就是说，文化自信的程度、水平对文化自强的状态、质量产生深远影响，只有高度的文化自信才有可能造就高质量的文化自强。我们也可以从哲学上看，文化自觉与自信应是属于意识形态的范畴，而属于这两个理念外化为行动，就成为文化自强，这应是归入实践范畴；如果说文化自觉强调的是合规律性的文化对待方式，那么对于文化自信，它更侧重于合目的性的方式，而文化自强则强调的是前面二者的结合，即合规律与合目的统一，这实际上也从逻辑过程上体现了文化自觉、自信到自强的递进性。今天，我们面临着前所未有的复杂形势，特别是文化发展过程中有不少逆流和暗礁，极大地阻碍了文化强国的建设步伐。我们必须增强忧患意识，积极把握机遇，要以文化自强为目标导向，坚持正确的引领，特别要立足于新时代的实际条件和人民的具体需求，大力提升全体民众的文化自信，把握好文化发展的主动权，不断提升话语实力，持续深化文化体制机制的改革，努力把文化主体活力激发出来，为社会主义文化的繁荣插上腾飞的翅膀。我们坚信，有中国共产党的坚强领导，建立在高度文化自觉基础上的文化自信，定能引领人民以崭新的面貌、昂扬的状态开辟文化建设的新局面，定能带领中国这艘巨轮劈波斩浪，胜利驶向社会主义文化强国的光辉彼岸。

第三节　中国特色社会主义文化自信与其他自信的关系

在"四个自信"框架内综合考量文化自信问题，认真思考分析文化自信与其他"三个自信"的辩证关系，梳理它们的内在逻辑，是把握中国特色社会主义这一大命题的必然要求。不理清楚这些，我们在中国特色社会主义的性质上就把不准方向，就容易受到资本主义的侵蚀，就容易混淆我们的社会主义与其他保守僵化的"社会主义"的概念，这对于我们坚定信仰信念信心、保持正确发展导向，是极其不利的。习近平总书记强调，与中国特色社会主义道路自信、理论自信、制度自信相比，"文化自信是更基础、更广泛、更深厚的自信"[①]。其实，在道路、理论和制度的形成发展过程中，贯穿在当中各方面诸环节的底色与根源没有别的，只有一个，那就是文化，文化成为它们存在与演化的精神基础与理念脊梁。中国特色社会主义之所以具备特色，其中一个重要原因就在于我们的道路、理论、制度始终都深深扎根于几千年中华文明的肥沃土壤，故而对道路、理论与制度的自信始终都不可能离得开对文化的自信。对于道路自信、理论自信和制度自信来说，文化自信分别成为它们的思想根基、底气源泉和精神支撑，有利于构筑它们的心理认同，有利于增强它们的政治定力，是推动中国特色社会主义境界提升的强大动力。

---

① 习近平.在庆祝中国共产党成立95周年大会上的讲话［N］.人民日报，2016-07-02（02）.

一、文化自信是道路自信的思想根基

对于一个国家或一个民族来说，道路是其在发展进程中选择的现实性路线，是明确发展方向所践行的轨迹。道路问题是一个关键性、根本性的问题，道路的重要性在于它不仅关乎党的命脉，关乎国家民族的前途，而且也与人民群众的幸福紧密相连。所以，毫无疑问，道路的选择绝对是影响发展、决定成败之举。历史和实践有力地证明，如果选择走封闭僵化的老路或者改旗易帜的邪路，道路只能是越走越窄而没有出路；只有选择了正确的道路，党才有生机和活力，国家民族才充满希望，人民幸福才能真正实现。我们现在走的正确道路，就是中国特色社会主义道路（可简称为"中国道路"），这是党领导人民在克服千难万险，付出各种牺牲和代价后，在实践中持续探索而形成的伟大结晶，是促进现代化发展、保障人民美好生活得以实现的必由之路，必然符合人类社会发展的规律性，必然有利于人民根本利益的维护，必然能更好地带领中华民族走向复兴。新中国成立七十多年，特别是改革开放四十多年取得的历史性变革与成就，极大地证明和彰显了中国道路的优越性、先进性与惠民性，我们没有理由不为之自豪，没有理由不对这条道路充满信心。所以，中国特色社会主义道路自信绝对不是纯粹性的理论假设，更不是没有依据的口号表达，作为通过实践标准检验而形成的主观认同，我们的道路自信必然经得起历史和时代的考验，无疑受到了人民群众的广泛支持和拥护赞誉。

党和人民对中国道路的自信，既是对走这条道路形成的辉煌成就的一种高度认可，也是表达对继续走这条道路的发展前景充满信心。之所以自信，就是因为这条道路行得通、走得好。而这条道路为什么行得通，为什么走得好，很关键的原因是它符合了中国国情，具有中国特质。习近平总书记强调："每个国家和民族的历史传统、文化积淀、基本国情不同，其发展道路必然有着自己的特色。……我们开辟了中国特色社会主义道路不是偶然的，是我国历史传承和文化传统决定的。"[①]也就是说，中国道路是植根于中华大地而形成

---

① 习近平. 牢记历史经验历史教训历史警示 为国家治理能力现代化提供有益借鉴[N]. 人民日报，2014-10-14（01）.

的道路，它深受中华文化的滋养与灌溉。的确，文化的影响无处不在、无时不有，它既体现在个人的言行举止之间，也渗透在宏大的历史发展进程之中。道路选择的背后根源其实是文化选择，"独特的文化传统，独特的历史命运，独特的国情，注定了中国必然走适合自己特点的发展道路"。①中国道路是经济、政治与社会的选择结果，也是文化的选择结果，中华文化成为中国道路形成的重要渊源与基本底色，中华民族文化共同体凝聚蕴含于中国道路当中。正因为中国道路汲取了中华文化的思想精华与价值精髓，所以中国道路才能在实践中不断地被广大群众所认同和接受，并能在时代前进的大潮中始终焕发出无限生机和活力。这是自信得以生发的关键因素。倘若没有博大精深的中华文化滋养和浸润，中国道路的发展就会因为缺乏思想根基与理念认同而发生动荡，其中蕴含的民族气息与中国特色就会被弱化，那何来被百姓信赖和支持呢？也更谈不上说他们对中国道路产生自信了。所以道路自信的背后根源其实是文化自信，没有强大的文化自信作支撑，道路自信将失去最深厚的根基；缺少了对中华文化的坚定而持久的自信，我们所说的道路自信则必将是一句空喊的口号而苍白无力，也会像空中的楼阁而难以立足。今天我们强调道路自信，其实也是向世界展示出了对自己国家文化的认可与肯定，这无形中也是更好地拓展了道路自信的广度和宽度。在当今时代，中国道路要保持正确的方向而阔步前行，必然少不了文化理念与意识因素的助力支撑。试想如果没有传统文化的转化与创新，没有社会主义核心价值观的树立与践行，没有中华文化国际影响力的日益提升，中国道路又怎会拥有如此强大的引领力？我们的道路自信又怎能获得如此持续的滋养与发展呢？因此，文化自信为道路自信的发展壮大筑牢了思想根基。

二、文化自信是理论自信的底气源泉

理论的作用非同一般，科学的理论能够指引正确的方向，让事业一往无前而收获成功；相反，错误的理论对实践会产生消极影响，一味坚持只会导致南辕北辙、一无所获。拥有高度的理论自觉，是中国共产党的鲜明特征，

---

① 习近平.习近平谈治国理政.［M］.北京：外文出版社，2014：156.

中国特色社会主义理论是党在伟大实践探索中始终立足国情实际，牢牢把握"三大规律"，不断回应解答时代课题，满足人民期盼，与时俱进推动理论创新而形成了伟大思想成果，这一理论内涵丰富、特色鲜明，是经过反复实践验证和比较得出的科学的、正确的理论，也是指引中华民族不断迈向繁荣进步的指南与纲领。我们国家走出的独特发展道路与取得的令世人瞩目的发展成就，都有赖于中国特色社会主义理论的指导，我们完全有理由对这样科学的理论充满信心。今天我们强调要有理论自信，就是说要对中国特色社会主义理论的价值内涵有高度的认可，对其理论发展的前景胸有成竹并有执着地坚持下去的信念。实践证明，一个国家、一个民族要想获得安定和兴盛，则必然拥有与之相适应的伟大理论和与之相匹配的理论自信。任何理论上的动摇和不自信，都有可能带来消极和严重的后果。

理论的形成基于诸多原因，但绝不能忽视文化的力量。理论应当是归属于文化当中的一个种类，也可以说，理论是一种抽象的具有逻辑性的特殊文化形式，或者说，文化可以成为理论生成的一个源头，成为理论链接的一个要素，甚至成为理论自信的一种资源。理论只有与文化合流才能源远流长，才能发挥其应有的指导作用。中国特色社会主义理论体系是马克思主义指导的理论体系，正因马克思主义所倡导的价值追求、社会理想与中华优秀传统文化高度契合，所以马克思主义才能真正植根于中华文化的沃土而造就改天换地的中国力量，这是中国特色社会主义理论体系生成和发挥作用的重要前提。理论的背后其实是文化价值观念的支撑，如果把理论比作大树，那么文化应该就是它的源泉和根基，根深叶茂、生机盎然，大树才能日益茁壮、不断成长。文化是理论的"充电器"和"发动机"，文化研究的广度往往决定理论内涵的深度，文化底蕴的厚度也往往影响理论自信的高度。因此，文化之于理论的意义，决定了文化自信之于理论自信的意义。中国特色社会主义理论充分反映和体现了中华民族博大思想精髓与核心价值理念，拥有了深沉的中华文化底蕴，所以坚定理论自信，实际上也是坚定对中华文化的自信。中华文化是一个巨大的资源宝库，能为中国特色社会主义理论的丰富发展提供源源不断的营养。我们只有坚定文化自信，不断从中华文化中汲取养分，更好地结合时代新要求与人民新期盼，我们形成的理论才能更好地具备民族特色，进而才能做到真正地解决实际问题，而在这样基础上萌发的理论自信才能真正拥有扎实的根基，也才能真正达到鼓舞引领与推动发展的实践目的。因此，文化自信应是理论自信的源泉，没有高度的文化自信滋养，理论自信就失去了应有的资本和足够的底气。今天我们的国家取得了伟大成就，越来越多的国家对中国的发展表现出极大的关注，越来越多的中国人民表达出对中国发展的强大信心，这本质上是对中国特色社会主义理论的信心，更是对中华文化的信心，我们必须在理论自信的背后看到文化自信的深沉力量。

三、文化自信是制度自信的精神支撑

"凡将立国，制度不可不察也。"是否真正符合国情的实际，是否真正有效管用，是否真正能得到人民群众拥护与支持，这是判定一种社会制度是否先进科学的现实考量原则与重要评判尺度。伟大的党带领人民历经100多年的艰苦跋涉、创造积累，在开辟道路、形成理论的基础上，确立了具有独特优势的中国特色社会主义制度（可简称为"中国制度"），为当代中国的进步和人民美好生活的实现提供了坚强的根本保障，也给世界带来了充满创新意义的中国智慧与中国经验，折射出制度审美上的中国风格与华夏品位。我们清醒地认识到，一个国家的最大优势在于制度优势，党的十九届四中全会对我们国家制度与治理体系的显著优势做出了系统而深刻的总结，为我们更精准地把握中国制度明确了思路与方向。中国的制度体系极大地反映了人民群众的呼声和意愿，充分体现了社会发展的规律性，作为历史逻辑与现实逻辑的统一产物，它表现出很强的自我净化、自我完善与自我革新能力。"中国之治"展现了制度自信，正因为中国制度具有这样的优越性，所以我们这几十年来取得了令世界震撼的并载入人类史册的伟大奇迹，社会主义中国在世界的东方奏响了走向复兴的雄浑乐章，对于这样的制度，党和人民是高度肯定的，并对它的优势与作用是深信不疑的，更没有理由不对它的未来发展充满信心。

全部社会生活在本质上是实践的，这是马克思主义的重要观点。任何一种制度的形成和发展都绝不是从天上随随便便掉下来的，也不是平白无故的创造臆想，它是深受特定的历史条件、现实土壤与文化环境的影响的。我国的制度和治理体系具有扎实的群众根基，也蕴含着鲜明的实践基因，彰显

了厚重的民族文化底色，正如习近平总书记所说的那样，"是在我国历史传承、文化传统、经济社会发展的基础上长期发展、渐进改进、内生性演化的结果"。中国制度之所以行得通、有效率，之所以能得到群众的赞许，之所以展现出强大的生命力，其重要原因就在于它是从中国社会土壤的母体中生长起来的，是在中华民族特定的文化底蕴中形成的，而不得不强调的是，文化对制度的建立、演化、运行又发挥着引领和支撑的作用。其实，制度内在地蕴含着文化的重要基因，是对文化的一种固化呈现方式，如果制度发展成熟到一定的程度，那么制度形成的机制也可以被看作一种文化；同时当人们把一种制度模式作为思考问题的出发点与判断标准的时候，制度反过来又成为一种文化理念。确实，我们应该看到，中华民族是一个具有悠久历史的民族，也是一个善于创造的民族，在五千多年的历史演进过程中我们形成了灿烂多彩的文明成果，当中蕴含着不少关于国家制度和国家治理的深邃思想，比如重民富民的民本思维、天下为公的大同理想、不患寡而患不均的公平追求、法不阿贵的正义观念、德主刑辅的治理主张、协和万邦的外交之道、其命维新的改革精神等，这些理念精髓传承至今，经历史洗礼并与时代条件相结合，难道不是为我们今天的制度建设与国家治理提供了丰富而有益的启示吗？从这个角度上说，我们制度的价值取向、生成进步与效率提升的重要因素就是取决于文化，或者说，我们的制度本身就形成了中华文化的一部分，相应地，我们形成的制度自信本质上也是一种文化自信。文化自信是以精神支撑的地位而存在的，成为浸润中国制度自信的土壤。在中华民族几千年文明传承的基础上而形成的自觉认同与高度信心，让党和人民的制度自信拥有了一往无前的中国气魄与中国定力。没有这样高度的文化自信，制度自信便无从谈起，如果文化自信上出现了弱化或者偏差，那么制度自信就很难持久立起来，即便是立起来了也会因为支柱不稳而显得软弱松垮、不堪一击。有了强大文化自信的支撑，我们制度的日益完善才会有动力源泉，中华文明的现代价值方可得到更好的体现，这样所形成的制度自信才能真正焕发出令人折服的道义力量。

第二章

中国特色社会主义文化自信的形成条件

　　中国特色社会主义文化自信既指向历史维度，也指向现实维度，说它凭空产生必然是站不住脚的，我们应看到其本身具有内在的生成逻辑。通过对中国特色社会主义文化自信生成逻辑即形成条件的梳理，可以使我们更好地知其所以然，更好地把握中国特色社会主义文化自信的来龙去脉。在这一章里，我们首先站在宏观视角，从国际和国内两个维度去分析文化自信形成的时代背景；其次，从马克思主义经典作家、中国共产党人、中华优秀传统文化中利于文化自信形成的基因等方面梳理文化自信得以生成的理论渊源；再次，我们将对文化自信进行历史反思，以便能从纵向的角度更好地认识把握当下文化自信的来去走向；最后，重点从中国经济社会各领域发展取得的显著成就、中国文化产业渐成体系并获得重大发展、中国方案智慧的国际影响逐步彰显等三个方面分析中国特色社会主义文化自信形成的现实根基。

第一节　中国特色社会主义文化自信形成的时代背景

　　时代是思想之母，任何思想的萌芽与发展都是特定时代的产物。马克思、恩格斯曾说过："一切划时代的体系的真正的内容都是由于产生这些体系的那个时期的需要而形成起来的。"[①]我们一定要知道，伟大民族文化自信的形成与发展一定是有着深刻的时代背景，打着鲜红的时代烙印的，是顺应时代发展

---

　　① 中共中央马克思恩格斯列宁斯大林著作编译局.马克思恩格斯全集（第3卷）[M].北京：人民出版社，1960：544.

要求应运而生的，是对时代命题的积极回应与现实课题的科学探索。

一、国际背景

　　随着冷战的结束，世界进入充满竞争的多极化时代，和平与发展成了时代的主题。随着东西交流、南北交流的扩大，以及新科技革命的迅速发展，经济全球化程度也变得越来越高，这让整个世界变成了一个"地球村"，使得各个国家与地区之间的联系越发紧密。中国作为全球最大的发展中国家，要想更好地增强优势、提升国力，就必须把握时代大势，积极融入全球化的进程。我们在与其他国家和地区进行接触的过程中，文化交流的频率和程度日益加深，这给我国文化自身的繁荣发展创造了机遇和条件，也给我们的文化建设带来前所未有的挑战和压力。

　　世界文化交流的趋势是融合，这样一来必然带来一定程度的文化同质化现象，且文化交往越是深入越是频繁，各国各地区的文化差异性就容易变得越小甚至趋同，这会影响某地区或国家文化民族性的保持。特别是资本主义国家一直想把西方文化模式强加于人，一直幻想把自己制定的文化规则变为世界通用遵守的秩序，因此他们不断推动文化输出，对世界各国大肆进行文化侵蚀和渗透，使世界文化多样性受到干扰，造成全球物质文化与精神文化的生态差异性逐渐缩小。全球语境下文化同质化的危机，对我国文化发展的影响是巨大的，若是我们不重视这个问题，长此以往下去，那么我们文化的自主权就会被削弱，文化的民族性与本土性也将会慢慢丧失，这对中国人文化自信心理机制的形成和发展将是巨大的干扰和破坏。

　　西方文化霸权主义无时无刻不对中国虎视眈眈。尤其是美国，他的文化产业非常发达，其凭借对先进信息技术的控制与文化传播方面的优势，在世界范围内兜售自己的价值观，大肆推行"颜色革命""政治基因工程"，着力发动"和平演变"计划，总之是想方设法地把文化领导权与话语权牢牢地掌握在自己手中。文化帝国主义所采取的策略，就是用尽手段和方法，实现不战而屈人之兵的目的，为军事准备或经济渗透更好地发挥作用而作铺垫。以美国为首的西方国家这样的险恶用心和无理攻势，不仅阻碍了我国文化走出去的步伐，也在很大程度上影响了我国的意识形态建设，动摇中国人的政治信仰，这是国家文化安全的绊脚石，对经济、政治、军事等领域都产生了极大的不良效果。特别是随着中国的强大和崛起，如今在国际上存在着不少"中国威胁论"的声音，西方一些所谓的文化学者打着"文化冲突论"的幌子，在世界范围内散播普世价值学说，说中国强大后必然称霸，必然对世界构成威胁，并对我们的许多做法指手画脚，粗暴干涉我国内政，使历史虚无主义、文化虚无主义的价值理念盛行，严重影响中华历史文明的传承，严重影响我们民族精神的凝聚，严重阻碍中国人文化认同与文化自信的树立。

全球化的趋势如滚滚洪流势如破竹，任何国家都不能逆转和阻挡。全球化语境中外来文化及思潮的冲击，使我们不得不高度审慎和仔细反思我们文化面临的形势和环境。面对国际局势，妄自菲薄和妄自尊大，都不利于我们自身的发展，都不能成为我们应采取的态度。我们必须坚定文化自信心，自尊自立，大力继承弘扬民族的文化基因，积极地把中华优秀文化的价值精髓向世界展示出来，善于用文化作桥梁讲好中国故事，让世界更客观真实地了解中国，也为世界文化百花园增添中国芬芳与中国力量。同时，在文化走向世界的过程中，我们还要大胆地吸收借鉴人类文明的优秀成果，做好鉴别与批判而为我所用；特别要注意在文化融合中保持战略定力，不忘发展民族特色，不忘保障自身文化安全。只有始终把握住文化自信这个定海神针，我们才能在文化建设中守住立场、站稳脚跟，进而紧紧把握意识形态阵地主动权与话语权，更好地促进中华文化与世界文化的和谐发展。

二、国内背景

国际形势风云变幻，国内发展势不可挡。我们先把视线拉回到近代，毫不夸张地说，中国的近代史充满了屈辱和抗争，半封半殖的国情让我们的民族失去了独立性，可以说中国在政治上任人宰割，既没有话语权也没有主动权。而政治不独立，就很难实现经济的自主自强，人民的美好生活也更无从谈起。先进知识分子欲挽救民族于危亡之际，前赴后继地为之探索和牺牲。中国共产党是伟大的领导力量，自从党诞生以来，中华民族和中国人民的面貌就焕然一新而获得新生与力量。是党带来了民族独立和国家进步，带来了经济自主和民生发展。经过28年的浴血奋战与斗争实践，"三座大山"被彻底推翻，我们党领导广大人民取得了新民主主义革命的胜利而使一个崭新的中国得以建立。自此，中国在政治上获得了独立和自主。新中国成立后，人民在党的领导下继续进行社会主义改造和建设，同样取得了巨大成功。后来我们党在关键的历史转折时机开启了改革开放建设进程，把中国特色社会主义推向了21世纪。进入新时代，全国各族人民在党的坚强领导下正团结一致地往社会主义现代化强国建设的新征程迈进，大家为实现中华民族伟大复兴的中国梦而奋力前行。梳理中国的近现代史，我们可以看到，中国人民从站起来到富起来再到强起来的伟大跨越中，中国共产党绝对居功至伟，这是中国特色社会主义政治的伟大胜利与光辉成就。几十年间，我们不仅从"挨打""挨饿""挨骂"的困境中逐渐解脱出来，还主动参与国际事务，积极维护国际秩序，敢于反对强权政治和霸权主义，为世界贡献了中国智慧，提出了中国主张，世界舞台的中央呈现的是我们日益走近的身影。同时，我们对欠发达国家和地区积极伸出援助之手，中国的朋友圈日益扩大，中国的道义真理力量不断被证明和赞颂，充分彰显了中国特色社会主义政治的强大感召力。在经济建设领域，随着我国政治建设的不断进步和国际地位的不断提高，我们从新中国成立前一穷二白的境遇，发展到今天的世界第二大经济体，从温饱问题亟待解决到今天实现全面建成小康社会的目标，从亟须国际援助、受制于人到今天对世界经济贡献率达30%以上，这是中国特色社会主义经济的巨大突破和伟大成就。经济的翻天覆地与变革，给全体中国人民带来了富足与希望，物质生活水平的日益提高赋予了群众前所未有的希望。今天的中国人民正昂首挺胸地跟随着党的脚步，坚定走在中国特色社会主义的伟大道路上。

政治经济上的成就令人欢欣鼓舞，也使国人倍感自豪，但我们也应该看到发展中的短板和不足，特别是在文化领域，虽然相比过去，我们取得了较大成绩，但就文化建设的水平和层次来说，我们做得还远远不够，不仅缺少与政治经济地位相适应相衔接的高质量文化表达，而且与群众日益增长的精神文化需求相比，我们还要进一步加强，新媒体文化条件下文化的舆论引导机制还有待完善，还有文化产业的整体竞争力不够强，文化的国际影响力与感召力还需要更好提升等，这些构成了中国特色社会主义文化发展道路上必须重视解决的问题。需要特别指出的是，随着人民精神文化需求的增长，人们价值观念也日益呈现多元化，西方腐朽价值理念（如拜金主义、享乐主义、利己主义等错误思潮）的传播和渗透，极大地冲击了国人的思想观念，严重损害大家的身心健康。在这样的环境背景下，部分人产生了文化自卑心理，对西方的制度和文化顶礼膜拜、亦步亦趋，觉得西方就是比我们先进，中国一切都不如资本主义国家；另一部分人则深受"封建复古主义"思潮的毒害，把中国当前出现的道德沦丧等问题完全看成是改革开放带来的弊端，主张全面复古，要把中国社会重新拉回到封建主义笼罩的时代，这实际上是一种文化防御心态，严重阻碍中国社会发展进程。我们中国作为伟大的社会主义国家，绝不允许错误思潮在国内肆虐，绝不能对不良文化的蔓延坐视不管，否则，马克思主义的旗帜将会被丢弃，中国特色主流文化的地位将会被淡化，国人思想的滑坡将会愈演愈烈，党和人民的事业也将深受影响。所以，正本清源、亮明旗帜、坚定立场、重塑信心，是我们应有的态度和举措。严峻的形势迫切要求我们要树立中国特色社会主义文化自信，这是时代的呼唤，也是人民的期盼。唯有全面提升文化自信，我们在面对困难和挑战时方能守住初心、守住阵地，全国各族人民才能汇聚起磅礴伟力来支撑社会主义文化强国建设，中国特色社会主义伟大事业才能具备强大的精神支撑而获得全方位的跃升，我们的文化软实力与综合国力也才能更好地增强。

第二节　中国特色社会主义文化自信形成的理论渊源

理论之所以得以生成和发展，总是有原因和规律可循，它不可能是无源之水，更不可能是无本之木。马克思就说过："人们自己创造自己的历史，但是他们并不是随心所欲地创造，并不是在他们自己选定的条件下创造，而是在直接碰到的、既定的、从过去承继下来的条件下创造的。"[1] 中国特色社会主义文化自信的形成不可能如空中楼阁一般没有根基，深厚的理论渊源是影

---

[1]　中共中央马克思恩格斯列宁斯大林著作编译局.马克思恩格斯选集（第1卷）[M].北京：人民出版社，2012：669.

响和滋养它形成发展的重要源头。对于中国特色社会主义文化自信来说，马克思、恩格斯的文化思想及中国共产党人的文化自信思想是其生成的直接理论来源，但值得一说的是，我们绝不能忽视中国优秀传统文化的力量，这当中蕴含了很多民族独有的禀赋资源，必然能为文化自信的养成壮大提供丰厚养料。

一、马克思恩格斯的文化思想

马克思恩格斯是誉满全球的伟大思想家，他们的思想绝对是值得我们一辈子去研究的宝贵财富。马恩终其一生的研究与实践，都是致力于人类的彻底解放和世界的美好发展，同时他们的理论著作中也涵盖了不少文化思想，对后世产生深远影响。纵览马恩的经典著作，我们不难发现，虽然对文化和文化自信，他们并没有直接而专门的阐释，但他们的文化思想实际上都蕴含于马克思主义对文化的相关论述中。归纳整理马克思主义的文化思想，对我们充分认识马克思恩格斯思想的磅礴伟力，对深刻把握文化自信形成的理论来源等，都大有裨益。

在马克思主义的丰富理论宝库中，极力找寻与文化的相关论述，经梳理可得，"现实的人"是马克思恩格斯理论研究的出发点，在此基础上，他们综合把握社会要素和结构，并着力分析其中的相互作用，把一个唯物辩证的文化观逐渐建构起来，主要涵盖了文化得以生成的物质基础、实质、特征、功能等方面。马克思主义的文化观在历史上对社会主义国家的文化认识和实践产生了深远影响，特别是对中国特色社会主义文化建设和文化自信的形成发展，它从不同的侧面为其提供了精神要义和理论支撑，是我们必须要研究的重要内容。

在概念界定上，可以说随着实践的发展，马克思恩格斯对"文化"的认识是一个不断加深的过程，在这个过程中，"文化"被不断赋予新的内涵以契合现实生活的需要，这既体现了文化概念的丰富性，也展现了其时代性。一个是"文化"与"文明"同义，这零散地体现在《资本论》和《反杜林论》中。比如，在前面一本著作中提及："在文化初期，已经取得的劳动生产力很低，但是需要也很低。"① 后一本著作中也说道"但是文化上的每一个进步，都是迈向自由的一步"。② 这两处中谈到的"文化"，意思和用法大致跟"文明"等同。前者是指生产力发展水平落后低下的初期，后者是指人类文明的进步。二是文化的内涵用"科学、艺术、社交方式"等来解释和表达，如"每个人都有充分的闲暇时间去获得历史上遗留下来的文化——科学、艺术、社交方式等等——中一切真正有价值的东西"③。三是凸显了文化的意识形态性，把文化赋予了更高层级的意蕴，如在《哥达纲领批判》中提及："'信仰自由'！如果现在，在进行文化斗争的时候……那么只有采用下面这样的形式才行。"④ 在此处我们可以看到，"文化"是一种明显比艺术、教育等形态更抽象的概念。要理解清楚它，显然需要站在更高的视角去把握。

在本质上，马克思恩格斯对此做了大量篇幅的论述，为我们指明了认识文化相关实质的进路和方向。文化的本质其实是作为一种观念形态的方式存在，是一定社会经济政治活动的反映。这是马克思恩格斯在文化本质上所持的观点意思。比如，他们明确指出，"观念的东西不外是移入人的头脑并在人的头脑中改造过的物质的东西而已"。⑤ "每一历史时期的观念和思想同样可以极其简单地由这一时期的生活的经济条件以及由这些条件决定的社会关系和政治关系来说明。"⑥ 也就是说，他们肯定了文化之类的东西之所以能够产生是具有一定社会条件的，只有一定的社会关系和政治经济活动相互组合，才能孕育出文化。他们还通过提到社会存在与社会意识的关系，来阐明作为精神文化的社会意识是受社会存在决定和支配的，他们指出"物质生活的生产方

---

① 中共中央马克思恩格斯列宁斯大林著作编译局.马克思恩格斯选集（第2卷）[M].北京：人民出版社，2012：239.

② 中共中央马克思恩格斯列宁斯大林著作编译局.马克思恩格斯选集（第3卷）[M].北京：人民出版社，2012：492.

③ 中共中央马克思恩格斯列宁斯大林著作编译局.马克思恩格斯选集（第3卷）[M].北京：人民出版社，2012：199.

④ 中共中央马克思恩格斯列宁斯大林著作编译局.马克思恩格斯文集（第3卷）[M].北京：人民出版社，2009：448.

⑤ 中共中央马克思恩格斯列宁斯大林著作编译局.马克思恩格斯全集（第44卷）[M].北京：人民出版社，2001：22.

⑥ 中共中央马克思恩格斯列宁斯大林著作编译局.马克思恩格斯选集（第4卷）[M].北京：人民出版社，2012：904.

式制约着整个社会生活、政治生活和精神生活的过程。不是人们的意识决定人们的存在，相反，是人们的社会存在决定人们的意识"①。"人们的观念、观点和概念，一句话，人们的意识，随着人们的生活条件、人们的社会关系、人们的社会存在的改变而改变。"②从以上马克思恩格斯的论述中，我们可以看到，物质生活的生产方式在马恩的视阈里是作为基础的东西而存在的，这个东西对社会政治生活、经济生活和文化活动等都起着决定和制约作用，而思想、观念、意识等文化活动就是物质生产生活等在人脑海里的映射，文化活动的产生和发展根本上受到了社会环境的影响。同时，马克思恩格斯还提到，文化对政治经济也会产生反作用和影响力。如"政治、法学、哲学、宗教、文学、艺术等的发展是以经济发展为基础的，但是它们又相互作用并对经济基础发生作用。"③这句话验证了他们这个观点。

在特性上，马克思恩格斯谈到了文化具有几大代表性特征，他们强调，因为不同的民族所处的地理环境不一样，生存条件也千差万别，且各民族也处在自己的发展阶段上，所以不同民族和国家的文化理念和精神形态都具有自己的特点，这就道出了文化的民族性特征，"各个民族之所以不同，不仅在于他们的生活条件不同，而且表现在民族文化特点上的精神形态不同"。④一个民族独特的身份象征与精神标识就在于其自身文化的民族性，这是区分不同民族的重要衡量标准。同时，马克思恩格斯还说，文化的产生和发展都是基于一定的时代背景的，也植根于一定的社会历史条件中，任何一种文化形态总是跟其当时所处时代的政治经济环境紧密相连，"每一个历史时代的经济生产以及必然由此产生的社会结构，是该时代政治的和精神的历史基础"。⑤"要研究精神生产和物质生产之间的联系，首先必须把这种物质生产

---

① 中共中央马克思恩格斯列宁斯大林著作编译局.马克思恩格斯选集（第2卷）[M].北京：人民出版社，2012：34.

② 中共中央马克思恩格斯列宁斯大林著作编译局.马克思恩格斯选集（第1卷）[M].北京：人民出版社，2012：419.

③ 中共中央马克思恩格斯列宁斯大林著作编译局.马克思恩格斯全集（第10卷）[M].北京：人民出版社，2009：668.

④ 斯大林全集（第2卷）[M].北京：人民出版社，1956：294.

⑤ 中共中央马克思恩格斯列宁斯大林著作编译局.马克思恩格斯文集（第2卷）[M].北京：人民出版社，2009：9.

本身不是当作一般范畴来考察，而是从一定的历史的形式来考察。"①所以，文化还具有时代性和历史性，这其实从另一个角度也肯定了文化的本质。接着，马克思恩格斯又谈到说，虽然一定的文化是在一定的时代和历史条件下形成的，但文化的发展有时候并不一定跟社会经济发展同步，不是说这个地方处于社会经济繁荣的阶段，所以它的文化就一定是繁荣发展的，这就引出了文化的独立性特征。"关于艺术，大家知道，它的一定的繁盛时期绝不是同社会的一般发展成比例的……"②"经济落后的国家如18世纪的法国和后来的德国，在哲学上却仍然能够演奏第一小提琴。"③其实，从马克思恩格斯的唯物史观出发，我们知道，在社会存在基础上产生形成的社会意识，对社会存在也是具有反作用的，但二者的发展过程并非完全同步或一致，某个阶段社会意识领先于社会存在是存在的，反之，落后于它的情况也同样不违反二者的辩证关系原理。因此，文化与经济社会发展的非同步性，属于正常现象，这就是文化的独立性所致。再如，马克思恩格斯从文化的本质出发，具体分析社会经济利益关系，认为文化还具有一定的阶级性，指出它是为占有特定经济利益的统治阶级服务的。"占统治地位的思想不过是占统治地位的物质关系在观念上的表现，不过是以思想的形式表现出来的占统治地位的物质关系……因而这也就是这个阶级的统治的思想。"④所以，文化必然体现出它的阶级本性，既由一定的经济基础所决定和反映，又为了这个经济基础所代表的统治者服务。

在作用上，文化作为基于社会存在而形成的社会意识，对社会存在本身具有反作用，同样，文化作为上层建筑的组成部分，它对经济基础也具有反作用力。马克思恩格斯正是基于文化具有反作用力这个前提，论证分析了文化的作用功能。作为观念、概念、思想、意识等的集合体，文化首先具有的功能应该是审美、认识和教育，比如，马克思说，"现代英国的一批杰出小说

---

① 中共中央马克思恩格斯列宁斯大林著作编译局.马克思恩格斯全集（第33卷）[M].北京：人民出版社，2004：346.

② 中共中央马克思恩格斯列宁斯大林著作编译局.马克思恩格斯文集（第8卷）[M].北京：人民出版社，2009：34.

③ 中共中央马克思恩格斯列宁斯大林著作编译局.马克思恩格斯全集（第10卷）[M].北京：人民出版社，2009：599–600.

④ 中共中央马克思恩格斯列宁斯大林著作编译局.马克思恩格斯文集（第1卷）[M].北京：人民出版社，2009：550.

家，他们在自己的卓越的、描写生动的书籍中向世界解释的政治和社会真理，比起一切职业政客、政论家和道德家加在一起所揭示的还要多"①，对此他是持肯定和称赞态度的。又如他也强调说文化能够给我们"艺术享受"，有着"不朽魅力"，而且还能"创造出懂得艺术和具有审美能力的大众"等。②还要专门指出的是，马克思恩格斯特别关注无产阶级，他们把文化比作一种强大的精神力量，认为文化应成为无产阶级进行革命斗争的有力武器。"但是理论一经掌握群众，也会变成物质力量。理论只要说服人，就能掌握群众；而理论只要彻底，就能说服人。"③马克思恩格斯想表达的意思是，一定要把人民的力量充分调动起来，要把思想理论很好地向民众诠释，使他们能真正掌握住而用作行动纲领指南，以更好地为革命服务。同时，他们还主张要运用好文化的宣传教育手段，让群众能把身上的"自发性""盲目性""消极性"④等"落后性的障碍"⑤很好地克服掉，使无产阶级的思想能够得到解放。说到作用，总有一个价值归宿的问题要解决，马克思恩格斯一向都把文化问题的出发点和落脚点放在人的主体身上，他们把"实现每一个人的自由而全面发展"作为文化的最终目的。马克思和恩格斯通过分析资本主义条件下人发生异化的根源，揭示私有制的危害和影响，指出资本主义社会不具备实现文化目的即每个人自由而全面发展的条件，所以他们提出了美好的社会理想是实现共产主义社会，这是一个"自由人联合体"，在"自由人联合体"中"每个人的自由发展是一切人自由发展的条件"⑥。还说"文化上的每一个进步，都应该是迈

① 中共中央马克思恩格斯列宁斯大林著作编译局 . 马克思恩格斯全集（第10卷）［M］. 北京：人民出版社，1957：686.

② 中共中央马克思恩格斯列宁斯大林著作编译局 . 马克思恩格斯选集（第2卷）［M］. 北京：人民出版社，2012：692.

③ 中共中央马克思恩格斯列宁斯大林著作编译局 . 马克思恩格斯选集（第1卷）［M］. 北京：人民出版社，2012：9.

④ 杨成敏 . 论批判精神与马克思主义魅力的彰显［［J］. 河南师范大学学报（哲学社会科学版），2012（06）：44-47.

⑤ 卢卡奇，李鹏程 . 卢卡奇文选［M］. 北京：人民出版社，2008：75.

⑥ 中共中央马克思恩格斯列宁斯大林著作编译局 . 马克思恩格斯全集（第2卷）［M］. 北京：人民出版社，2009：53.

向自由的一步"，^①而个性的自由发展又将推动人在艺术、科学等方面得到发展，^②使人以一种全面的方式，占有着自己的全面本质。^③也就是说，只有在共产主义社会条件下，人才能达到占有自己全面本质的状态，这样才能实现自由而全面发展的目标，而文化也才能真正实现彻底解放人的功能，使每个人都能拥有享受精神财富的权利，真正让"每个人都有充分的闲暇时间去获得历史上遗留下来的文化——科学、艺术、社交方式——中的一切真正有价值的东西"^④。

在交流传播上，马克思恩格斯强调一个地区或民族的文化必须突破自我封闭状态而实现与其他民族文化的交往。马克思指出："过去那种地方的和民族的自给自足和闭关自守状态，被各民族的各方面的相互往来和各方面的相互依赖所代替了。物质的生产如此，精神的生产也是如此。各民族的精神产品成了公共的财产。民族的片面性和局限性日益成为不可能，于是由许多民族的和地方的文学形成了一种世界的文学。"^⑤思想文化跟物质生产一样，都不能局限于一个国家或地区，都必须打破原有的自给自足和封闭状态，只有相互交往和相互依赖，各民族才能变得更加融合和趋于同一。实际上，在这里马克思提出了文化全球化的初步概念，并对这一趋势做出了判断和展望，"世界的文学"，这一词道出了一种经交流融合后各民族文化的统一大趋势，而文化交流就是促进这一趋势形成的重要纽带和手段。同时，马克思还引出了文化交流中文化生产能力的概念，"单个人才能摆脱种种民族界限和地域局限而同整个世界的生产（也同精神生产）发生实际关系，才能获得利用全球的这

---

① 中共中央马克思恩格斯列宁斯大林著作编译局.马克思恩格斯文集：第9卷［M］.北京：人民出版社，2009：120.

② 中共中央马克思恩格斯列宁斯大林著作编译局.马克思恩格斯文集：第8卷［M］.北京：人民出版社，2009：197.

③ 中共中央马克思恩格斯列宁斯大林著作编译局.马克思恩格斯全集：第3卷［M］.北京：人民出版社，2002：303.

④ 中共中央马克思恩格斯列宁斯大林著作编译局.马克思恩格斯全集：第3卷［M］.北京：人民出版社，2009：258.

⑤ 中共中央马克思恩格斯列宁斯大林著作编译局.马克思恩格斯文集：第2卷［M］.北京：人民出版社，2009：35.

种全面的生产（人们的创造）的能力。"① 在这里，马克思要表达的是，文化的交流其实是文化实践的一种重要形式，"发生实际关系"是实践的明显表现手段，只有通过文化交流，各民族文化才能更好地认识自己，学习借鉴别人的长处，进而促使自己的文化生产能力获得全面提升。马克思主义的文化交流观，站在世界历史的视域中看待问题，对我们今天促进世界文化多样性、增强民族文化创造力等具有重大指引意义和实践价值。

二、列宁的文化思想

列宁领导人民进行了伟大的十月革命，第一次将马克思和恩格斯的社会主义理论变为现实，建立世界上第一个社会主义国家。列宁继承了马克思、恩格斯的文化思想，并结合苏联当时具体情况，对国家的文化建设进行了实践探索，不仅有效促进了当时苏联的社会主义文化发展，也为如今我们中国特色社会主义文化自信建设提供了可借鉴的理论材料。它主要包括以下四个方面。

一是把文化建设摆在突出重要地位，为维护新生政权而采取了一系列推进文化建设的方针措施。十月革命的胜利，让社会主义国家苏联建立起来，面对新生的政权和国内落后的发展现状，整个国家要规划建设的地方有很多。特别在文化领域，当时国家文化的落后情况深刻制约着全国社会主义建设的发展，列宁深刻地认识到，没有高度发展的文化，就不会有高度发展的政治经济，所以他认为必须在根本上改变国家文化发展中的落后面貌，消除阻碍因素，大力提升文化建设发展水平，他提出要在全国范围内开展"文化革命"用以促进一般文化建设，认为政治和社会的变革可以成为我们目前正面临的文化变革、文化革命的先导，② 而"文化革命"是保持社会主义国家本色的重要手段，这在当时对于获取全国民众广泛的支持和拥护，使之为维护新生政权而奋发建设国家产生了积极的影响。此外，列宁认为，文化建设能否提高人

---

① 中共中央马克思恩格斯列宁斯大林著作编译局.马克思恩格斯文集：第1卷［M］.北京：人民出版社，2009：541—542.

② 中共中央马克思恩格斯列宁斯大林著作编译局.列宁专题文集·论社会主义［M］.北京：人民出版社，2009：355.

民的文化水平，这"或者是断送苏维埃政权取得的一切成果，或者是为这些成果奠定经济基础"的"最迫切的任务之一"。[①] 为提升国民的科学文化水平，他提出要在发展国民教育、科学、文化事业上做出努力，为此还签署了扫盲法令，颁布了一系列关于办好教育的明文法定，因为"在一个文盲的国家里是不能建成共产主义社会的"[②]，而"现在，只要实现了这个文化革命，我们的国家就成为完全的社会主义国家了"[③]。所以，在列宁看来，完全的社会主义国家是没有文盲的，全体人民都具有高度文化水平的目标必须需要大力发展文化建设来实现。

二是为防止民族分裂提出了"两种文化"理论。当时，俄国资产阶级提出了自己的文化政策以麻痹人民群众，他们利用"统一的民族文化"口号来大肆宣扬资产阶级的意识形态以更好地维护自己的统治。列宁深刻洞察资产阶级的阴谋，在《关于民族问题的批评意见》中，他针对反动派的行径提出了反驳，为号召工人阶级更好地认识文化的民族性与阶级性问题，他提出了"两种民族文化"的论断，即"每一个现代民族中，都有两个民族。每一种民族文化中，都有两种民族文化"[④]，认为在真正的阶级社会中是不存在超阶级的"统一的民族文化"的。实际上，民族之间的文化都会有所不同，且民族文化的主体都必然是代表一定阶级的，当时俄国资产阶级极力鼓吹"统一的民族文化"的概念，实际上是为了混淆阶级观念，让人民甘心接受统治。列宁的"两种文化"理论的提出，强调的是同一个民族中不同阶级的人们在文化领域中会存在很大的差异性，这表现在思想观念、政治原则、道德指向、价值准则等方面，也就是说，代表资产阶级的文化与无产阶级的文化必然会有所区别，这对人民更好地认清反动派的阶级本质和愚民事实，使之更好地努力投身革命，具有重要的积极意义。

---

① 中共中央马克思恩格斯列宁斯大林著作编译局.列宁专题文集·论社会主义［M］.北京：人民出版社，2009：263.

② 中共中央马克思恩格斯列宁斯大林著作编译局.列宁专题文集·论无产阶级政党［M］.北京：人民出版社，2009：290.

③ 中共中央马克思恩格斯列宁斯大林著作编译局.列宁选集（第4卷）［M］.北京：人民出版社，1972：687–688.

④ 中共中央马克思恩格斯列宁斯大林著作编译局.列宁选集（第2卷）［M］.北京：人民出版社，2012：344.

三是强调文化领导权必须由无产阶级来掌握。文化建设的领导权问题，是一个极其重要的原则性和根本性问题，这涉及文化建设的性质和方向，列宁把"文化领导权的建设"看成是"社会主义革命的最为主要的任务"①。在《关于无产阶级文化》中，列宁强调了无产阶级应作为文化事业的积极领导力量，如指出："无产阶级，通过它的先锋队共产党和所有无产阶级组织，应当作为最积极最主要的力量参与整个国民教育事业。"②列宁认为，只有坚持这个领导并使之贯穿到文化工作的各方面，我们发展的文化才能真正保持社会主义性质，正如他所说在无产阶级专政的"实际经验的鼓舞下继续进行工作，才能认为是发展真正的无产阶级文化"。③坚持无产阶级的领导权，必须要有与之相适应的领导队伍，因此列宁非常重视知识分子的作用，主张要大力发挥这一群体的作用，并抓好队伍培养，使之成为无产阶级文化人才，更好地为社会主义革命和建设服务，若是"没有这些东西，我们就不能真正掌握旧的社会关系所创造的、作为社会主义的物质基础保留下来的文化"④。列宁这一系列的观点对于我们今天牢牢坚持中国共产党的领导，不断地增强民族文化自信，发展和繁荣社会主义文化等，极具重要指导意义。

四是主张批判地继承文化遗产，借鉴和利用资本主义文化。面对新生的社会主义政权，如何正确认识和处理资本主义社会留下来的文化遗产，是必须面对的重要问题。对此，列宁的态度十分正确和坚决，他并没有完全否定资本主义文化成果的价值，相反，他以理性态度大力肯定了资本主义社会取得的成就，并指出："马克思主义这一革命无产阶级的思想体系赢得了世界历史性的意义，是因为它并没有抛弃资产阶级时代最宝贵的成就，相反却吸收

---

① 中共中央马克思恩格斯列宁斯大林著作编译局.列宁选集（第4卷）[M].北京：人民出版社，1995：303.

② 中共中央马克思恩格斯列宁斯大林著作编译局.列宁专题文集·论社会主义[M].北京：人民出版社，2009：167.

③ 中共中央马克思恩格斯列宁斯大林著作编译局.列宁选集（第4卷）[M].北京：人民出版社，2012：299.

④ 中共中央马克思恩格斯列宁斯大林著作编译局.列宁全集（第34卷）[M].北京：人民出版社，1985：243.

和改造了两千多年来人类思想和文化发展中一切有价值的东西。"①列宁主张要吸收利用资本主义文化成果来发展建设社会主义文化，"所以今天苏维埃社会主义文化建设同样要取得资本主义社会遗留下来的全部遗产，并充分应用在今天俄国的社会主义建设中"。②文化绝不会平白无故地产生和发展，只有理性看待资本主义文化，批判性地继承、借鉴它的精髓，社会主义文化建设才能得到更好发展。这种科学的态度和方法对我们中国今天的文化建设仍具有极强的现实意义。

三、中国共产党人的文化自信思想

马克思主义经典作家在理论探索中奉献了毕生的青春，在与资本主义的抗争中倾注了大量的心血，其努力不仅很好地指导了当时的社会实践，同时也给后世留下了宝贵的思想财富，为我们各项事业的发展奠定了坚实的理论基础。中国共产党是伟大的马克思主义政党，坚定地沿着伟大革命导师的思想足迹前行，这既是搞好党的建设的内在要求，也是推进崇高事业向前发展的重要使命。中国共产党的历代领导人始终注重把握中国的国情实际与时代特征，始终高举马克思主义旗帜来关照问题和指导实践。特别是在文化领域，他们在实践中不断坚持以马克思主义文化思想为引领，并赋予了其鲜明的中国风格与独特的中国气派，为社会主义文化的进步繁荣不断带来深厚营养与无穷动力，也为中国特色社会主义文化自信的生成提供了直接理论指导和深刻发展启迪。

（一）毛泽东的文化自信思想

毛泽东同志是当之无愧的无产阶级革命家、战略家和理论家，在推动马克思主义中国化上作出了巨大贡献，特别是在思想文化建设领域，他一直都是中华优秀传统文化的忠实继承者与积极弘扬者，更是领导人民创造革命文化的伟大领航者，同样是社会主义先进文化的创新倡导者和奋力建设者。从

---

① 中共中央马克思恩格斯列宁斯大林著作编译局.列宁专题文集·论社会主义［M］.北京：人民出版社，2009：167.

② 中共中央马克思恩格斯列宁斯大林著作编译局.列宁全集（第36卷）［M］.北京：人民出版社，1985：48.

宏观的角度上看，在长期的革命实践与社会建设中，毛泽东同志以其非凡的智慧和果敢的魄力领导党和人民对文化领域开展了诸多探索，取得了丰硕的理论成果，这些理论精华是在实事求是的基础上遵循文化规律的思想创造，成为毛泽东思想的重要组成部分。深入梳理毛泽东的文化理论，我们可以清楚地发现，当中始终贯穿着与时俱进的务实精神，始终折射着深沉博大的人民情怀，始终渗透着高度坚定的文化自信，始终表现出对民族精神文化的极大认可和远大希望，这对于研究中国特色社会主义文化自信问题而言，无疑是具有十分重要的资源价值的。其实，毛泽东的一生就是充满自信的传奇的一生，他把自信的态度和理念娴熟运用于文化探索与建设中，就形成了较有特点的文化自信思想，主要涵盖以下四个部分。

一是从文化概念的解读出发，注重把文化放在一个整体框架内看待。毛泽东的视野是广阔而宏大的，他将文化与经济政治联系起来，探讨它们之间的相互作用，以更深刻地认知和把握文化的内涵和作用。比如在《新民主主义论》中，毛泽东就曾说："一定的文化（当作观念形态的文化）是一定社会的政治和经济的反映，又给予伟大影响和作用于一定社会的政治和经济；而经济是基础，政治则是经济的集中表现。这是我们对于文化和政治、经济的关系及政治和经济的关系的基本观点。"[①] 在《关于陕甘宁边区的文化教育问题》中，他又明确指出："文化是反映政治斗争和经济斗争的，但它同时又能指导政治斗争和经济斗争。文化是不可少的，任何社会没有文化就建设不起来。"[②] 从以上的论述中，我们可以看到，"观念形态"是毛泽东对文化概念的定义解析，文化与政治经济的关系在他这里得到了全面而明确的诠释，前者由后者决定和影响，前者也对后者起着反作用。在这些论断的基础上，毛泽东对文化的产生、作用和本质等都做出了具体的研究表述，充分体现了马克思主义唯物史观在文化领域中的应用与实践，将马克思主义的文化观推向了新水平和新境界。事实证明，历史的中国在毛泽东文化思想的指引下，政治经济获得了巨大突破与飞跃，开创了较好的发展局面，赢得了人民的广泛爱戴与

---

① 毛泽东.毛泽东选集（第2卷）[M].2版.北京：人民出版社，1991：663.
② 毛泽东.关于陕甘宁边区的文化教育问题（一九四四年三月二十二日）[J].党的文献，1994（05）：6–12.

拥护。

二是充分肯定了文化的宗旨与地位作用。"我们的问题基本上是一个为群众的问题和一个如何为群众的问题"①，这是毛泽东对待文化宗旨的具体表述之一，人民群众是文化的出发点和落脚点，思考让文化如何更好地为群众服务，是中国共产党人在工作中必须要解答的课题。关于文化的地位，毛泽东是站在世界视野的高度来纵览东西方文明的，并鲜明地指出中国文明具有重要的地位，正如他所说："世界文明分东西两流，东方文明在世界文明内要占半壁的地位，然东方文明在一定程度上可以说是中国文明。"②"从地缘上来看，世界文明是由东方文明和西方文明两个重要组成部分构成的，前者在一定程度上来说可以说是我们的中国华夏文明，并且它在其整个发展进程之中始终处于至关重要的地位。"③从中可见，毛泽东在综合分析和比较东西方文明后，对东方文明持有高度认可的态度，认为它是推动世界文明进程的重要力量，这显然是一种自信的表现。新中国成立后，我们通过社会主义改造，建立了社会主义制度，毛泽东深刻把握当时国际国内发展大势，科学地预测了社会主义文化的发展趋向，他说："随着经济建设高潮的到来，不可避免地将要出现一个文化建设的高潮。中国人被认定为不文明的时代已经过去了，我们将以一个具有高度文化的民族出现于世界。"④这句话字里行间，不仅折射出经济与文化的辩证关系，更表达出伟大领袖对中华文化世界意义的判断，彰显了对我国文化前景的坚定信心，对振奋国民精神、凝聚前进共识而为文化建设高潮而奋斗，具有重要的历史意义。

三是提出了著名的"双百"方针和"两用"原则。毛主席提出"艺术问题上的百花齐放，学术问题上的百家争鸣"⑤，这为我们在社会主义条件下进行文化创作指明了方向，成为我国文化建设的根本方针，对当时及现在都具有重大指导作用。毛泽东致力于营造社会主义文化繁荣进步的良好局面，因此

---

① 毛泽东.毛泽东选集（第3卷）[M].2版.北京：人民出版社，1991：853.
② 中共中央文献研究室.毛泽东传（一）[M].北京：中央文献出版社，2011：47.
③ 中共中央文献研究室.毛泽东传（一）[M].北京：中央文献出版社，2011：47.
④ 中共中央文献研究室.毛泽东文集（第2卷）[M].北京：人民出版社，1993：345.
⑤ 中共中央文献研究室.毛泽东文集（第7卷）[M].北京：人民出版社，1999：45.

他主张应该允许不同风格的艺术形式与学术流派共同存在，绝不能遏制它们的生机，要最大限度地为它们的发展创造良好政策环境与制度条件。这就为社会主义国家的文化建设奠定了总基调和风向标，也为马克思主义的传播与新民主主义文化的发展加厚了社会土壤，使得广大知识分子和文艺工作者的思想得以解放，并能充满热情与活力而投身到社会主义文化创造与建设的洪流中。在对待古今中外的文化上，毛泽东的态度是明确的，"古为今用，洋为中用"是他提出的原则。也就是说，对待传统文化"如同我们对于食物一样，必须经过自己的口腔咀嚼和胃肠运动，送进唾液胃液肠液，把它分解为精华和糟粕两部分，然后排泄其糟粕，吸收其精华，才能对我们的身体有益"[①]；而对待外来文化，"我们必须继承一切优秀的文学艺术遗产，批判地吸收其中一切有益的东西，作为我们从此时此地的人民生活中的文学艺术原料创造作品时候的借鉴。"[②] 传统文化中，精华与糟粕并存，正确的态度应该是取其精华、去其糟粕，广泛地从传统文化中汲取智慧为社会主义建设服务；外来文化中也存在这样的情况，扬弃是唯一选择，我们必须结合国情实际，做到批判性地吸收其中的优秀成分，绝不可全面否定或全盘照抄。这是一个伟大领袖体现出来的文化理性态度，为我们今天文化自信的培养与弘扬提供了良好方法论。

四是强调马克思主义要与中国实际相结合。毛泽东最讲实事求是，他既是坚定的马克思主义者，也是扎根中国大地做事业的实践者。马克思主义是真理，具有强大的科学性与先进性，能对实践产生积极促进作用，这是以毛泽东同志为代表的中国共产党人在革命战争年代就认识到的事实，他们选择马克思主义作为指导思想，就是想真正解决中国的问题，"要把一个被旧文化统治因而愚昧落后的中国，变为一个被新文化统治因而文明先进的中国。""只能由无产阶级的文化思想即共产主义思想去领导，任何别的阶级的文化思想都不能领导了的"。[③] 同时他们也深深懂得，任何外来理论只有真正立足本国国情实际，只有跟中华文化充分结合，才能焕发出真正的生命力与持久力。

[①]　毛泽东.毛泽东选集（第2卷）[M].2版.北京：人民出版社，1991：707.

[②]　毛泽东.毛泽东选集（第3卷）[M].2版.北京：人民出版社，1991：860.

[③]　毛泽东.毛泽东选集（第4卷）[M].2版.北京：人民出版社，1991：698.

所以毛泽东明确指出："使马克思主义在中国具体化，使之在其每一表现中带有必须有的中国特性，洋八股必须废止，空洞抽象的调头必须少唱，教条主义必须休息，而代之以新鲜活泼的、为中国老百姓所喜闻乐见的中国作风和中国气派。"^①他的意思就是主张把马克思主义与中国的具体实际相结合，必须在充分把握时代特征与实践需求的基础上，创新形式方法，让马克思主义中国化的成果充满中国特色，让人民群众更容易接受。坚持马克思主义，致力于发展鲜活的马克思主义中国化成果用以指导中国的革命、改革与建设，这是对民族的热爱担当，也为中华文化的时代创造增添了动力支持，展现了强烈的民族责任感与高度的文化自信心，对于我们今天在培育文化自信过程中，如何更好地坚持科学指导思想、繁荣社会主义文化、增进话语权等，都具有较强的指引作用。

（二）邓小平的文化自信思想

邓小平致力于探索和开创中国特色社会主义理论体系先河，他紧密结合中国所处的阶段实际，在继承毛泽东文化自信思想基本精神的基础上有所创造、有所发展，形成了极富时代特征的文化自信思想，将马克思主义文化思想中国化推升至新境域。综合梳理其要点，有以下三个方面。

一是提出"两个文明"的论断，指出要重视和强化精神文明建设。邓小平认为社会主义国家既有经济建设，也有文化建设，而前者应称作物质文明，后者应称作精神文明，正如他所说："我们要在建设高度物质文明的同时，提高全民族科学文化水平，发展高尚的丰富多彩的文化生活，建设高度的社会主义精神文明。"^②他还强调物质文明与精神文明要统筹起来，"两手抓，两手都要硬"，并提出了在社会主义条件下开展精神文明建设的任务和目标，"现在我们要特别注意建设物质文明，还要建设社会主义的精神文明，最根本的是要使广大人民有共产主义的理想、有道德、有文化、守纪律"，因此他特别重视科学、教育等文化事业的发展，旨在改善全民族的文化素养，提升人民

---

① 毛泽东．毛泽东选集（第2卷）[M]．2版．北京：人民出版社，1991：534．
② 邓小平．邓小平文选（第2卷）[M]．2版．北京：人民出版社，1994：208．

的综合素质，最终实现"人的自由全面发展"。①"两个文明"的提法让我们在坚持以经济建设为中心的同时，不忘搞好文化领域的建设，让我们思想上有重视、路径上有章法、方向上有皈依，体现了唯物辩证法的精髓，对促进经济和文化的协调发展具有不可忽视的指导价值。此外，针对精神文明建设的地位，邓小平说："没有这种精神文明，就没有共产主义思想，没有共产主义道德，怎么能建设社会主义？"②精神文明建设极大地体现了社会主义的先进优越性，是区别于资本主义的一个重要特征。只有重视抓好精神文明建设，社会主义社会的发展才能真正名副其实。这个思想，对我们今天搞好理想信念教育，特别是搞好文化自信建设以更好地支撑中国特色社会主义，仍具有直接的指导意义。

二是主张以科学理性的态度看待处理传统文化和西方文化。邓小平是一个非常注重实际的人，对待事物要客观、真实、辩证，一直是他坚持的原则。在对待西方文化上，完全否定并不是他的观点，他认为资本主义之所以能够发展，必然有其值得学习的长处，因此他说："我们要向资本主义发达国家学习先进的科学、技术、经营管理方法以及其他一切对我们有益的知识和文化，闭关自守、故步自封是愚蠢的。"③秉持开放的胸怀，批判性地学习借鉴资本主义的积极方面，为我所用，才能更好地促进自己的发展而不被时代和历史所淘汰。在对待我们的传统文化时，邓小平明确知晓当中既有精华的部分，也有糟粕的方面，所以他号召我们"实事求是肯定应当肯定的东西，否定应当否定的东西"④，并提出"钻研""吸收""融化""发展"的八字方针，就是说要在具体分析的基础上，继承弘扬传统文化中的积极因子，使之实现创造性转换，与实践很好地融通，以更好地推动文化和实践的创新性发展，这个方法论在本质上也是对毛泽东"两用"原则的深化和延伸。对自身文化有清醒的认识，懂得把握分寸与尺度，本身就是一种自信；正因为有自信，所以才会有底气和定力，才能够学会客观和包容，才可学习借鉴他人的成果，这是

---

① 邓小平.邓小平文选（第3卷）[M].北京：人民出版社，1993：28.

② 邓小平.邓小平文选（第2卷）[M].2版.北京：人民出版社，1994：367.

③ 邓小平.邓小平文选（第3卷）[M].北京：人民出版社，1993：44.

④ 邓小平.邓小平文选（第2卷）[M].2版.北京：人民出版社，1994：333.

文化自信的对外映射，彰显了博大宽广的文化胸襟。那么在研究文化的过程中，我们应该采用什么样的工具或辅助方法呢？邓小平也给出了答案。"属于文化领域的东西，一定要用马克思主义对他们的思想内容和表现方法进行分析、鉴别和批判……如果我们不及时注意和采取坚定的措施加以制止，而任其自由泛滥，就会影响更多的人走上邪路，后果就可能非常严重。"①他总结强调，马克思主义作为一种科学指导思想，注重运用它来研究、鉴别文化问题，是我们保持正确方向的基础和保障。只有坚持以马克思主义为指导，我们才能在文化领域中明辨精华与糟粕，进而能提高战略定力，有效抵制腐朽意识形态的侵蚀。

三是对我国文化的未来充满信心。他曾说过："中国古人在历史上的发展做出了重要贡献。近代以来，我们的贡献太少，也许再过十年或十五年，可能做出比较重要的贡献。"②这是他在站在历史角度通盘考虑中华文化文脉的基础上，对我们文化成果作出的客观评价。中国曾在世界文明发展史中发挥了重要作用，拥有彪炳史册的文化成就，但随着国力的衰落，近代以来，我们对世界的文化贡献率也降低了。如今党领导人民建设社会主义国家，特别是改革开放后，我们各方面取得了很大成绩，相信将来一定会在人类文明史中贡献更多力量。这其实是对中华文化提出了殷切希望，说明他对中国未来充满信心，明显体现出他对民族的文化自信。

（三）江泽民的文化自信思想

江泽民同志对文化建设问题非常重视，他自己本身也是中华传统文化的热爱者与弘扬者，特别是在社会主义先进文化建设方面，他既很好地继承了毛泽东和邓小平的文化自信思想精髓，也创造性地发展了相关理论，对中国特色社会主义各项事业产生了积极引领作用，成功地在跨世纪的伟大征程中开辟马克思主义文化观的新境界。梳理江泽民文化自信思想中的突出亮点，主要有以下两个方面。

---

① 邓小平．邓小平文选（第3卷）［M］．北京：人民出版社，1993：44–45.

② 中共中央文献研究室．邓小平年谱（1975—1997）上［M］．北京：中央文献出版社，2004：584.

　　一是将文化建设纳入中国特色社会主义"三位一体"的总体布局中。在庆祝建党70周年的大会上，江泽民于报告讲话中明确指出："有中国特色社会主义的经济、政治、文化是有机统一、不可分割的整体。"①文化建设被纳入了"三位一体"布局中，其地位更加明确、作用更加明显。在执政实践中，他进一步解释文化在大局中的位置，强调："当今世界，文化与经济和政治相互交融，在综合国力竞争中的地位和作用越来越突出。文化的力量，深深熔铸在民族的生命力、创造力和凝聚力之中。全党同志要深刻认识文化建设的战略意义，推动社会主义文化的发展繁荣。"②"文化相对于经济、政治而言。精神文明相对于物质文明而言。只有经济、政治、文化协调发展，只有两个文明都搞好，才是有中国特色的社会主义。"③跨世纪前，面对全球化背景下各国文化冲突加深的严峻形势，他号召发展中国家必须要认清形势、应对挑战："广大整体上处在弱势的发展中国家，除了需应对经济发展的严峻挑战之外，还需应对发展文化方面的挑战。"④江泽民对国内外形势的洞察与判断，把文化建设摆在重要地位，这是他文化自觉意识的体现，其文化建设理论反映了对执政规律与社会主义发展规律的深刻把握。

　　二是在工作中注重创新引领，表现出对文化发展的历史责任与担当。江泽民同志创造性地提出"三个代表"重要思想，特别是阐述了中国共产党始终代表中国先进文化的前进方向，揭示了党建与文化先进性的重要关联。同时，在执政实践中，他创造性地提出应在治国中把握好用法和用德的维度，主张二者应结合起来推动，"法治属于政治建设、属于政治文明，德治属于思想建设、属于精神文明。我们要把法制建设与道德建设紧密结合起来，把依法治国与以德治国紧密结合起来"⑤。再者，是把科教兴国上升为国家战略，在政策实施上突显对现代化的助力作用，正如他所说："实施科教兴国战略，把社会主义与现代科学技术紧密结合起来，对于加快我国现代化建设步伐具有

①　江泽民.在庆祝中国共产党成立七十周年大会上的讲话［N］.人民日报,1991-07-02（01）.

②　江泽民.江泽民文选（第3卷）［M］.北京：人民出版社，2006：558-559.

③　中共中央文献研究室.十五大以来重要文献选编（上）［M］.北京：人民出版社，2000：35.

④　江泽民.江泽民文选（第3卷）［M］.北京：人民出版社，2006：399.

⑤　江泽民.江泽民文选（第3卷）［M］.北京：人民出版社，2006：200.

重大而深远的意义。"[①] 他还注重丰富和完善文化建设的内容，特别是在党的十六大报告中明确提出，文化建设是国民教育和精神文明建设的重要举措和任务，提倡在文化建设的框架里加入培育弘扬民族精神的方面。[②] 此外，还有"在宣传文化工作中要始终把社会效益作为最高准则，当经济效益和社会效益发生矛盾时，自觉服从社会效益"[③]，"精神文明重在建设"[④]，"弘扬主旋律，提倡多样化"[⑤] 等，也是江泽民同志在工作过程中，对社会主义文化建设所提出的具体要求，体现了一定的系统性、体系性。这些都是他文化自觉意识在实践中的应用与彰显，正是源于对中华民族与中国共产党进步发展的责任感，江泽民同志对如何看待与加强文化建设，做出了很多思考和探索，他的创新理论成果成为我们今天增强文化自信的宝贵支撑与直接指引。

（四）胡锦涛的文化自信思想

胡锦涛同志领导中国的建设时期，是中国各项事业迅速发展的时期，特别是在工作实践中，围绕着"什么是发展、为什么发展、怎样发展"等一系列时代课题，他深刻把握"三大规律"精髓而提出了通俗易懂但极具指导意义的"科学发展观"，形成了社会主义如何"发展"的重要理论，至今仍深刻影响着中国社会的发展进程。胡锦涛把"科学发展观"贯彻实施至文化领域，让社会主义文化建设发生了积极的变化，使国家软实力获得了长足的进步，增强了人民群众自豪自信的底气；特别是他提出了"文化自信"的命题，为我们直接进行文化自信建设提供了理论指南。概括起来讲，胡锦涛的文化自信思想体现在以下三个方面。

一是提出"和谐文化"理念。胡锦涛将科学发展观的原理拓展应用于文

---

① 闫韵，等.江泽民同志理论论述大事纪要（上册）[M].北京：中共中央党校出版社，1998：413.

② 江泽民.江泽民文选（第3卷）[M].北京：人民出版社，2006：559.

③ 中共中央文献研究室.江泽民论有中国特色社会主义（专题摘编）[M].北京：中央文献出版社，2002：386.

④ 中共中央文献研究室.江泽民论社会主义精神文明建设[M].北京：中央文献出版社，1999：27.

⑤ 中共中央文献研究室.江泽民论有中国特色社会主义（专题摘编）[M].北京：中央文献出版社，2002：386.

化中，产生了"和谐文化"理念。从本质上来看，这一理念的提出，反映了人们对和谐社会的向往，是对现实美好追求在思想领域中的映射，其根本是为了实现人的全面发展提升，这跟"科学发展观"中的"以人为本"的要义一脉相承、相通相连，成为支撑和谐社会的精神力量。正如他所说："建设和谐文化，是构建社会主义和谐社会的重要任务，也是构建社会主义和谐社会的重要条件。"①他从辩证的角度充分肯定了文化建设对社会的作用，既是"任务"也是"条件"的说法，凸显了他对文化问题的深入思考，这必然是在实事求是的基础上做出了战略研判与发展号召，振聋发聩、掷地有声，充满时代精神与人文关怀，在当时文化领域产生了较大反响。

二是从文化的根本地位入手论述其重要性。对外，胡锦涛把文化软实力放到了重要地位，他把握世界竞争大局而思考，清晰地看到问题的本质，并视文化软实力为"制高点"，强调："当今时代，文化在综合国力竞争中的地位日益重要。谁占据了文化发展的制高点，谁就能够更好地在激烈的国际竞争中掌握主动权。"②对内，胡锦涛在多处场合强调要增强国家文化软实力建设，特别提道"中华民族伟大复兴必然伴随着中华文化繁荣兴盛"③，把文化的进步发展与国家民族大义联系起来。同时，他强调："坚持以马克思主义为指导、以社会主义先进文化为引领，是中国特色社会主义文化最鲜明的特征，也是事关文化改革发展全局的根本问题。"④在文化全局中，马克思主义的指导位置不能变，因为这是根本原则，丢了它，我们就会改旗易帜，甚至亡党亡国，这凸显了指导思想的重要性。

三是在文化建设的具体政策方针上，有不少新提法新做法。胡锦涛提出，要建设"社会主义文化强国"，并把它放在重要战略高度。他在十七届六中全会中，提出"增强国家文化软实力，弘扬中华文化，努力建设社会主义文化

① 胡锦涛.在中国文联第八次全国代表大会、中国作协第七次全国代表大会上的讲话［N］.人民日报，2006-11-11（04）.

② 中共中央文献研究室.十六大以来重要文献选编（下）［M］.北京：中央文献出版社，2008：752.

③ 胡锦涛.高举中国特色社会主义伟大旗帜 为夺取全面建设小康社会新胜利而奋斗［M］.北京：人民出版社，2007：26

④ 胡锦涛.胡锦涛文选（第3卷）［M］.北京：人民出版社，2016：563.

强国"①的战略目标，在十八大报告中又强调要"扎实推进社会主义文化强国
建设"②。此外，他还提出了"社会主义核心价值体系"的概念，主张应大力推
进并与时俱进地丰富其内涵，这个涵盖马克思主义（指导思想）、中国特色社
会主义（共同理想）、民族精神（以爱国主义为核心）和时代精神（以改革
创新为核心）及社会主义荣辱观（"八荣八耻"）等内容的提法，遵循了文化
建设规律，突显了中华文明特色，反映了人民诉求呼声，折射了美好境界追
求，必定能起到教育人民、引领风尚和推动发展的价值。再者，是提出了"文
化自信"的命题，他既从文化强国的角度入手论述，也从综合国力的角度阐
释，都突显了文化自信之于国家民族发展的重要性，把文化建设理论提升至
了一个新高度。如他强调："我们一定要坚持社会主义先进文化前进方向，树
立高度的文化自觉和文化自信，向着建设社会主义文化强国宏伟目标阔步前
进。"③"面对当今文化越来越成为综合国力竞争重要因素的新形势，我们必须
以高度的文化自觉和文化自信，着眼于提高民族素质和塑造高尚人格，以更
大力度推进文化改革发展。"④在这里，实际上胡锦涛也初步谈到了文化的自
觉、自信与自强的逻辑关系，为指导我们凝心聚力实现社会主义文化建设的
目标注入了强心剂提供了指南针。还有在文化传播方面，胡锦涛主张一定要
注重主体的引领和方式的优化，提倡主体要有示范性，方式应该多样化。在
这一思路的指引下，我们党和政府不断履行文化职责，不断创新方式载体，
陆续开展了各种文化交流年活动，孔子学院不断在外绽放精彩，成为展现中
华文明的窗口和平台；越来越多的中华优秀传统文化走出国门、走向世界，
越来越多的外国人喜欢上中华文化，愿意走近中国、了解中国。总之，胡锦
涛同志关于文化建设的观点和论述，较好地体现了他对社会主义文化发展规
律的深邃把握，较好地满足了民众的精神文化需求，为推动人民自信与国家

---

① 中共中央关于深化文化体制改革　推动社会主义文化大发展大繁荣若干重大问题的决定
　　［N］.人民日报，2011-10-26（01）.

② 坚定不移沿着中国特色社会主义道路前进　为全面建成小康社会而奋斗［N］.人民日报，
　　2012-11-18（03）.

③ 坚定不移沿着中国特色社会主义道路前进　为全面建成小康社会而奋斗［N］.人民日报，
　　2012-11-18（03）.

④ 胡锦涛在庆祝中国共产党成立90周年大会上的讲话［N］.人民日报，2011-07-02（01）.

自强奠定了坚实基础。

（五）习近平的文化自信思想

作为习近平新时代中国特色社会主义思想不可或缺的组成部分，习近平的文化自信思想是其中必须要研究的重要方面，它植根于中国特色文化建设的沃土当中，与习近平同志治国理政的伟大实践密不可分。习近平把文化自信摆在中华民族伟大复兴进程中的突出地位，在多个场合谈论到文化自信问题，并对中华文化建设和发展提出了不少精辟论断，体现了对民族文化发展的深邃思索与使命担当，他的这些论述和思想极具研究意义与时代价值，当之无愧地成为我们做好新时代文化自信培育工作的行动指南。当前，深入梳理习近平的文化自信思想，就是要在他对文化自信的直接论述中寻找营养和要点，要在他对社会主义文化建设的相关指示中明确思路，要在他对传统文化的评判中汲取管理智慧，万众一心、众志成城地为推进社会主义文化强国集聚正能量、凝结新动能。

一是关于对文化自信的重要地位与作用的论述。习近平将文化自信放在了重要位置，作为道路自信、理论自信与制度自信之后的"第四个自信"，文化自信的作用显得内在而极具影响力、穿透力，习近平用了"三个更"来表达，即"更基础、更广泛、更深厚"和"更基本、更深沉、更持久"。此外，在多处场合里他都提到文化自信，比如在2014年2月参加中央政治局第13次集体学习时，3月在全国两会期间参加贵州代表团的审议时，10月在全国文艺工作座谈会上的讲话中；2016年5月在哲学社会科学工作座谈会上，7月在建党95周年庆祝大会的讲话中，等等，习近平都讲到了文化自信问题。特别是在党的十九大报告中，他着重指出："没有高度的文化自信，没有文化的繁荣兴盛，就没有中华民族伟大复兴。"[①]习近平从民族复兴的战略高度看待文化自信问题，并多次强调、多次指出、多次倡导，可见，文化自信的重要性非同一般。习近平关于文化自信的观点和直接论述已经成为一个体系，具备系统化特征，表明了他对文化自信的高度重视，对中华文化的价值前景充满信心，

---

① 习近平.决胜全面建成小康社会 夺取新时代中国特色社会主义伟大胜利——习近平同志代表第十八届中央委员会向大会作的报告摘登［N］.人民日报，2017-10-19（03）.

对实现民族复兴胸有成竹。

二是关于对社会主义核心价值观问题的认识。习近平注重从社会主义核心价值体系中总结凝练，注重结合国人的思维习惯与性格特质，注重把握文化规律与时代国情，提出全社会都应该培育和践行社会主义核心价值观，为文化自信培根铸魂。为此，他不仅肯定了社会主义核心价值观的地位，还从培育资源、践行要求等方面做出了不少指示和要求，比如，"社会主义核心价值观是当代中国精神的集中体现，凝结着全体人民共同的价值追求"。①"核心价值观是文化软实力的灵魂、文化软实力建设的重点。这是决定文化性质和方向的最深层次要素。一个国家的文化软实力，从根本上说，取决于其核心价值观的生命力、凝聚力、感召力。"②这些论断展示出总书记对核心价值观的深邃认知，他是站在国家战略高度和文化自信深处来考量核心价值观问题的。同时，他还指出了中华优秀传统文化在培育核心价值观中的地位作用，并号召大家应从优秀传统文化中汲取核心价值观涵养。再者，强调我们要注重方式、丰富载体，发挥好各类主体作用及各类渠道优势，有重点、分层次把核心价值观的宣传教育提升至新水平……这些都为我们更好地践行和培育核心价值观指明了行动方向，提供了遵循指针。

三是关于对待中华优秀传统文化的态度。对于中华优秀传统文化，我们必须要肯定地说，习近平总书记是当之无愧的坚定传承者和优秀弘扬人。他把优秀传统文化提到了民族的"根"和"魂"的崇高地位，强调我们绝不可抛弃传统、丢弃根本。总书记指引我们用辩证的态度对待传统文化，并做好对它的批判性继承工作，强调"要加强对中华优秀传统文化的挖掘和阐发，努力实现中华传统美德的创造性转化、创新性发展，把跨越时空、超越国度、富有永恒魅力、具有当代价值的文化精神弘扬起来"③。创造性转化、创新性发展，他是这么说的，也是这么做的。总书记将优秀传统文化的精髓融入自己治国理政的实践中，不仅从当中汲取有效营养，还带头做到了对它的创新性

---

① 习近平.决胜全面建成小康社会 夺取新时代中国特色社会主义伟大胜利——在中国共产党第十九次全国代表大会上的报告［M］.北京：人民出版社，2017：42.

② 习近平谈治国理政［M］.北京：外文出版社，2014：163.

③ 习近平.完善和发展中国特色社会主义制度推进国家治理体系和治理能力现代化［N］.人民日报，2014-02-18（01）.

转化与创造性发展。他在很多场合的会议讲话中，都注重对中华优秀传统文化的运用，多次引经据典、反复比喻论证，很好地诠释了东方大国领袖的气度与魅力，也充分展现了他对民族文化的高度自信心，为全国各族人民树立了榜样。

四、中华优秀传统文化中有利于文化自信形成的思想资源

习近平总书记曾指出："中华文化独一无二的理念、智慧、气度、神韵，增添了中国人民和中华民族内心深处的自信和自豪。"[①]研究中国特色社会主义文化自信的形成，最应该要从中华优秀传统文化这一源泉中去寻找促进自信生成的积极因子。中华优秀传统文化绵延几千年，以其本身所特有的创造性、吸纳性与包容性，取得了灿烂辉煌的成就，并迸发出极强的凝聚力、感染力和号召力，其中的精髓集中反映了中华民族的精气神。特别是优秀传统文化中蕴含着众多的价值观，它们在修身理念、处世态度、价值取向、思维方式、伦理情趣等方面都极具内涵，且充满了民族独特性、价值稳定性和影响持久性。对这些思想资源进行提炼整合及合理阐释，我们得知，优秀传统文化中虽没有明确提出文化自信的字眼和含义，但其中蕴含的思想观点及价值观念等，折射出众多利于自信生成的因子，这对我们形成强大的文化自信心和民族自豪感等都具有非常重要的推动意义和启发作用。笔者认为，中华优秀传统文化中有利于文化自信形成的思想资源至少涵盖了以下五个方面。

（一）慎独自省的修身理念

在中华民族的优秀传统文化中，严于律己、注重修养和自我约束，历来都被人们所推崇。作为君子立世的重要道德准则，慎独自省被认为是加强修养的一种方法，更被视为一种人生境界，影响了千百年来一代又一代的中国人。"君子慎其独也"（《礼记·中庸》），所谓"慎独"，顾名思义，指的"谨慎地独处"，是个人独处时的一种自觉性要求，强调自己要谨言慎行，防止邪念滋生，说的就是独立个体对自己思想意识和外在行为的一种自律方式。这

---

① 习近平. 在中国文联十大、中国作协九大开幕式上的讲话（2016年11月30日）[M]. 北京：人民出版社，2016：4.

需要表里如一，彰显的是襟怀坦荡的心境。而"自省"则是自我省视，着重从个人的角度出发检查自己的思想意识和言论行动等是否符合道义的原则、规范和标准。比如，孔子强调当遇到问题时要善于从自己身上找原因，因此有"君子求诸己，小人求诸人"（《论语·卫灵公》）一说；孟子的"自反""反求诸己"思想说的也是当行动还未奏效时，应从自己身上找原因；同样，曾子的"吾日三省吾身"也说明了自省的重要性。所以，自省就是真正的自我主宰，是植根于人内心深处中的理性智慧活动。其实，无论是慎独还是自省，其关键都是要"正其心"，都是要在认识自我的基础上，使人的修养得以不断完善而促进高尚情操的养成。从人的自我意识出发，唤起主体自身自主思考评判的力量，让人用正确的态度认识自己，通过对自己思想和言行的及时反省检视，来做出符合实际的评价，这是慎独自省的方法论。这是一种自觉意识，对待自己是这样，而推己及人，由对待内心到对待事物，又何尝不是如此？这其实告诉我们，绝对不可忽视人的主观能动性，应尊重人民的主体地位，尊重人意识的发展规律性。真正的自信一定是与自觉自省联系在一起的，从自觉到自信是一个循序渐进的过程，当人们都能真正认识自己，都能真正发挥主观能动性来认识把握民族的历史和文化，注重包括文化价值观在内的正确价值意识的养成，那全民族文化自信的确立也不会是难事。慎独自省，作为人民主体自主意识的体现，一直成为被社会普遍接受的修身理念，随着时代的发展它不断焕发出魅力，这对人们正确价值观的形成、对民族文化认同和文化自信的培育等，都提供了丰富的思想材料，具有潜移默化的启发作用。

（二）"大一统"的天下观

谈到中华文明，不得不提的一个重要特点就是"大一统"的天下观，这是久经历史沉淀和时代检验的思想理念，深刻影响着几千年来中国人对家国命运的研判和思考。倘若不深入梳理这个思想，我们就不能很好地把握国家的独特基因和民族的精神标识，就不能很好地理解中国人的伦理思维归宿与文化心态倾向。"大一统"天下观的形成，有其深刻的历史现实性，也有着文化的延续传承性。"天下"的理念自古有之，"王者欲一乎天下，以天下为一家"(《礼记·王制》)"普天之下莫非王土,率土之滨莫非王臣"(《小雅·北山》)……古代中国人历经战乱,他们对国家的期盼就是实现统一,这个愿望经秦汉统一王朝的实践,最终上升为中国历朝历代的治国之本。纵览中华民族几千年的历史实践,我们虽历经多次王朝的易姓和民族政权间的战争,国家疆域也呈现阶段性的扩大和缩小,但始终没有因外敌的入侵而导致国家消亡,统一仍占据中国历史的主流。粗略地算起来,自夏而后的约四千年间,我们统一的时间长达两千七百多年,而相比之下,分裂的时间总计也不到统一时间的一半(一千二百余年)。即使在内部分裂时代,那些分裂政权的领导者也大都不甘于偏安一隅,仍然把实现全国统一作为奋斗追求;而且不管是少数民族还是汉族建立的王朝,"统一寰宇"都是其基本的政治体认目标。其实,"天下一统"的标志和象征,不仅在于地理疆域版图的统一,在于政权的实际控制范围与法令一体化的执行维护,更在于人文领域的凝聚力与号召力。随着历史上各种政权交替和王朝变化,各民族的文化得到了很好的交流和融通,一体多元的中华民族文化就是这样得以逐步形成的。正因为中国历史具有的连续性并没有因王朝易姓而断裂,所以中华文化传统的连续性也没有中断。当今世上,没有哪一个民族可以让几千年厚重的历史文化底蕴接续传承,更没有哪一个民族可以融合汇聚56个民族文化精华,让大一统的民族文化乐章和谐奏唱。可以说,四海之内,寰宇之间,"大一统"的天下观体现在对国家版图与体制结构的维护上,这是一种基本态势,但"大一统"天下观反映在文化融合与价值共识里,却更具有深沉而持久的力量。总之,几千年的日积月累,"大一统"的天下观已经深深内化为华夏儿女文化血脉中不可泯灭的民族自尊心与文明自豪感,这是我们独一无二的特质和底色。在当代,"大一统"的天下观为中国多民族国家的统一、为中华文化共同体的形成奠定了良好基础,这对于增强全国人民的文化向心力、对于提升大家的文化认同与文化自信等,都具有重要的促进整合作用。

（三）兼济天下的家国情怀

家国情怀作为主体对家庭和国家共同体的归属情感和认同理念,远远超越了种族、地域、阶级和宗教,成为个体人文信仰的中坚力量,折射出人们深层次的文化心灵密码。国度数众、民族千种、普天之下、唯我中华，从过去到今天，世间"家国情怀"表现得最厚重、最醇美、最浓烈的当属炎黄子孙。中华灿烂悠久的历史文化孕育了中国人独特的家国情怀，它宛如江河般川流不息，既流淌着中华民族的思想道统，也滋润着华夏人民的精神家园，为文化自信筑牢了根基。在中国人的内心世界里，家与国是相互依存、密不可分的，家是国的基础和单位，国是家的延伸和集合，家是最小国，国是千万家，国好家兴互动循环，这种"家国同构、家国一体"的共识渗透到了中国社会生活的诸领域各方面，成为中华民族稳固的文化理念和独特的心理结构。从人的自然情感出发产生情愫，从兄友弟恭、父慈子孝、夫唱妇随、共享天伦逐渐到心怀苍生、关心社会、报效国家，家国一体的情怀把以血缘关系为纽带的天然亲情升华拓展至国家大局、民族大义，加载了自我生命的厚度，提升了人生价值的高度，使得个人、家庭与社会、国家在良性互动中得以共同发展。

我们还可以从另一个角度看，中国人其实是最追求圆满的，而自我圆满、自我荣辱不仅仅在于亲情眷念，也在于对民生疾苦和国家发展的关注，只有把对自己、对家庭的情深厚意拓展为对他人的大爱、对社会的关心、对民族的担当，人生才能达到真正的圆满，才能获得真正的自在幸福。因此，正心、修身、齐家、治国、平天下成为中国人兼济天下家国情怀的典型写照，为古往今来无数仁人志士的立身处世指明了进步阶梯与人生方向。作为中国人人生的价值追求和心胸表达，这无形中让我们在独善其身的泥沼中得以彻底解放，并推己及人由家及国，把个人、家庭、国家纳入了递进联动的演进轨道和三位一体的发展链条。通俗地说，在家尽孝、为国尽忠，修己安人、经邦济世，以身报国、建功立业，这些就是我们家国情怀的核心内涵与伦理导向所在。从范仲淹的"先天下之忧而忧，后天下之乐而乐"、杜甫的"安得广厦千万间，大庇天下寒士俱欢颜"，到陆游的"僵卧孤村不自哀，尚思为国戍轮台"，林则徐的"苟利国家生死以，岂因祸福避趋之"，再到毛泽东"埋骨何须桑梓地，人生无处不青山"……古往今来仁人志士的呼喊和表达，无不镌刻着兼济天下的忠诚信仰，无不彰显着奋勇向前的底气力量。今天，兼济天下的家国情怀经岁月沉淀和历史延续，不断焕发出思想穿透力与感染力，时刻激发新时代人民苟利社稷、奋不顾身的勇气与担当，这必定能为民族凝聚力的增强提供共识基础，也能以精神支撑的作用助力中国特色社会主义文化自信建设。

（四）注重民本的仁政思想

以人为本是中华文明的又一个重要特点，我们五千多年历史的发展始终绕不开强烈的民本基调，始终都带有社会治理重心下沉的人民性。作为优秀传统文化中极其重要的思想资源，注重民本的仁政思想可谓历史悠久、底蕴丰厚、特色突出，它如一道曙光划破了灰暗的政治苍穹，给古老中国带来了希望和美好，为今天中国特色民主政治提供了深厚滋养，也为文化自信的养成奠定了扎实的民生基础，也增强了强大的信仰底气。民本思想自古便有之，最早发源于商周时期，而春秋时期则是它的具体形成阶段，以后的历朝历代都对它有一定的继承和发展。如周公旦提出"敬德保民"的思想，建议统治者以道德榜样来让人民受到感化，让人民受到仁爱之心的呵护。《尚书·泰誓》中讲："天矜于民，民之所欲，天必从之。"《尚书·五子歌》里说："民惟邦本，本固邦宁。"《管子·霸言》中提及："以人为本。本治则国固；本乱则国危。"孔子思想的核心是"仁"，他主张重视人的地位和作用，倡导要去爱人，其《论语》中谈到"仁"的就有100多处，当中不乏"惠民""爱民""教民"的民本主张：如"节用而爱人，使民以时""博施于民而能济众""其养民也惠，其使民也义"等。孟子进一步充实了孔子的思想，提出著名的"仁政"主张，《孟子·尽心下》中就有"民为贵，社稷次之，君为轻"的说法。荀子强调得民而得天下的道理，提到"用国者，得百姓之力者富，得百姓之死者强，得百姓之誉者荣……"（《荀子·王霸》）。春秋以后的儒家崇尚者如董仲舒等对民本思想也作出了具体论述，社会也出现了重民本而产生的"文景之治""贞观之治""康乾盛世"等繁荣局面，再到明清时期一些爱国志士也把民本思想作为武器，将君主专制作为抨击的对象。"民比天大"，尊重人民，为民作主，为民谋福，民心向背影响着统治兴衰，这些都是注重民本的仁政思想的内涵实质，贯穿了中国历史上各朝代政治治理的始终，在中华文明发展史上产生了重要影响。随着经济社会的发展，古代的民本仁政思想逐渐与时代融合，抛弃了封建糟粕的成分，保留了富含民主的优质养分，为我们党治国理政提供了价值支撑。今天，我们在中国特色社会主义民主政治的道路上坚定前行，不断开创具有民本特色的伟大实践，我们的群众路线不断得以深化和拓展，人民民主协商机制不断健全，民族区域自治制度不断完善，这都得赖于民本仁政思想的滋养和启迪。为中国人民谋幸福，为中华民族谋复兴，正是党初心和使命的表达，也是民本仁政思想在当代中国的应用与实践。世界上没有哪一个国家能像中国这样如此重视人民的利益，也没有哪一个民族能像中华民族这样拥有这么优秀的民本文化基因。注重民本的仁政思想在人类文明史上独树一帜，作为中华民族的优秀文化特质，它展现的是人类民主理想的中国智慧，彰显的是促进民生实践的中国特色，足以成为我们自豪自信的源泉底气，筑牢了推进事业发展的群众基础，凝聚了共同建设的磅礴伟力，成为涵养全民族文化自信必不可少的优秀思想材料。

（五）和而不同的包容精神

作为中国传统的鲜明特征，"和"突出强调的是事物与事物之间及事物内部各要素之间协调与平衡的状态。但事物本身或事物内在要素各自也是具有差异性的，要想做到和谐共处，就必须在"和"的基础上，实现不同元素或事物的融合，即相互包容、求同存异，才能达到"万物各得其和以生"的和睦效果。因此，我们在五千多年的历史实践中形成了"和而不同"的包容精神文化，这让中华文明在保持自身特性的基础上注重兼收并蓄其他文明成果而使自身不断得以发展壮大。"和而不同"的包容精神，既体现一种广阔胸怀，又彰显一种恢宏气度；既反映思想共识，也折射关系内涵，成为中华精神文化的标签特质。追本溯源地看，"和同"理论被最先提出应是在西周末年，史伯为揭示万物生长之规律性，说道："夫和实生物，同则不继。以他平他谓之和，故能丰长而物归之。若以同裨同，尽乃弃矣。"孔子于文化高度提出，"君子和而不同，小人同而不和"，对后世有深远影响。其实，众所周知，春秋战国时代是百家争鸣的时代，涌现了很多学术流派和思想家，诸子百家长期共存使得当时的文化能空前繁荣。到了汉代，"罢黜百家，独尊儒术"的方针被推行，但始终也阻挡不了"和而不同"包容精神的发展。自汉代开始，经世致用的儒家传统逐渐涵养和熏陶人民，赋予了人民积极向上、奋发进取的精气神。同时，我们的文化也不断地集众家之长，各家各派各民族各宗教文化相互融合、彼此映照、共同促进，形成了一体多元的中华民族和合文化，成就了中国人融通包容的恢宏气度与和谐风貌。对外看，正因为秉承"和而不同"的包容精神，中华文明表现出强大的开放性，积极参与到与世界文明的对话中，不仅对外来文化也能做到很好地批判吸收，不断地延续和壮大自身，推动了中华文化共同体的发展，同时也致力于国际秩序的维护，在贡献中国智慧中让世界文明百花园芬芳绽放。多元的世界里因为有了中国的参与，而变得更加绚烂和充满生机，这是中华文明"和而不同"包容精神的世界意义，也是中国文化性格的延伸表达。总之，和而不同的包容精神让中国既练内功又塑形象，让中华文明呈现了统一性与多样性相结合的多元复合特质，在整个世界文明体系中，这是绝无仅有的。正因为如此，所以我们有足够自信的底气，也正因为有绝对的自信，所以我们才能更好地做到兼收并蓄、共同发展，这是基于自信又促进自信的文化定力和境界。所以，和而不同的包容精神成为我们展现文化自信的逻辑之基、力量之源、生机之本。

第三节　中国特色社会主义文化自信形成的历史省思

文化自信既指向历史也指向现实和未来，源于"古"而成于"今"。[①] 善于学会"通古今之变"，置身于中华民族五千多年的历史进程中梳理我们的文化发展轨迹，是研究文化自信的内在要求。正如毛泽东指出："中国现时的新政治新经济是从古代的旧政治旧经济发展而来的，中国现时的新文化也是从古代的旧文化发展而来，因此，我们必须尊重自己的历史，决不能割断历史。"[②] 华夏文明从古至今的发展脉络深刻地表明，我们的民族是善于创新创造的伟大民族，我们的人民是勤劳智慧向上的伟大人民，我们的文化既取得过灿烂辉煌的历史成就，也经历过从衰落到复苏再到曲折发展的阶段时期，如

---

① 沈壮海.文化自信源于"古"成于"今"[N].人民日报，2015-11-29（05）.

② 毛泽东.毛泽东选集（第2卷）[M].2版.北京：人民出版社，1991：708.

今中华文化正面临前所未有的挑战与机遇，这是文化发展大有作为的时代，也是培育和积累文化自信的最好时期。对文化自信以历史的角度予以深入考察，目的就是在更广阔的视野中把握其形成的来龙去脉，以便我们更好地把握现在、投身实践，进而更加坚定信心而奋力前行。唯其如此，我们的未来才能充满生机和活力，才能因高度自信而获得更大的进步。

一、古代灿烂的文化铸就文化自信恢宏气象

谈到中华文明的成就，有学者研究后指出："在2100多年的封建王朝时期，中华文化经历了春秋战国、秦汉、隋唐、两宋和明清等不同的发展阶段，具有强大的生命力，长期独尊一方。作为世界文明古国，在18世纪工业革命之前，有1000多年的时间，中国文化的成绩处于世界顶峰。"[①] 的确，作为拥有悠久历史文化的国度，中国是唯一的文化未曾中断过而延绵至今的国家，而四大文明古国中的另外三个，即古印度、古埃及、古巴比伦等早已消失在文明历史长河中而不见踪迹。古代，人们认为中国是世界文化的中心，所谓"吾闻用夏变夷者，未闻变于夷者也"（孟子语）[②]，大多数炎黄子孙都有"华夏中心意识"。在漫长的古代发展史中，中华民族以灿烂辉煌的文化成就傲然立足于世，特别是我们形成了以儒家学派为主要代表的中华传统文化，被认为是优越的文化而一直得到各国人民的效仿学习。也就是说，古代中国的文化成就无与伦比，不仅气势磅礴，而且具备优势；不仅造福中国，而且影响世界，这让国人没有理由不为之自豪，让国人拥有了足够的自信底气。要很好梳理中国古代的文化成就绝非易事，因为中华传统文化博大精深、门类丰富，很难做到面面俱到而没有漏缺。在此，笔者以时间为轴，从纵向角度入手进行分析，以期在理清历史文脉的同时，更好地向民众展示古代中国的恢宏气象与高度自信。

我们从商周时期说起，当时我们在文字上已经具备成熟条件，殷商甲骨文的问世就是明证。周朝特别重视礼制，当时礼乐盛行，周人用礼别贵贱、

---

① 林毅夫.21世纪全球多极增长格局中的中国经济发展和文化复兴［J］.北京大学学报（哲学社会科学版），2012（01）：21-28.

② 张以文.四书全译［M］.长沙：湖南大学出版社，1989：359.

序尊卑，为规范统治秩序，还建立了分封制、宗法制，在一定程度上形成了奴隶制条件下的政治经济制度。到了春秋战国时期，中华文化获得了空前迅速的发展，进入了所谓的"轴心时代"，思想文化领域呈现出丰富多彩的繁荣盛况。当时，我们的社会正在由奴隶制向封建制转变，各个诸侯国争霸斗争，各自推行社会改革，但总体来看，政治环境是宽松的，各国都鼓励、允许和支持各派思想发展，因此百家争鸣成为那时文化领域的状态。儒家学派的孔子、孟子、荀子，道家学派的老子、庄子，墨家学派的墨子，法家学派的韩非子等等，都是那个时期涌现出的著名思想家，他们从各自主张出发，提出了很多著名论断和看法，对后世产生了深远影响，也为中华文化孕育了基本精神轮廓，充分展现了中国古人的博大智慧，彰显了华夏民族高度的文明自信。

秦汉时期是我国实现统一的时期，大一统的政治统治带来了"书同文""车同轨"等统一的文化景象，特别是汉代实施"罢黜百家、独尊儒术"政策后，儒家文化的正统地位被确立起来。与此同时，我们的建筑、文学、艺术、科技等方面都有较大发展，比如，阿房宫、兵马俑、万里长城、《史记》、乐府诗等，都是这一时期文化领域里的辉煌成就代表。此外，这一时期的统治者们也极力主张扩大对外文化交流，如开辟了丝绸之路，促进了货品进出，鼓励人员往来，派遣张骞出使西域等，这些在一定程度上展现统一王朝的大国气象，使中华文明得到了初步传播。

经历了三国两晋南北朝时期后，文化领域获得了更大的发展，各民族融合的步伐加快，民族之间的文化交流越发频繁，为下一阶段的盛世奠定了基础。进入隋唐时期，统治者汲取经验教训，注重休养生息与发展经济相结合，各领域都获得了显著进步，国家实力变得强盛，人民生活趋于安定，中华文化也随即进入了繁盛的统一时代，其特征可以用磅礴大气、恢宏雍容来形容。正如张岱年所言："唐文化表现出明朗、高亢、奔放、热烈的时代气质。"①这一时期，我们在文化领域取得的成就不计其数，尤其表现在科技、文学、书法、绘画、雕塑等领域，很多流传至今仍有重要影响。汉民族的向心力得到

---

① 教育部高教司．张岱年，方克立．中国文化概论［M］．北京：北京师范大学出版社，2004：74．

增强，周边各民族来朝的频率增多，中西方文化交流也表现得极为活跃。通过文化的交往和融合，中华文化兼收并蓄的包容力不断显现，展现了盛大气象下繁荣自信的气度与魄力。

宋代时期，由于夏、辽、金等游牧政权长期与宋对峙，宋人追求统一的愿望极其强烈，国破家亡的形势让他们充满了忧患意识。与此同时，伴随着少数民族政权彼此之间的斗争，各少数民族（包括契丹族、羌族、女真族、党项族、蒙古族等）与汉族逐渐融合发展，他们之间的文化交流也更加频繁。而汉人的宋朝政权内，理学的流行对人们的思想意识产生较大影响。文学领域，散文、议论文、词、绘画等空前繁荣发达，让上层文化精英的视野变得更加开阔，其内心世界变得更为丰富；而对于下层人民来说，商市的繁荣与生活的多样化，使得市民阶层中的文化形式蓬勃兴起，出现了杂技、杂剧、说书、评史、花鼓戏、皮影剧、舞剑等艺术形式，这些流传至今，仍受到人们的广泛欢迎。总之，宋代形成了上层与底层文化相互映衬、汉族与少数民族文化共同发展的昌盛局面，突显了中华文化的勃勃生机。

当历史的车轮驶到宋末，蒙古人开始加强攻势，入主中原，并在军事和政治上取得胜利，建立元朝政权。这时候的中国，由于统治者的极力扩张，我们的版图极其辽阔，欧亚大陆沟通，使得当时的中外文化交流因交通便利而变得更加密切。我国的科技文化成果开始输出到外国，比如历法、火药、印刷术、瓷器、丝绸等，相继远入欧洲，而阿拉伯地区的数学、天文等也传入了中国。文化的交流互鉴，让中华文明得到广泛传播，使世界更了解中国，外国使者来华增多，中华文明的吸引力与向心力越来越强。特别是欧洲人马可·波罗来华后写成《马可·波罗游记》，当中对元大都的刻画描绘淋漓尽致，该书传回欧洲，成为更多西方人了解中国的窗口，使中国成为西方人向往的地方，为后世留下了研究元代的宝贵财富，也给以后西方航海家开辟新航路植入了精神支撑的种子。

经过历朝历代的积累和发展，到了明清时期，中国社会进入了封建社会晚期。统治者采取了一系列促进集权、彰显大国气派的政策措施以维护社会统治。比如，极力推崇程朱理学，推行文字狱，实行文化专制政策，重视经典文化的整理，编撰《永乐大典》《康熙字典》等。专制主义高度集权体制下，市民的反叛意识不断萌生，产生了早期启蒙思潮，涌现了不少有识之士（顾炎武、黄宗羲、王夫之等），他们极力批判程朱理学的弊端，高扬人的主体性，批判君主专制，号召人们为国家兴亡而奋斗。由于我国封建经济在当时得到了一定程度的发展，市民生活得到了一定的丰富，资本主义萌芽也随即产生。生产方式的变化反映在文学领域就是当时产生了很多具有一定民主意识的作品，比如《儒林外史》《红楼梦》等，这是研究明清小说的典型材料；还有市民文学的兴起，为我们更好地了解把握当时人们的心理动态提供了参考。在文化交流上，这一时期，我国天朝上国的观念更加浓厚，统治者推动文化走出去就是为了彰显大国物产丰厚、协和万邦、礼仪天下的气度，郑和下西洋就是鲜明的例子；而利玛窦来华传教、西方科技传入中国，在一定程度上开拓了中国人的视野，为我们打开了认识世界的窗口。

纵览中国古代史，我们可以看到，从总体来说，从春秋战国到鸦片战争前，从轴心时代到天朝上国，从基本精神确立到各民族文化融合，从对外文化输出到中外文明交流互鉴，中华文化在华夏大地不断壮大、丰沃和发展，在东亚文化圈中始终处于领先位置。纵使经历过无数政权的更替，纵使面临过外来文化的冲击，但以儒家为主的传统文化始终成为民族文化的主体，中华文化的基本内核与基本精神没有改变，中华文化以其强大的包容性与开放性，充分尊重其他民族文化成果，兼收并蓄的气度不断彰显，并为世界文明的发展做出了贡献，整个国民表现出强烈的民族文化自豪感与优越感，表现出高度的文化自信。

二、近代文化自信开始衰落并引发探索思考

清朝末年，王朝统治者的内心仍然充满对传统文化的优越感，为全面加强专制，他们采取闭关锁国的政策，大幅度减少与外国的交流。而在大洋彼岸的西方国家，已经开始了产业革命，社会生产力获得了飞速发展，国家经济实力增强，军事与科技水平位居世界前列。为更好地进行殖民扩张，增加资本积累，西方国家瞄准中国，用坚船利炮打开了我们的大门，鸦片战争的爆发给中国的统治者当头一棒。自此，中国社会性质发生了变化，民族矛盾成为主要矛盾，西方列强在我国横行，与清政府签订了一列不平等条约，使

我国陷入了全面危机。特别是，西方资本主义的思想文化进入了中国，极大地冲击了中国的传统文化，民族文化的自主权与话语权遭到了较大的破坏，随之带来的是中国人的文化自信危机，尤以文化自卑心理为甚。

国家危亡的关键时刻，引发了中国人对民族命运的思考。为什么一个拥有五千年文明的泱泱大国，在列强的枪炮面前，显得那么不堪一击？我们跟西方国家相比，究竟差在哪里？究竟如何才能让中国强大起来，让民族不再受制于人？很多中国人在列强的攻势下陷入了民族自信恐慌，认为西方国家十分强大，在很多方面都比中国进步，觉得中国处处不如人。而先进知识分子开眼看世界、一心振国邦，他们深刻地认识到，落后就要挨打，图存必先救亡，以林则徐、魏源为代表的先进中国人发出了"师夷长技以制夷"的号召，主张中国应积极向西方学习先进技术，让自身强大起来进而更好地制约西方。满清政府一批开明人士（李鸿章、曾国藩、左宗棠、张之洞等）倡导"中体西用"，开展了"洋务运动"，力求提升中国的军事和经济实力，这在当时虽起到一定的进步作用，但依然无法从根本上改变中国的落后面貌。后来也出现了"戊戌变法"，康有为、梁启超等先进分子主张学习西方君主立宪制度，在保留君主的基础上，对君主实行一定的约束，这在本质上属于改良思想，后来这一变法也草草结束而未能达到预期目的。随着形势的发展，先进中国人提出的各种主张在实践中都不能使中国真正富强起来。越来越多人意识到，西方资本主义国家，之所以比我们先进，不仅反映在科技方面，也反映在制度层面，甚至反映在文化领域。正如梁启超先生所言："先从器物上感觉不足，再从制度上感觉不足，后从文化根本上感觉不足。"① "技"不如人，"体"不如人，再到"文化"不如人，后来辛亥革命遭遇挫折而最终失败，让国人的这种思想更加强烈。在探索救国救民的艰辛历程里，由于经历了多次尝试都没有成功，所以不少中国人的文化主体性逐渐被弱化，人们对民族文化的认同度降低，对其价值性产生了质疑，国人的文化自信正面临衰落的境况。

我们民族的文化究竟还有多少价值？我们的发展究竟应走向何方？我们

---

① 梁启超.梁启超全集（第7册）［M］.北京：北京出版社，1999：4030.

应采取怎么样的政策促进国家富强？应以什么样的文化精神为指引？……国人对救亡图存的探索一直没有间断过。新文化运动的爆发给中国人带来了强心剂，这一运动高举"民主"和"科学"的大旗，以新文化新道德为形式倡导，全面解构中华传统文化，极大地激发了人民的文化觉醒意识，引发了人们对传统文化的反思，为我们整个民族的思想注入了生机。这是中华文化从传统走向现代的伟大号召，也是唤回民族文化自信的重要举措。新文化运动发展到后期，越来越多的先进中国人的思想得到解放，但部分人态度过于激化，过度强调对传统文化的批判性，甚至主张全盘西化，这在一定程度上也导致了国人文化自卑心态的出现。不久后"五四运动"爆发，历史舞台上开始有了无产阶级这一支新生的政治力量，俄国十月革命胜利的消息传到了中国，也带来了先进的思想——马克思主义，给中华文化带来了新的营养和曙光。特别是中国共产党成立后，马克思主义跟中国具体实际结合的步伐加快，中华文化在革命实践的洪流中不断丰富自身内涵。广大人民群众在党的带领下，对民族文化发展思路和方向的认识更加清晰，对其发展前景也逐渐地恢复信心。

三、现代文化自信逐渐复苏并在曲折中发展

新中国的成立，结束了百多年来中华民族任人欺凌的屈辱历史，中国人民站了起来。亿万人民翻身成主人，获得了应有的公民权利，不再受制于人，大家的情绪是极其高昂的。新生的国家虽然一穷二白、百废待兴，但却生机勃勃、充满希望，群众对这个国家的一切都充满了憧憬，对民族的前途和命运充满信心。带着这份强烈的自信，人民在中国共产党的领导下掀起了建设国家的热潮。面对新生的政权，我们要做的事情是进行社会主义改造，只有在国家层面进行全方位的变革，我们才能促进整个社会的性质真正从新民主主义向社会主义的转化。引领文化的发展，扭转社会风气，形成社会主义新风尚，使之与政治经济领域的变革相适应，是这一时期社会主义文化改造的重要任务。在党的英明决策与坚强领导下，文化领域的改造有条不紊地开展着，我们不仅大力促进科学技术和文艺事业的发展，而且特别注重教育水平的提升，对旧学校进行了改造，对旧教育的理念、内容和模式进行了更新，

对新学校中的各项建设进行了规范，广泛招收工农子弟兵，注重培养改造知识分子，大力扫除文盲，提高群众文化识字率。总之，这一阶段"迅速荡涤了旧社会的污泥浊水，消灭了严重危害社会风气、广泛流行的吸毒贩毒、卖淫嫖娼、聚众赌博以及公开狎獭的封建迷信活动，使人们在精神上得到新生，在全社会形成了健康的朝气蓬勃的道德风尚和文化氛围"。[①]

人民群众就是拥有这样无穷的伟力，凝聚人民的智慧力量，沿着党指引的道路前进，我们就可以敢教日月换新天。从1949年到1956年短短七年时间，社会主义改造就完成了，真正的社会主义制度在中华大地建立起来了。这让人民对党、对国家的情感更加浓厚，大家以国家的主人为荣，在奋发进取、干劲冲天的氛围中高歌猛进，全身心地投入社会主义建设中。这一阶段，基本建立起独立的、比较完整的工业体系和国民经济体系，科学、卫生、教育、体育、医疗等方面事业取得积极进步，人民的生活水平获得明显提高，中国的国际地位明显上升，国际环境明显改善。共和国各条战线都捷报频传，比如石油全部自给，"两弹一星"的成功，首次育成籼型杂交水稻，等等，一切都充满划时代意义，一切都那么地振奋人心。王进喜、雷锋、焦裕禄等就是这一时期的典型人物，他们为了社会主义忘我工作，为了人民利益无私奉献，其身上表现出来的精神，成为社会主义先进文化的重要组成部分，至今仍作为强大的精神力量激励着我们奋发向上。这一时期，尤其在文化建设领域，我们党坚持以马克思主义文化观为引领，坚持毛泽东思想，倡导"百花齐放、百家争鸣"，鼓励文化艺术为人民而创作，采取了一系列扎实有效的政策方针，使文化面貌焕然一新，极大地促进了社会主义文化建设事业的蓬勃发展，也涌现了不少具有划时代意义的文艺精品，诞生了一大批文艺人才，他们讴歌时代、讴歌人民、抨击旧社会、批判旧礼制，为社会主义的中国呐喊助威，为伟大的党加油鼓劲。人民群众沐浴着社会主义的东风，感受着新社会的良好风尚，在这样明朗、奋进的文化氛围下，大家表现出前所未有的高昂情绪，表现出积极向上的精神面貌，表现出对中国文化的坚定自信。

国家建设事业热火朝天地进行，党对方针政策的探索也从未中断。社会

---

① 孙成武.中国共产党文化建设史论［M］.北京：人民出版社，2014：88.

主义建设绝非一蹴而就，也不可能一帆风顺，世界上没有现成的模式可照搬，也没有特定的经验可以一直借鉴。对于中国这样一个大国来说，要建成建好社会主义，唯有只争朝夕、全力以赴。我们党深知，我们的人民自近代以来经历了太多的苦难，所以党想让人民过上社会主义美好生活的愿望非常强烈，但由于建设经验不足，加之当时国内外形势的影响，在某种程度上我们在社会主义建设中显得有些急于求成，盲目照搬照抄苏联模式，搞"超英赶美"，搞"大跃进"，这些虽表达出我们想快些建成社会主义的迫切性，但实际的效果却不尽如人意。所以，这一时期，部分人的心态是盲目自信的，这不仅影响在政治经济领域，也投射到文化领域，使社会主义建设也遭遇一定的挫折。在"文革"时期，不少人的文化情绪空前高涨，甚至有些过于偏激，一些人彻底否定我国的优秀传统文化，不少经典古籍、文物受到破坏，一些人则对西方文化全盘否定，文化心态出现了一定程度的偏差。许多知识分子遭到错误批斗，身心受到了严重摧残，这极大地影响了其建设社会主义的热情，人们对中国文化的自信心也受到了一定程度的影响。但我们要看到，发展中总是会遇到问题的，而解决问题的办法也总是随着问题而产生的，办法总比困难多。事物发展是前进性与曲折性的统一，新中国成立以来，我们的文化自信逐渐得到复苏，虽经历一些挫折，但相比以前的水平，我们在整体上还是取得了成绩，而且短暂的挫折绝不能影响人们追求进步、建设国家的长远信心，这些挫折必定会形成国家发展进程中的宝贵经验财富，为新的更美的春天到来奠定基础。

四、当代文化自信的进一步彰显及关照展望

经历了探索和狂热的岁月，中国人民顽强坚韧的毅力与勇往直前的精神愈发鲜明，迎接我们的是一个需要更好发展的中国。1978年的冬天是一个伟大的转折点，自此我们党带领人民开启了崭新的征程，改革开放把中国带上了发展的正轨，以经济建设为中心取代了以阶级斗争为纲，我们在社会主义市场经济体制的建设上做出了新探索，逐渐形成了适合中国的发展模式和道路。我们大力促进社会生产力的发展，一方面聚精会神抓经济建设，致力于搞好物质文明；另一方面也不忘抓好文化建设，不遗余力提升精神文明建设

水平，教育、科技、卫生、体育等事业蓬勃发展，人民群众素质获得大幅度提升。我们努力改革文化体制机制，使中国再次迎来了文化建设的高潮，让社会主义文化焕发出新的活力，中华文化开始走出去，在国际舞台上的影响力逐步增强，为文化自信奠定了扎实的物质基础。

跨入21世纪后，我国经济连续多年保持高速增长，国家的综合国力不断上升，而我们的文化自信也逐渐呈现出理性建构的趋势。党的十五大提出"建设有中国特色社会主义的文化"任务，党的十七届六中全会提出"要培养高度的文化自觉和文化自信"。[①] 十八大以后，党中央更加重视文化自信建设，并把它作为发展中国特色社会主义的重要任务，与建设文化强国紧密相连，正如十八大报告里提到的那样："树立高度的文化自觉和文化自信，向着建设社会主义文化强国宏伟目标阔步前进。"[②] 习近平总书记以强烈的民族担当与超凡的领导智慧带领全党，在纵观国内外形势的基础上对文化建设领域进行多维度扫描诊断和全方位把脉开方，他提出的不少新理念、新战略与新论断，如中国梦、社会主义核心价值观、人类命运共同体、新发展理念等，既深刻回答了新形势下涉及文化建设的根本性、原则性、方向性问题，也为促进中国特色社会主义文化的发展明确了指针遵循，展现了新时代中国共产党人的高度理论自觉和强烈的文化自信。在以习近平同志为核心的党中央的领导下，我国的社会主义文化建设事业获得了前所未有的大发展，人民的文化获得感持续增强，中华文化走出去的步伐逐渐加快，社会主义中国的吸引力、影响力与感召力不断提升。

伟大成就彰显文化自信，历史变革增强自豪底气。我们全神贯注地推动发展的步伐，全力以赴地朝着实现梦想的征程迈进，但也必须保持清醒的头脑，必须认清世界时局的变化。特别是当前，政治多极化让各国在国际舞台上竞相发声，经济全球化使得各国和地区的联系更加紧密，文化多元化使各民族文明之花充分绽放，再加上信息技术广泛而迅速地发展，让各国和地区

---

① 中共中央关于深化文化体制改革 推动社会主义文化大发展大繁荣若干重大问题的决定 [N].人民日报，2011-10-26（01）.

② 胡锦涛.坚定不移沿着中国特色社会主义道路前进 为全面建成小康社会而奋斗[M].北京：人民出版社，2012：33-34.

思想文化的传播速度得到加快。这是一个竞争与合作同在的时代，也是一个挑战与机遇并存的时代。把握世界大势，更好地融入发展潮流是必然选择。但当我们走向世界时，我们必须看到，帝国主义亡我之心不死，西方霸权主义唱衰我国的图谋没有改变，敌对势力分化瓦解我们的策略与措施其实从未间断。为了将资本主义的意识形态渗透给我国，西方国家无所不用其极，用尽各种手段，特别是利用信息技术优势和媒体传播功能，通过互联网、电影、电视、广播、报纸及各种组织，宣扬他们的思想和价值观。他们善于抓住一切有利时机，其方式往往是隐蔽的，其理由往往又是冠冕堂皇的。在西方资本主义国家的猖狂攻势下，一些错误的思潮（普世价值论、历史虚无主义、新自由主义等）传到了我国，使马克思主义在意识形态领域中的主导地位遭受了严峻挑战。而我们的国内形势是，一方面经济社会发展取得令世人瞩目的成就，另一方面是社会也正在转型变革时期，人们的价值取向极其活跃，思想观念变得越发多元，再加上市场经济的弊端及我国体制建设上的不够完善，一些人陷入了不良主义（包括拜金主义、个人主义、享乐主义等）的泥潭难以脱身、无法自拔，有的人过度追求利益，理想信念淡化，道德滑坡；有的人甚至迷失了方向，对民族历史产生怀疑，对现实成就不予认可。这对全民族文化自信的培育和提升来说，绝对是重大的阻碍因素。我们必须清醒地认识到，与西方发达国家相比，虽然我们用了几十年的时间走完了他们一两百年走过的道路，但我们跟他们的差距还是存在的，思想文化领域中的建设是大工程，面对意识形态领域的复杂斗争环境，把文化自信摆在突出战略地位，培根铸魂搞建设，聚精会神抓发展，不断提升中华民族的文化软实力，我们还有很长的路要走。

谈到文化自信问题，我们的态度应是严肃的。因为它涉及文脉的荣辱兴衰，涉及人民的根本利益，涉及民族的前途命运，任何投机取巧、心存幻想、盲目乐观的心态都要不得。文化自信不会自动形成，五千多年的历史积淀和文化积累，党和人民同心协力地努力奋斗，让当代文化自信得到了极大彰显。面对目前国内外的严峻形势，我们深知，更好地培育和提升文化自信，促进其持续发展，必须坚定信念、心无旁骛、全面协调、久久为功，方可取得成效。我们必须在逻辑中把握好中国历史文化的价值向度，将中国特色社会主义产生的必然性讲明白，将"四个自信"的内在关系理清楚，不断增强人们对中华历史文化的认同感与归属感；必须在理论中加强对马克思主义的认识与理解，始终在高举旗帜中不断推进理论创新，并学会用其立场观点和方法分析探讨文化乱象与社会根源，在正本清源中提升意识形态建设的质量水平；必须在现实中增强文化建设的针对性，下大力气做好满足人民日益增长的精神文化需求的工作，在繁荣社会主义文化、建设文化强国中弘扬主旋律、凝聚正能量。

第四节　中国特色社会主义文化自信形成的现实基础

马克思主义基本原理告诉我们，文化作为上层建筑的组成部分，必然是深深植根于经济基础的，并深受其影响和决定。所以，脱离过去时代的物质和精神财富凭空创造出来的文化是不存在的。文化自信作为源于文化的理念和态度，必然也不会凭空产生，它既来自历史深处，又生发于现实的土壤。应该说，强大的国家实力奠基了当代中国文化自信。中国特色社会主义文化自信的产生和发展与国家和社会的变化紧密相关，是与我国当前所呈现的政治经济各方面条件下的基本国情相适应的。换言之，在经济社会各领域取得显著成就的基础上，我国文化产业渐成体系并取得重大发展，中国不断为世界贡献中国智慧和中国力量，使我们的国际影响力与感召力不断提升，这伟大而充满说服力的现实为我们民族的文化自信夯实了物质基石与道义根基。

一、我国经济社会各领域取得显著成就

中国共产党的诞生、新中国的建立、推进改革开放与中国特色社会主义事业，是五四运动以来中国历史进程中发生的三大值得纪念的事件，具有里程碑式的伟大意义。党领导人民披荆斩棘，建立伟大新中国，又领导人民推进社会主义建设，彻底改变民族积贫积弱的状况，让国家和人民获得了新生，增强了追寻梦想的信心与希望。特别是改革开放以来，我们各领域都取得了非常喜人的进步，在经济增长上，长期以来我国都保持着高速的上升态势，

经济结构不断优化，农业的基础作用明显加强，建立起门类更加完备齐全的工业体系，成为全球制造业第一大国；第三产业发展迅速，对经济贡献率稳步提升；能源生产力不断提高，在综合机械化方式采煤、石油资源的勘探开发、水电工程建设等方面的技术水平迈入了世界前列；基础设施建设的深度和广度都得到加强，涵盖铁路、公路、航空、水运等方式的立体交通网络基本建成，通信网络覆盖全国并联通世界，用户数量居世界第一位。同时，我们融入世界的步伐也在加快，进出口总额超过4万亿美元，引进外资量与对外投资额也连年增长至高水平。尤其是十八大以来，以习近平同志为核心的党中央始终注重加强对新发展理念的贯彻与落实，领导人民积极转变经济发展方式，围绕着高质量发展的目标，促进了我国经济效益的稳步提升，使经济保持中高速增长，2021年国内生产总值（GDP）达到114万亿元，为全球经济的增长贡献了巨大力量（超30%）。目前，"一带一路"不断向纵深推进，更好地加强了沿线各国之间的经贸文化往来，这在促进中国与沿路各国区域经济共赢发展的基础上，也一定程度地向世界传递了中国坚持和平、发展、合作、共赢外交政策的信心与恒心。伴随着经济发展的进步，我国的科技实力也日益壮大，我们对科技的投入不断增长，研发条件显著改善，我们持续深化科技体制机制改革，使得科技体系建设逐渐得以完善，有效地提振了科研主体创新创造热情，取得一批在世界上极具影响力的重大成果，在不少重点和关键领域取得了重大突破，这些都为我国综合国力的增强提供了重要支撑。同时，我国始终坚持党对人民军队的绝对领导，形成了军事和国防方面的一系列根本原则和制度，并积极根据形势的变化调整制定战略方针，全力推进国防和军队现代化建设，使人民军队在中国特色强军之路上迈出了坚定步伐，为更好助力经济现代化建设与社会和谐稳定提供了坚强保障……这是一个日新月异、蒸蒸日上、充满希望的中国，处处焕发出前所未有的强大生机与活力。显著成就的取得，是伟大的党坚强领导的结果，是智慧的中国人民努力奋斗的结果，极大地彰显了中国特色社会主义道路、理论和制度的优越性，这为文化自信的形成创造了良好的条件，也奠定了扎实而丰富的物质基础。

　　经济社会建设的进步，国家综合国力的提高，给广大人民群众的生活带来翻天覆地的变化。从总体上看，人民的生活实现了历史性的伟大跨越，从建国初期的极端贫困到如今的总体小康，我们也成功地解决了困扰中华民族几千年的绝对贫困问题，为世界减贫事业的发展贡献力量。全国人均 GDP 水平已经迈入了世界中等收入国家的行列，城乡居民的可支配收入持续增长，人们的消费能力大幅度提高，消费的结构也随着需求的多元化增长而日益优化，基本建成覆盖全民的立体性多元化的社保体系，为群众的医疗和养老等方面提供了非常优质而有针对性的服务，体现了精准化与公平性的特征。人们的就业状况不断得到改善，就业率不断提高。全面加强教师队伍素质建设，全面普及了九年义务教育，免收学杂费，特别是加大对中西部和农村的教育投入，在一定程度上减轻一些贫困家庭的负担，切实提高了中西部和农村的教育质量，在教育均等化上迈出了坚实有效的步伐。人民群众的生活水平获得了极大的改善，精神生活变得更加丰富，文化娱乐活动的形式越发多样化。在物质需求与精神需求都得到较大满足的基础上，人民的积极性和创造性得到了较大程度的激发，大家对党和国家的拥护度变得越来越强，对中国特色社会主义的认同度越来越高，这必定能更好地凝聚共识，促进形成广泛的群众基础，为文化自信的弘扬发展助力。

二、文化产业渐成体系并获得重大发展

文化之所以能成为产业，是因为它一头连着意识形态，一头连着国民经济，兼具精神特性与市场特性，不仅在社会效益的创造上起到引领风尚和塑造人民的作用，也能在经济效益上形成新的增长点，更好提升国家软实力。文化产业与文化事业一起，共同成为社会主义文化建设的重要组成部分。在大力普及和扩大公共文化服务、抓实文化事业发展的同时，我国对文化产业的发展也不遗余力。持续深化对文化产业在国民经济中的重要地位与作用的认识，积极将中国悠久的历史文化资源充分开发并以产业的形式进行文化推广，使中华文化焕发出了时代活力和崭新生命力。多年来，我国始终牢牢把握文化产业发展的基本底线，坚持社会效益放首位、促进经济效益与社会效益相统一的原则，不断根据形势变化完善相关政策和制度，促进部门协调与联动，实现管理方式不断从"办"到"管"再到"治"的转变，并注重合理调整布局与优化结构，在资金支持上予以极大的倾斜，引领文化产业往正确

的方向发展。特别是十八大以后，我们以建设社会主义文化强国为目标，坚持以创新为引领，进一步深化文化体制机制改革，密集出台系列支撑政策，文化市场更加繁荣，文化走出去迈出新步伐，文化融合成为新趋势，整个产业发展得到了更大的提升。不断从产业发展的现实状况出发，对产业标准进行了再明确，对产业门类进行了系统细化和更新，形成了目前涵盖"新闻信息服务、内容创作生产、创作设计服务、文化传播渠道、文化投资运营、文化娱乐休闲服务、文化辅助生产和中介服务、文化装备生产、文化消费终端生产"等9大方面（其中包括43中类和146小类）的产业体系①，这标志着我国文化产业在成熟化、专业化与规范化上又迈进了坚实的一步，有力地推动了社会主义文化各项建设的发展。在文化体制改革不断向纵深推进的背景下，我国文化市场主体不断得以成长壮大，各种类型的文化单位大量涌现，文化发展的内生动力得到了持续提高；特别是经过多年的经营和实践，目前我们已形成一批具有较强实力与国际竞争力的文化企业与文化集团，他们逐渐成为推动中华文化交流、参加世界市场竞争的主力军，并在满足群众精神文化需求、繁荣社会主义文化与引领文化自信等方面发挥了重要作用。市场主体的增多，也带来了文化产业规模在资产与产出方面的扩大，这使得文化产业吸纳就业能力持续增强，也有效促进了整个产业经济效益的提升。同时，我们可以看到，在国家政策的支持下，文化产业中不同所有制共同发展的局面得到进一步巩固，尤其是文化产业私营企业发展的活力强劲，在活跃市场、吸纳就业与增加税收方面发挥了非常重要的作用。乘着文化产业大发展的东风，不少地方善于结合基层实际、立足区域优势、挖掘资源潜力，形成了一批特色鲜明的文化创意产业园区，推动了文化产业集聚发展，为地方经济社会的发展注入了新动力。

文化产业在体系上不断完善并日益发展壮大，反映出我们国家大力培育文化自信、建设社会主义文化强国的坚定决心。没有党和政府对文化建设工作的高度重视，没有一系列扎实有效的举措，就没有文化产业今天的成长壮大。广大群众在文化产业的发展中感受到了国家软实力的提升，感受到了社

---

① 根据国家统计局《文化及相关产业分类（2018）》的标准。

会主义制度的极大优越性，增加了文化获得感，加深了对党的路线方针政策的认同，这为民族的自豪感的增强和文化自信的提升打下了坚实基础。

三、中国方案智慧的国际影响逐步彰显

中国既是世界上人口最多的国家，也是最大的发展中国家，其一举一动都会对世界产生影响。在中国共产党的领导下，我们一直紧紧依靠人民的力量，全心全意地谋建设促发展。对于一个既不输出革命也不在世界任何地方谋求势力范围的国家来说，我们对全球经济增长的贡献率能达到30%以上，且超过了日美及欧元区国家相加起来的总和，这在世界上来说，着实难能可贵。而且我们仅用世界上7%的土地养活了占世界五分之一的人口，还连年实现粮食高产丰收并自给自足，这不得不说是一个奇迹。特别是我们聚焦全面建成小康社会的目标，举全党之力，决战决胜脱贫攻坚，让现行标准下9899万农村贫困人口全部脱贫，832个贫困县全部摘帽，12.8万个贫困村全部出列，解决了困扰中华民族几千年的绝对贫困问题，向历史和人民交上了一份满意答卷。我们在消除贫困上做出的执着努力与全面建成小康社会的伟大成就，不仅有效地推动了中国人民共同富裕的进程，谱写了人类反贫困史上的新诗篇，也为世界减贫事业贡献了实实在在的中国智慧，提供了切实可行的中国方案。中国在做好自己的事情的同时，也积极开展国际事务，为参与全球治理体系的改革建设和构建新型国际秩序而不懈努力。在现有国际多边机制与组织框架内，我国不仅严格遵守规则，认真履行相关义务，而且在安全合作、区域发展、国际秩序及热点问题处理等方面也提出了具有中国特色的主张，在议程制定、规则设置、机制构建等方面提出了有针对性的实施方案，彰显了负责任大国的形象和作用。比如，面对全球"三大赤字"（治理赤字、发展赤字与和平赤字），习近平提出要打造"四大模式"，即在增长模式上保证富有活力，在治理模式上保证公正合理，在合作模式上保证开放共赢，在发展模式上保证平衡普惠；还有提出共商共建共享的全球治理观、新安全观、正确义利观、"一带一路"倡议、人类命运共同体理念等，这些都是中国特色大国外交实践的深刻凝练与经验总结，展现了深邃博大的中国智慧，为区域发展与世界繁荣注入了新的动能与活力。

随着中国发展实践的深入，以及在世界范围内贡献的增加，我国的综合国力日益提升，也日益走近世界舞台的中央，如此一来，中国理念、中国道路、中国奇迹、中国智慧、中国方案也越来越受到国际社会的关注。中国智慧、中国方案等蕴含着中华优秀传统文化的精髓，深深植根于中国实践的厚重土壤中，是治国安邦的战略指南，是从政为民的基本遵循，它既立足于中国现实问题的解决，也致力于探索有利于人类进步的新路径，特别强调实事求是、公正客观、权责对等、互鉴共赢，实践证明这是科学正确的，是有利于解决矛盾、管控危机，有利于循序渐进、实现发展的。中国故事为世界上其他国家谋求发展提供借鉴与启示，特别是对广大发展中国家来说，中国的发展道路和经验，给予他们走向现代化开辟了一种新的模式路径；对于尚在坚持走社会主义道路的国家来说，中国的骄人成绩足以鼓舞他们的斗志，足以大大增强他们对美好社会制度探索的信心；对于世界上那些想要保持自身独立性而不想附属于人，但又希望能加快发展的国家和民族来说，中国的故事和经验为他们提供了全新的而有价值意义的选择。而中国采取的主张和方案，极大地彰显了东方大国的雍容气度与果敢担当，推动着世界向着更加和平更加稳定更加繁荣的方向发展，赢得了国际社会的广泛好评与普遍赞誉。比如，阿联酋《海湾报》表现了对"一带一路"倡议的极大认同与支持，指出这或许将开启"一个新的时代、一种与以往完全不同的合作模式"，这体现了他们对"一带一路"倡议的实施和前景充满信心；英国广播公司报道说，中国正在成为全球市场之网中"新的服务器"，中国共产党致力于世界和平的维护和促进共同发展的谋划，"站在世界地图前"的她将以新的智慧和方案为世界经济的未来助力。德维尔潘（法国前总理）表达了对中国共产党的信心，他指出这个党带领中国创造了巨大成就，在这样的基础上，她必将一如既往地提供伟大的中国方案以促进世界的发展。中国国际影响力的不断提升，中国方案与中国智慧的能量逐步彰显，这让中国在国际舞台的话语权越来越强，让中华民族与中国人民的底气与自尊也越来越足，为中国特色社会主义文化自信的形成与发展创造了良好的舆论条件与环境氛围。

第三章

中国特色社会主义文化自信的主要内容与基本特征

本章主要从横向角度论述梳理中国特色社会主义文化自信的主要内容，并分析其展现的基本特征。我们应当从中华优秀传统文化、革命文化与社会主义先进文化当中寻找中国特色社会主义文化自信的内容真谛。同时，也应该从特征上认真探寻解读文化自信的基本共性，具体来看，文化自信实质上主要表现为四个方面，即科学性与价值性相统一、历史性与时代性相衔接、批判性与继承性相结合、民族性与世界性相融通。

第一节　中国特色社会主义文化自信的主要内容

习近平总书记在建党95周年的讲话中强调："在五千多年文明发展中孕育的中华优秀传统文化，在党和人民伟大斗争中孕育的革命文化和社会主义先进文化，积淀着中华民族最深层的精神追求，代表着中华民族独特的精神标识。"[①]在党的十九大报告会议上，他又明确指出："中国特色社会主义文化，源自中华民族五千多年文明历史所孕育的中华优秀传统文化，熔铸于党领导人民在革命、建设、改革中创造的革命文化和社会主义先进文化，植根于中

---

① 习近平.在庆祝中国共产党成立95周年大会上的讲话［M］.北京：人民出版社，2016：13.

国特色社会主义伟大实践。"①我们从中可以看到，中国优秀传统文化、红色革命文化和社会主义先进文化，这三种文化形态在实践中紧密结合，共同构成了中国特色社会主义文化自信的内容来源。

一、对中华优秀传统文化的自信

中华民族有五千多年悠久历史，凝聚了世代人民智慧的结晶，形成了如今异彩纷呈的优秀传统文化。这不仅推动了我国古代社会的发展，还对近现代中国发展产生深远的影响，同时为世界文明的成长和延续起到了巨大的推动作用。中华传统文化是一个整体概念，深刻承载着源远流长的民族记忆，集中展现着中华文明成果的魅力，是中华民族根本创造力的结晶，特别以伦理道德、文化思想与各种精神观念的形态作为主要呈现方式。在长期的历史发展过程中，传统文化经过了沉淀和过滤，筛选出来了许多精华的部分，形成了极富特色的优秀传统文化，这是最值得我们珍藏和传承的瑰宝。本节围绕着中华优秀传统文化这个对象，主要从核心内容、当代价值与基础作用三个方面入手，对其做一个总体概括梳理，旨在更好揭示其在中国特色社会主义文化自信中的源泉地位。

（一）中华优秀传统文化的核心内容

源远流长、博大精深，用这些词来形容中华优秀传统文化的特征，再贴切不过。历史的车轮滚滚向前，优秀传统文化不仅把无数思想家、理论家的理念精华很好融汇，也把各个民族的风俗习惯、道德传统等巧妙囊括，并随着时代发展的步伐，日渐构成了一个庞大丰富的体系，深深熔铸贯通于中华民族的基因血脉当中，对国人的思想思维方式和行为范式等产生了潜移默化的影响。优秀传统文化当中蕴含的许多思想观念都是人类文明的精华，其核心内容主要包括思想理念、传统美德和人文精神等三个方面。这三个方面相互贯通、相互联系、相互支撑，共同植根于中国特色的伟大实践，成为最能展现中华文明风采的特色传统因子。

---

① 习近平.决胜全面建成小康社会 夺取新时代中国特色社会主义伟大胜利——在中国共产党第十九次全国代表大会上的报告［M］.北京：人民出版社，2017：41.

关于优秀传统文化中的思想理念，我们可把它比作当中的"骨骼"，因为对于民族的思维禀赋、行为性格等，它始终起到根本的决定性影响，当之无愧地成为中华儿女心灵空间的内在支撑架。如"天人合一""道法自然"是道家的主张，这一派认为人与自然是一个统一的整体，人与自然和谐共生应是常态，折射出了古代哲学的整体性思维。中国古代的五行学说，把世界的物质根基归结为"金、木、水、火、土"，在一定程度上形成了古代朴素的唯物主义观。老子习惯运用长与短、有与无、高与下、前与后、难与易等来举例，把朴素的辩证法思想用通俗易懂的话语来讲述，表达出事物之间是对立统一、事物的运动是普遍存在的道理。再比如，在认识论、实践观等方面，"生而知之者上也"（孔子）、知行结合（荀子）、判断事物是非的"三表"标准（墨子）等，这些理念和思维传承到今天，依然对人们产生较强的启发作用。同时，求大同、尚和合的社会追求，苟日新日日新、与时俱进的世界观等，已经深入中华儿女的思想意识深处，成为我们充分认知世界极为有益的营养启迪，也为当今国家社会的改革发展提供了可借鉴的宝贵经验。

关于优秀传统文化中的传统美德，我们可把它比作当中的"经络"，它贯穿于民族发展的历史过程，成为中华儿女精神家园的情感纽带，在维系民族团结统一与社会秩序的和谐稳定上具有不可替代的地位。华夏子孙一直就有爱国精神和担当传统，从《周易》提"忧患"一词，到屈原发出"哀民生之多艰"的感叹，到范仲淹传递"先天下之忧而忧，后天下之乐而乐"的情愫，再到顾炎武发出"天下兴亡、匹夫有责"的号召，这些无不表达了古人深沉的忧患意识和浓郁的家国情怀。同时，古代先贤也非常重视和谐人际关系的构建，提出了不少思想主张，比如儒家学派的"仁爱"、墨家学派的"兼爱非攻"等，这些理念极大地激发了人们的友爱情愫，有利于良好道德传统的形成，对和谐氛围的营造起到了促进作用。此外，在对是非曲直的价值判断标准上，我们历来建立了"崇德向善、见贤思齐"的品格趋向，也形成了"礼义廉耻、孝悌忠信"的荣辱观念，这些传统美德以春风化雨的方式默默地对国人的言行产生影响，对良好社会风气的形成产生重要作用，也成为如今我们倡导的社会主义核心价值观的深厚资源，为坚定当代文化自信提供了强大的精神动力。

关于优秀传统文化中的人文精神，我们可把它比作当中的"血肉"，它的存在和延续，丰富了我们的生活世界，彰显了民族文化的独特性，也充分激发了人们的创新活力。人文精神特别注重人的价值，把人放在最重要的地位，表现出对人生价值和意义的珍视与观照。中华优秀传统文化中的人文精神具有更为丰富的内涵和更具特色的元素，比如在理想抱负上我们有兼济天下的情怀，在为人之道上我们有崇尚正义的操守，在处世方法上我们有和而不同的态度，在进取品格上我们有自强不息的精神，在人生情操上我们有敢于奉献的担当，在生活观念上我们有勤俭持家的品质，在教育理念上我们有文以载道的传统，在美学造诣上我们有形神兼备的追求，在文化交流上我们有兼收并蓄的胸怀……这些人文精神在中华民族的科技领域、文学艺术领域和学术等领域都发挥了重要滋养作用，它们是中华儿女几千年历史传承下来的风俗习惯、生活方式、情感样式的集中表达，它激励着人们在文化创作中尊重人的价值和尊严，是民族精神和时代精神的重要来源，也是我国文化自信的重要内容和底气所在，为世界文明史书写了厚重的中国篇章。

在新时代的今天，中华优秀传统文化依然具有非凡的魅力，依然充满无穷的力量。深刻挖掘优秀传统文化的精髓，从当中汲取治国理政和生产生活智慧，就必须从思想理念、传统美德、人文精神这三个维度着力，认真做到深刻解读、有效传承和大力弘扬。只有这样，当代国人的精神世界才能被深深滋养，我们才能更好地拥有前行的充盈骨气和底气。

（二）中华优秀传统文化的价值体现

习近平总书记指出，"中华民族在几千年历史中创造和延续的中华优秀传统文化，是中华民族的根和魂"。[①]一直以来，优秀传统文化在滋养人心、促进发展方面都发挥着精神支柱优势，其作用意义贯穿体现于我们生活中的方方面面，可从以下几个方面来把握优秀传统文化的价值意蕴。

从理论维度上看，一方面，我们要明确，优秀传统文化着实成就了马克思主义中国化，完全可以说，前者为后者的形成和发展提供了沃土养分。马克思主义从西方的母体中产生，并经先进知识分子的传播而进入中国。面对

---

① 习近平谈文化自信［N］.人民日报（海外版），2016-07-13（12）.

作为"外来文化"的马克思主义，我们如何更好地将其与中国具体实际相结合，使之更好地服务于中国的革命改革与建设，这是一个伟大的常谈常新的时代课题。马克思主义进入中国后与中华传统文化相融合，持续形成双向良性互动。在马克思主义的指导下，传统文化实现了创造性转化和创新性发展，不少带有封建性的糟粕被抛弃，留下了很多值得弘扬的精华成分，其中的合理文化内核逐渐积淀和发展，不仅成为中华民族的深沉价值指引和精神追求，还为马克思主义中国化的发展提供了源头活水。正因有了优秀传统文化滋养，马克思主义才能很好地结合中国国情实际，在中国得以生根发芽，更好地彰显时代生命力与理论创新力。另一方面，我们也应看到，如今倡导的社会主义核心价值观中，存在不少优秀传统文化的印记，换言之，优秀传统文化为社会主义核心价值观的构建提供丰富思想资源。我们可把优秀传统文化与社会主义核心价值观看作是"源"和"流"的关系，前者为后者的形成奠定了深厚根基，后者的形成也是对前者的继承和升华。

从实践维度上看，建设高质量发展的经济社会，离不开正确的价值导向，而优秀传统文化就能为社会主义市场经济的发展树立起导向标杆。当今世界面临百年未有之大变局，我国也正处于重要的发展变革时期，转型变化的社会形势对中国人的精神世界产生了极大的影响，尤其体现在价值领域，多元化的价值标准很容易带来人们道德方面的缺位或旁落。作为一种伦理型文化，中华优秀传统文化一直就倡导以文载道的功能，文化观念、社会规范与价值标准是相连和统一的，优秀传统文化中的正确因子能对市场经济的负面效应产生一定的抵制作用，通过汲取传统文化的优秀基因，能更好地矫正和规范人的思想行为，使其在经济实践中更好地依循规律、遵守秩序、服务人民，对经济效益的健康提升与社会效益的正向维护都能起到积极促进作用。同时，在实现中华民族伟大复兴的中国梦的历史进程中，优秀传统文化也为其提供了强大的理论基础与源泉动力。中国梦的基本内涵包括国家、民族和人民三个维度，富强、振兴与幸福是三个维度中分别致力于实现的目标，而优秀传统文化中深刻蕴含着很多思想，比如曹植的"闲居非吾志，甘心赴国忧"，林则徐强调的"苟利国家生死以，岂因祸福避趋之"，这都体现了强烈的爱国情怀；再如《孟子·滕文公上》里强调的"夫仁政，必自经界始"，商鞅、王安石主张变法等，这当中蕴含着致力于国家富强的思想；又如《管子·治国篇》中强调"凡治国之道，必先富民"，《荀子·哀公篇》中主张"君者，舟也；庶人者，水也。水则载舟，水则覆舟"，这当中蕴含浓厚的爱民意识……这些都为中国梦奠定了思想根源。中国梦集中展现了中华优秀传统文化的精髓，赋予了传统文化新的时代内涵与创新活力。而中华儿女也正因有了中国梦这一共同愿景，才能凝聚实现梦想的磅礴力量。

从世界维度上看，中华优秀传统文化为人类问题的解决贡献了中国特有的智慧，极大地彰显了其伟大的现实意义和当代价值。当今世界面临着前所未有的机遇和挑战，经济上全球化的趋势越来越强，信息技术革命的发展越发影响各个领域，文化越发呈现多元化，国与国之间的联系从未如此紧密。与此同时，全球性环境污染、地区恐怖主义、区域贫富分化等问题也深刻影响着人类社会的发展，面临这些问题，任何一个国家都不可能独善其身，都不可能置身事外，必须携起手来，共同应对解决。优秀传统文化是植根于中华大地而形成的文明成果，它以其独特性耀眼于世，更以开放性不断彰显着时代风采与活力，当代人类面临的问题可以从中华优秀传统文化中找到重要资源和启示。中华民族历来就是一个拥有博大胸怀的民族，我们主张秉持"海纳百川"的开放心态，践行"和而不同"的共处原则，在尊重他国文明的基础上主动增强与世界文化之间的交流互鉴。比如，共商共建共享的全球治理观，"一带一路"的倡议等，这些都是我们立足优秀传统文化，充分吸收世界文明的先进成果而形成的中国方案。实践证明，多年来，中国提出的方案和主张，在世界范围内都取得了丰硕的建设成果，赢得了世界各国各地区及国际组织的广泛认同与普遍赞誉。绵延几千年的中华文明在新时代里，不断获得创造性转化和创新性发展，优秀传统文化在世界范围内得到弘扬，焕发出了恒久的中华魅力与华夏风采。

（三）中华优秀传统文化为文化自信奠定基础

要探寻国家和民族文化自信的历史依据，我们应当从悠久丰厚的、创造过灿烂辉煌的优秀传统文化中寻找源头答案。一个伟大的民族、一个伟大的国家，其文化自信必然与其传统文化产生了密切而深远的联系。一个民族和国家，如果将自己的传统文化丢弃，就不知道自己是从哪里来的，也不知道自己该往何处去。只有正本清源，珍视自己的文化资源，这个国家和民族，才能拥有发展的希望和底气。也就是说，对民族传统文化的自信当属文化自信的题中之义与根本立足点。

中华文明绵延流淌五千年而不中断，延续了民族的文化血脉，传承了民族的优良基因，形成了民族的鲜亮底色。可以说，中华民族不断地发展壮大，很大程度上是得到了优秀传统文化的滋养，优秀传统文化已经成为我们民族立足世界的根本精神家园和命脉根基。中华优秀传统文化以其独特的优势为我们培根铸魂厚植了历史底蕴，毫无疑问应当成为构建当代中国文化自信的有力支撑。优秀传统文化当中蕴含的积极思想智慧，能对社会主义文化的繁荣进步和创新发展起到巨大推动作用。同时，当代社会正确价值观的树立，人们道德理念和行为的规范，也有赖于优秀传统文化的传承、滋润与启迪。再者，中华各族儿女的共同体意识的凝聚，也能从优秀传统文化中找到情感共鸣与精神纽带。总之，中华优秀传统文化能够为民族复兴提供充足而持续的精神动力，理应成为中国特色社会主义文化自信的主要组成部分。

二、对革命文化的自信

中国特色的文化形态中，怎可缺少革命文化的存在？当代中国的文化自信的形成和发展，既有优秀传统文化的滋养作用，也离不开革命文化的支撑助力。毛泽东同志曾对革命文化做出高度评价，并指出它的重要地位和作用，他说："革命文化，对于人民大众，是革命的有力武器。革命文化，在革命前，是革命的思想准备；在革命中，是革命总战线中的一条必要和重要的战线。"[1]革命文化的形成发展贯穿于中国人民探索救亡图存的道路全过程，它与马克思主义中国化的历史进程紧密相连相融，不仅在革命战争年代发挥了至关重要的作用，也以强大的精神指引功能促进着社会主义建设和改革的发展。如今，我们应更好地坚定革命文化自信，大力弘扬革命文化，使之更好地为社会主义现代化建设与中华民族伟大复兴助力。

---

[1]　毛泽东.毛泽东选集（第2卷）[M].2版.北京：人民出版社，1991：708.

（一）革命文化的形成逻辑

在革命战争年代，中国共产党领导人民大众经历了血与火的考验，写下了可歌可泣的红色篇章，产生形成了伟大的革命精神文化。作为党和人民对国家独立、民族解放和人民幸福时代诉求的重要反映，革命文化承载着广大民众探索救亡图存道路历史的共同记忆，成为我们革命取得胜利的精神文化标识与动力支撑。具体来看，我们应从实践、理论与力量三个方面来解读革命文化的形成逻辑。

从实践上来说，文化不会自动生成，也绝不是凭人们主观臆造就能造出的，我们总应看到其形成背后的实践伟力。伟大的革命斗争实践孕育催生了革命文化，近代以来的文化变革成为我国革命文化生发的背景，革命文化深深地蕴藏在党和人民探索抗争的奋斗史中。鸦片战争以后，中国的社会性质发生了变化，随之整个社会面貌都产生了巨变。西方列强在我国的国土上肆无忌惮、不知廉耻地抓紧瓜分势力范围，尽其所能地捞好处，极大地破坏了我国的秩序与生态。在国内，封建制度的弊端日益凸显，一个没落的王朝帝国还在垂死挣扎，百姓生活在水深火热当中。面对内忧外患的形势，饱经侵略与压迫的中国人民，无不渴望民族独立，无不对国家富强充满憧憬。很多先进的仁人志士奋起抗争，追求探索救亡图存之道。最后经大浪淘沙，历史选择了中国共产党，她带领群众真正实现了救国救民的目标。在这样特殊的历史条件下，革命文化得以不断壮大，其内涵不断丰富，日渐形成了与其他文化不同的底蕴特色。可以说，革命文化的产生发展史内在地包含于中华民族争取国家民族独立、人民争取解放和幸福的斗争史中。

从理论上来说，中国革命之所以能取得成功，革命文化之所以能在中国很好地形成发展，这跟马克思主义的正确指导是分不开的。也可以说，革命文化的形成过程与马克思主义中国化的过程具有一定程度的内在一致性与同步性。毛泽东同志就曾指出："自从中国人学会了马克思列宁主义以后，中国人在精神上就由被动转入主动。"[①] 不理解马克思主义传入后对中国奋斗史的重要意义，就不能真正把握文化自信的中国特色。俄国十月革命一声炮响震

---

① 毛泽东.毛泽东选集（第4卷）[M].2版.北京：人民出版社，1991：1516.

撼了世界，那是在马克思主义指导下取得的胜利，这给当时处于苦难的中国以新的希望和启发。先进中国人经历多次的探索之所以屡遭失败，究其根本原因就在于没有找到科学的理论做指引。马克思主义在中国的传播，让更多的人看到先进理论的生命力，以中国共产党人为代表的先进中国人把马克思主义的大旗高高举起，并很好地融合了中国革命实际与民族文化特色，使得中国革命斗争一路披荆斩棘，为国家和民族留下了可歌可泣的诗篇，革命文化便在这一伟大的历史过程中得以形成。所以说，马克思主义的传播和指导，为革命文化的生发创造了历史契机，也为其发展奠定了思想基础。

从力量上来说，党的领导与人民的团结奋斗，是革命文化得以形成发展的力量源泉。近代中国，国家积贫积弱，人民饱受磨难。在革命战争年代，无数仁人志士为挽救国家民族之危亡、为实现人民幸福生活而进行坚持不懈的探索，作出了巨大的牺牲，但都无法从根本上改变民族的窘境和人民的命运。历史的重担落在了中国共产党的肩上，中国共产党义无反顾地扛起责任，领导人民进行了艰苦卓绝的斗争，终于推翻了"三座大山"的压迫，让人民彻底摆脱被奴役的命运，实现独立和自主，使一个崭新的中国呈现在世人面前。在此过程中，我们党善于把握革命不同历史阶段的目标任务，实事求是地开展革命工作，真正地发挥了革命的中坚作用。特别是把人民群众的主体作用很好地激发了出来，坚持用革命文化来武装干部群众，用革命精神振奋工农精神、凝聚大众力量，使得劳苦大众的心紧紧团结在一起，使大家的革命积极性与主动性能够得以发挥。同时，党和人民都受到了革命的洗礼，人民群众也在实践中不断丰富充实革命文化，为其注入新内容，让革命文化真正地在中国生根发芽而传播开来。可以说，正是由于有了党的领导，有了人民的合力奋斗，我们革命文化的内涵才能日益丰茂并发展为战争年代的精神支柱，我们的事业才能在它的指引激励下取得接连不断的胜利。作为党与人民革命斗争实践的文化产物，革命文化是精神的结晶，也是中国人民智慧的体现，深刻彰显了中国革命的光辉和伟大，在此过程中，党的领导就是革命文化形成的最本质特征，而人民群众就是创造革命文化并推动其发展的重要主体力量。

（二）革命文化具有丰富内涵

革命文化是五四运动以来党带领人民探索救国救民道路历程的精神文化反映，是党和人民在长期的革命斗争中创造的独具特色的文化形态。总的来说，作为一个涵盖物态、事件、人物和精神的文化体系，革命文化的内涵十分丰富。

革命文化首先要明确的关键点是它的根本指导思想，即革命文化是基于什么样的精神母体而生长的，我们要从马克思主义中找到答案。强大的科学性与真理性，是马克思主义彰显的品质，正因如此它才能与中国革命的具体实际很好结合，进而为中国革命指明方向、明确目标。同时，马克思主义也让致力于国家民族伟业的中国共产党人有了坚定的信仰信念，让参加革命的革命者具备了坚定不移、不挠不折的坚强品质，这为我们革命的胜利增添了源源不断的力量，亿万人民同心干，敢教日月换新天，无数先烈前赴后继的流血牺牲，换来了人民的和平安宁的生活。正因为有了马克思主义的指导，中国革命才能始终沿着正确的轨道顺利前行，人民的美好生活才能在中国共产党的手里变为现实。

中国革命的历程波澜壮阔，以争取民族独立和人民解放为主题，随着革命进程的不断发展，我们逐渐形成了"红船精神""井冈山精神""长征精神""延安精神""西柏坡精神"等，这些极具民族特色和时代特征的革命精神，是中国共产党革命和斗争的精神结晶，构筑成红色基因的传承要素，成为民族的伟大精神财富。比如，红船精神是中国革命精神之源，具体表现为"开天辟地、敢为人先的首创精神，坚定理想、百折不挠的奋斗精神，立党为公、忠诚为民的奉献精神"；井冈山精神是井冈山时期军民克敌制胜的强大精神支柱，不仅对推动当时革命进程起到关键作用，而且激励着一代又一代革命者前仆后继，具体表现为"坚持坚定执着追理想、实事求是闯新路、艰苦奋斗攻难关、依靠群众求胜利"的精神；长征精神是中国共产党在两万五千里跋涉中创造出来的精神，堪称人类战争史上的奇迹，书写了中国革命的传奇，其最主要的精髓是"革命理想高于天"的精神信仰，这是保证我们革命事业从弱小走向强大的重要精神力量；延安精神是在中国革命的关键时刻诞生形成的精神，其核心表现为坚定正确的政治方向，在思想路线上要解放思想、实事求是，在创业精神上要自力更生、艰苦奋斗，体现反映了党全心全意为人民服务的根本宗旨；西柏坡精神是在中国革命重要的历史转折关头产生的，对中国革命的前途和命运具有重大决定作用，它集中体现了敢于斗争与胜利的彻底革命精神和头脑清醒、目光远大的胜利者图强自律的精神，其重点是让全党经受教育，告诫全党必须禁得起新的历史阶段的考验，这对于更好地推进事业、更好地巩固和加强共产党的执政地位有重要意义……

此外，我们党在革命实践过程中，也依据具体阶段性任务，制定了不少符合革命战略实际的路线、方针、政策；我们进行的战役战斗，在创建革命根据地和红色政权过程中留下的大量革命遗址遗迹和革命纪念物；在斗争实践中形成的不少宣传革命、弘扬革命精神的文艺作品等，这些也必须被看作革命文化的重要组成部分，成为革命精神的重要载体。同时，革命文化中还蕴藏着极其丰富的革命传统、革命理想和信念等，这些不仅是马克思主义中国化的一系列理论成果，也是促进中华民族阔步向前的动力，成为激励广大中国人奋斗追梦的精神支撑。今天，革命文化秉承了与时俱进的优良品质，不断更新和丰富着其内涵，持续焕发出强大的时代活力与精神辐射力。

（三）革命文化为文化自信提供精神支柱

我们党从成立之日起，就自觉地将自身的命运与国家民族的命运紧紧联系在一起，一直致力于实现国家的独立和民族的富强，致力于让人民过上幸福生活。革命文化之所以得以形成，就是因为我们的党始终立足中国国情实际，始终扎根群众依靠群众，在先进理论的指导下积极发挥了文化创造力，滋养出了优秀的文化结晶，集中体现了中国革命道路价值，折射了中国革命的理念精髓，展现了具有丰富意蕴的革命文化。革命文化作为重要的精神资源，不仅在革命战争年代给予人们极大的支撑力量，其在当代同样也具有重要的时代意义，为我们坚定前行的脚步增添了动力，成为文化自信的精神支柱。

首先，在历史逻辑上，革命文化的形成彰显文化自信，因为革命文化是在中国近代社会发生重大变革的时代背景下逐渐生成的，是中国共产党领导人民在民主革命时期浴血奋斗、斗争进取，不断促进马克思主义与中国实际相结合，并批判性地继承中华优秀传统文化而形成的优良革命精神与传统，这是革命实践的产物，也是理论联系实际的结晶，更是党和人民智慧的体现。正因为革命文化在这样的大逻辑前提下产生，我们的革命才能始终占据道义上的制高点，我们的胜利和优势才能不断呈现，我们的文化才能不断支撑着革命事业并把它推向前进，这本身就是文化自信强大生命力的体现。同时，了解这一过程的革命奋斗史和革命文化形成的来龙去脉与价值意义，也让我们更好地增强民族自信和文化自信。其次，从内容上讲，革命文化为文化自信提供丰厚精神养分。比如，革命理想信念能为文化自信提供动力，因为文化自信本身就表现出对民族文化的高度肯定与认同，每一个民族都具有值得推崇和坚持的理想信念追求，这既是民族特色，也是前进动力，是可以代代相传的精神基因，没有理由不弘扬不认同；而革命理想信念不仅成为当时革命者杀敌制胜的精神法宝，同样对促进事业的发展具有较强支撑作用，必定能为我们坚定文化自信供给营养。又如，革命理论也为文化自信奠定底色，我们的革命是在马克思主义的指导下与中国共产党的领导下得以开展和完成的，因而我们在实践中形成的革命理论必定具有马克思主义中国化的特征，也充分彰显了党的文化理念，这是我们革命理论的中国特色，正因为如此，我们的理论才能真正接地气，才能指导实践获得胜利，才能赢得人民的广泛支持和拥护，足以成为我们文化自信的底色。还有革命精神，在艰苦卓绝的革命战争年代一直激励着广大共产党人和革命者勇往直前，在当代文化自信的培育过程中，必须重视革命精神的传承与弘扬，让精神的力量继续为文化自信积淀底蕴，更好地增强涵养文化自信的底气。今天，我们学习弘扬传承革命文化的过程，实际上就是回顾历史、不忘初心、树立正确历史观与价值观的过程，也是不断涵养民族文化自信的过程。

三、对社会主义先进文化的自信

研究当代中国的文化自信问题，就必然要深入分析社会主义先进文化的内涵与价值。社会主义先进文化之所以能够形成，就是在于它不但传承弘扬了优秀传统文化的精髓，而且吸收了革命文化的营养，它是我们党领导人民在社会主义改革与建设的火热实践中逐步形成的文化成果，是马克思主义中国化的重要理论精华，它从崭新的层面用崭新的内容为文化自信注入新的生机和新的力量，是新时代提升文化自信的灵魂所在。

（一）社会主义先进文化的重要意蕴

先进文化之所以"先进"，是因为它不仅"科学"而且"管用"，它在充分遵循文化发展规律性的基础上与时俱进，它真正代表了社会生产力的发展要求和人民群众的最根本利益，既符合时代潮流趋势，又引领未来发展方向。作为中国特色文化的重要组成部分，社会主义先进文化不仅在剔除糟粕的基础上汲取了我国传统文化中的精华部分，而且批判性地借鉴了其他民族的文化。可以说，我们党领导人民在长期的革命、改革与建设的实践经验中做出总结，形成的社会主义先进文化，这是高举马克思主义的旗帜，以中华优秀传统文化作为历史渊源和现实深厚土壤，融汇整合中外文化创造而成的文化形态，它把马克思主义中国化推向了新境界，充分展现出独具特色的中国风格与中国气派。

党的十六大报告提出社会主义先进文化是"以马克思主义为指导，以培养有理想、有文化、有道德、有纪律的公民为目标，面向现代化、面向世界、面向未来的，民族的、科学的、大众的社会主义文化"。作为社会主义先进文化的根本指导思想，坚持马克思主义充分体现了我们文化发展道路的社会主义方向与建设文化强国的社会主义性质。在当代中国，坚持马克思主义的根本指导，就是要坚持马列主义、毛泽东思想、邓小平理论、"三个代表"重要思想、科学发展观和习近平新时代中国特色社会主义思想，一定把它们贯穿社会主义先进文化建设的始终。"三个面向"是社会主义先进文化的愿景维度，体现了鲜明的时代特性与发展前瞻属性；而"民族的、科学的、大众的"成为社会主义先进文化的重要特征，具有深厚的实践基础与创新活力；"四有"公民是社会主义先进文化建设的重要目标，为我们建设文化强国提供了强有力的人才支撑。

社会主义先进文化始终与时代同步，保持着与时俱进的优良品格，并不断做到自我完善。当代中国先进文化的内容非常丰富，涵盖核心价值观、民族精神（以爱国主义为核心）、时代精神（以改革创新为核心）等，这是当代中国人鲜明精神标识的重大体现。作为社会主义先进文化的集中表达，社会主义核心价值观主要从国家、社会和个人三个层面凝练了目标、取向与准则，以理念、倡导与规范的形式将国家、社会与个人紧密联系在一起，让本土文化与外来文化共存相生，把传统文化与现代文化充分结合，突显了先进文化的独特魅力和社会主义的极大优势。我们的民族精神是以爱国主义为核心的，这充分展现出中华民族团结统一的气象，折射出中国人民爱好和平的追求，反映出大家勤劳勇敢、自强不息的品质，构成了中国人民生生不息的奋斗源泉，成为中华民族薪火相传的精神血脉，具有强大的感召力与凝聚力。我们的时代精神是以改革创新为核心的，这真实地反映出中国人民与时俱进、开拓进取的精神风貌，形象地展现了人民群众求真务实、奋勇争先的创造热情，是推动时代不断发展进步的强大精神动力。改革开放以来，正是依靠着这种精神，我们的国家取得了令世界惊叹的变革和成就，人民群众的生活面貌与生活质量也变得越来越好。当前，社会主义先进文化正以无可比拟的优越性和进步性，成为凝聚社会各个阶层力量的精神"黏合剂"和推动生产力快速发展的理念"转化剂"，不断为当代中国发展和人类文明进步提供精神动力与智力支持。

（二）社会主义先进文化的现实意义

社会主义先进文化不仅立足中国实践，而且满足人民需求，还对经济社会的发展具有促进作用，是社会主义现代化建设的智力支持与思想保证，为我国综合国力的提升、全面小康社会的建成与民族伟大复兴的实现提供了源源不断的精神动力。在现实中，我们应从以下几方面来深入解读先进文化建设的重大意义。

第一，建设和发展社会主义先进文化能满足人民日益增长的文化需求，在提升人的精神境界中更好地促进人的自由全面发展。当前，人们收入总体上得到了提升，大部分人的"钱袋子"鼓了起来，人们物质生活水平得到提高的同时，自身的消费结构也产生了变化，大家在精神文化方面的需求逐渐呈现出多样性、多层次等特征。随着我国社会主要矛盾的变化，发展的不充分不平衡问题深刻制约着人民日益增长的美好生活需要的满足，如何更好地将群众多元化精神文化需求的满足变为工作落实的实践，是我们不得不重点思考解答的命题。大力发展社会主义先进文化为我们破题解难提供了方法路径。发展先进文化，不仅能丰富人们的文化生活，让人们的生活品位高起来，而且充满正能量的文艺精品对提高国民思想道德素质、培养人们正确的"三观"等具有积极促进作用，这样最终必定在人人素质的提升中实现全体人的自由全面发展的目标。

第二，建设和发展社会主义先进文化能维护国家文化安全、引领意识形态建设。先进文化坚持以马克思主义为指导，与时俱进地推动中国化的马克思主义理论建设。面对西方国家的文化霸权和腐朽思想的冲击，面对种种唱衰社会主义和中国共产党的错误言论，先进文化的作用就更加明显。我们通过大力宣传普及先进文化、倡导科学精神、弘扬社会主义核心价值观，能使人们增强对社会主义和民族文化的情感认同、理论认同，使大家能在纷繁复杂的思潮冲击中站稳立场和脚跟，始终保持敏锐的判断力和自信心以抵制不良思潮。可见，先进文化就是我国意识形态建设的重大抓手，这样必定能在全社会形成良好的氛围，为维护国家文化安全筑牢舆论阵地、思想阵地，让新时代改革开放和现代化建设拥有强有力的保障。

第三，建设和发展社会主义先进文化能助力社会主义文化强国建设。当前，我们正在党的领导下走中国特色社会主义文化发展道路，建设社会主义文化强国是我们的战略目标，要把这个愿景变为现实，就要大力抓好文化事业与文化产业，就要把握正确导向，繁荣社会主义文艺，创造生产出更多更有温度更有高度的文艺作品，使之更好地贴近人民、时代和生活，不断增强群众的文化获得感和满意度。这其实也是发展社会主义先进文化的重要任务和内在要求。我们一定要高举马克思主义的伟大旗帜，在创新视角下促进优秀传统文化在当代的转化和发展，更好传承革命精神，努力提高民族的文化创新力。只有这样，我们才能让民族的文化持续保持活力而永葆生机，文化强国建设的步伐才能走得更稳健而有力量。

第四，建设和发展社会主义先进文化也是增强国家综合国力的深层支撑。国际范围内，软实力成为综合国力竞争取胜的重要决定因素，一个国家要想更好地立足于世界，不仅要增强硬实力，也必须在软实力上做出提升努力，特别要在文化上保持特色，注重弘扬民族独有文化。社会主义先进文化作为我们中国当前最有时代特色的文化，既融合了中国革命文化的精华，又传承了优秀传统文化；既符合时代要求，又回应现实和人民关切；既坚守中华文化立场，又注重批判吸收外来文化成果，一定会以其强大的精神力量支撑起民族复兴的大厦，让我们国家更好地屹立于世界民族之林。

第五，建设和发展社会主义先进文化是巩固党的执政地位的核心内容。新时代新形势对党的执政能力提出了新的挑战和要求，我们党要实现长期执政的目标，就必须在执政实践中提高发展建设先进文化的能力，这要求我们的党要在多元化价值观并立的环境中把牢党对意识形态工作的领导权与话语权，加强对社会主义先进文化的主导权与掌控权，与时俱进地促进先进文化的发展，特别要注重把握其规律、丰富其内涵、传播其价值，这是党的事业兴衰成败的关键。只有把本领学习应用于先进文化建设中，人民群众的文化需求才能得到满足，其对马克思主义的信仰、对社会主义的认同、对民族文化的信心才能不断得到增强，这样我们党的执政才能具备强大的群众根基，党的执政地位才能不断得到巩固。

（三）社会主义先进文化是文化自信的灵魂

社会主义先进文化是党领导人民在推进中国特色社会主义伟大事业进程中形成的精神成果和文明结晶，极大地反映了潮流趋势并符合人民意愿需求，理应成为当代文化发展的导航指引，成为新时代坚定文化自信的灵魂所在。比如，社会主义先进文化为我们民族的文化自信提供了价值认同。先进文化以其强大的真理科学性很好地适应了社会生产力的要求，她始终与人民群众的价值立场一致，这是她先进性的内在体现；同时她通过多种载体和形式，引领社会风尚、凝聚社会共识、增添团结力量，把社会主义核心价值观在全社会广泛树立起来，为实现民族复兴提供了精神支撑，也为促进世界和平发展贡献了中国独有的智慧和方案，在人民心中埋下了文化价值认同的种子，为实现民族文化自信打牢了根基。再如，社会主义先进文化让民族的文化实力得以充实和丰富，为民族的文化自信夯实了物质根基。只有文化生产力得以提高、文化创新力得到增强、文化传播得更加顺畅、文化安全更具保障、文化引领更有力量，这样我们才能真正称得上是拥有文化自信的实力。多年来，党中央坚持把发展社会主义先进文化摆在核心地位，与时俱进地推动先进文化的普及和创新，同时也为先进文化的传播和弘扬营造了良好的政策与制度环境，特别是我国加入世贸组织，成功举办奥运会、世博会、园博会、进出口博览会、军运会，实现航天技术的突破，并在应对世界金融危机、抗震救灾、抗击"非典"、打击恐怖势力、维护边疆民族稳定团结等中，都表现出了我们党驾驭复杂局势的能力与凝聚共识的强大引领力，这背后折射出的是我们党对社会主义先进文化建设的极大重视，正因有了先进文化的指引和支撑，我们才能取得如此大的成就，这极大地彰显了中华民族的自强自信意识与自豪感，让国人和世界相信，我们是具备发展文化自信的实力与担当的。又如，社会主义先进文化始终致力于不断创新，以迎合不断进步的时代需要和群众期盼，正因为我们的文化有先进理论的指导，正因为我们有人民群众的坚定支持与积极拥护，我们的文化创新才能具备无穷的力量，我们在创新中才能始终凸显中国气派与中国风采，这必定能为我们的内心注入强大的自信基因。还如，因为拥有开放包容的博大胸襟，所以社会主义先进文化才能汲取古今中外的文化营养，不断进行交融整合、改造创新，实现自身的真正壮大和发展。正如中国所提出的合作共赢发展倡议和人类命运共同体的理念，正是社会主义先进文化在国际舞台上的重要彰显，得到了世界各国广泛认同和赞赏，这在深度与广度上都拓宽了文化自信的领域层次和水平。

总之，社会主义先进文化为民族的文化自信提供文化价值认同、奠定文化实力根基、植入自信动力基因、彰显自信开放胸怀，这些都是社会主义先进文化的良好优势，使其成为涵养文化自信的灵魂。先进文化中包含的思想理论、道德观念、价值准则等，为我们生产生活及工作实践明确了精神航标、指明了前进方向，也给我国社会主义文化强国的建设提供了根本遵循，更为坚定文化自信提供了最有风格最有力量的精神支撑。

四、中华优秀传统文化、革命文化、社会主义先进文化之间的辩证关系

研究中华优秀传统文化、革命文化、社会主义先进文化之间的关系，能从根本上明确和把握三种文化形态在文化自信中的地位和作用，对更好地做好文化的传承与发展工作和进一步坚定文化自信等都具有重要意义。三种文化形态辩证关系的实质，表现的是中国文化发展"古"与"今"的关系。作为中国文化不同历史阶段的产物，这三种文化形态都深深扎根于中华大地的实践，共同致力于促进中国特色文化的繁荣复兴。在内在逻辑上，我们应看到，作为基础和源泉，中华优秀传统文化为另外两种文化提供滋养，而革命文化则处于承上启下的地位，发挥承前启后的作用，它既是对中华优秀传统文化的传承和升华，又为社会主义先进文化的发展奠定了基础，而社会主义先进文化深植于中华优秀传统文化的土壤，同时又是革命文化在改革开放以来的创新性发展。

（一）中华优秀传统文化、革命文化、社会主义先进文化之间的关系实质

探讨中华优秀传统文化、革命文化、社会主义先进文化之间的关系问题，必须在透过现象的基础上看到其中的本质，要从根本上了解三种文化形态的真正属性和其形成发展的彼此间的关系，只有这样，我们才能为下文的研究奠定良好前提、打下扎实基础。实际上，三种文化形态的关系问题，反映出的就是中国文化发展的"古"与"今"两个维度。所谓中国文化之"古"，指向的是中华优秀传统文化；而中国文化之"今"，则是指向革命文化与社会主义先进文化。"古"与"今"文化不仅在表现风貌与主流思想上有所区别，而且在时代精神上也存在着一些不同；但二者都是取决于一定社会的经济和政治，都有着合理的客观根据与历史背景。在彼此联系上，我们应该看到，"古"是"今"的源头和基础，"今"是对"古"的继承和发展；"古"中孕育着"今"的基因，"今"又折射出"古"的影子。由"古"向"今"来，一脉相承，贯穿中华文化生生不息的血脉长河；"古"与"今"结合为一个整体，共同成为当代中国特色社会主义文化的重要组成部分。需要特别指出的是，革命文化

和社会主义先进文化，之所以能成为中国文化之"今"，主要是因为我们有优秀的创造主体与实践基础，这个主体就是伟大的中国共产党和勤劳智慧的中国人民，而党领导人民进行的革命、建设和改革，及其在当中的斗争与创造，形成了这个实践基础。革命文化、社会主义先进文化正是在这样的基础上与这样的创造中发展起来形成的新文化。党领导人民进行的伟大斗争与艰辛的探索历程让新中国得以诞生，使古老中国在经济政治社会上的面貌焕然一新，正因有这样的基础和创造，中国文化才能实现由"古"而"今"的更替。①

（二）中华优秀传统文化、革命文化、社会主义先进文化之间的共通之处

找寻中华优秀传统文化、革命文化、社会主义先进文化三者之间的共通之处，实际上就是要立足文化发展的宏观历史长河中探讨中国文化之"古"与中国文化之"今"的相通的要点，我们既要看到不同历史阶段文化发展形态的表现，又要关注各种文化形态对推动现实的重要作用，应该认清它们共同植根的土壤环境与三者之间能够实现传承或转化的条件。具体地说，要在历史和现实两个基本维度中考察共通点。从历史的维度看，中华文化在人类的历史长河中潺潺流淌，绵延几千年而不中断，其在不同的历史阶段中产生了与其时代相适应的文化形态，优秀传统文化、革命文化与社会主义先进文化的产生和发展，就是不同阶段中时代的产物，它们都深深扎根于中华大地的伟大实践，都是劳动人民智慧和思想的结晶，它们绝没有脱离中华文化发展的主流，而是同宗同源、一脉相承、与时俱进，并以民族独特的精神标识的形式积淀和彰显着国人的深层精神追求。从现实的维度看，无论是"古"文化还是"今"文化，三种文化形态共同构成了中国特色社会主义文化的重要组成部分，共同串联起中华文脉，成为促进当代中国文化兴盛繁荣的积极影响基因。

我们要明确，对于当代中国特色社会主义文化来说，"古"文化即中华优秀传统文化应是其中的源头，而"今"文化即革命文化和社会主义先进文化，

---

① 李维武.中国文化的古今变化及其联系——关于中华优秀传统文化、革命文化、社会主义先进文化关系的思考［J］.中南民族大学学报（人文社会科学版），2017（05）：115-121.

则是当中的主体。"古"文化为当代中国特色社会主义文化提供丰厚的滋养，也成为其文化发展的资源宝库；而"今"文化为当代中国特色社会主义文化的发展壮大提供了动力支撑，也成为其立足于世界文化之林的重要特色。三种文化形态从根本上说是相通的，文化从古发展至今，每一个阶段形成的文化形态都创造了历史，也为推动历史前进贡献了力量，三者按照由"古"而"今"的历史逻辑来演变和确立，预示着现时代中华文化发展的主流和方向。"古"文化把精华和优秀基因传承下来，"今"文化的形成有其历史的必然性与合理性，更有着深厚的实践性与科学性。中国特色社会主义伟大实践为文化的发展孕育了沃土，当前，我们正朝着建设社会主义现代化文化强国的目标奋力迈进，大力发展中国特色社会主义文化是我们的重要任务，我们必须严格遵循文化发展的历史逻辑，厚植伟大实践，齐头并进地抓好三种文化发展，绝不能厚"古"薄"今"、以"古"非"今"，更不能让文化由"今"返"古"、重"今"薄"古"。唯其如此，我们才能真正把握好中华文化"古"与"今"的关系问题，才能更好地在共通之处中推动文化的繁荣与民族的自信。

（三）中华优秀传统文化、革命文化、社会主义先进文化之间的内在逻辑

弄清搞懂三种文化形态之间的内在逻辑是深究三者的意涵、了解其来去走向问题的内在要求。"立时代之潮头、通古今之变化、发思想之先声"[①]，我们既要拨开历史的云雾去正确考量优秀传统文化的作用，又要把握住时代的潮流，立足实际来解读革命文化和社会主义先进文化的内涵真谛，应把三种文化形态贯通起来考虑、协同起来看待。应明确，中华优秀传统文化在三种文化形态中处于基础地位，孕育着革命文化、社会主义先进文化的因子，而革命文化处于承上启下的中间位置，对优秀传统文化和社会主义先进文化都具有作用，社会主义先进文化作为前面两种文化形态的时代映射，不仅是对前面两种文化形态的传承与弘扬，同时又具备对它们的创新发展之处。新时代，三种文化形态共同构成中国特色社会主义文化必不可少的组成部分，以

---

① 习近平在哲学社会科学工作座谈会上的讲话（2016年5月17日）［N］．人民日报，2016-05-19（02）．

凝聚共识的支撑动力为坚定文化自信注入了磅礴且持续的精神伟力。

　　首先，我们应看到，优秀传统文化滋养着革命文化、社会主义先进文化。对于革命文化，优秀传统文化当中其实蕴含着很多革命文化的元素，也就是说，革命文化从优秀传统文化中吸收借鉴了很多东西。比如，特别重视和强调伦理的建立与秩序的维护是儒家传统一直所推崇和提倡的，但与此同时，注重适时的变革与革命，也在儒家思想的视野范围内。早在《周易》中就有"革命""变通""革故鼎新"等字眼出现，当中还对商汤、周武王推翻暴政的事迹进行了记载（"汤武革命，顺乎天而应乎人，革之事大矣哉"），后世思想家孟子、荀子等也对汤武革命持褒扬态度。传统文化中的革命意识和历史故事深深地影响着后世，如孙中山先生提出"天下为公"的革命目标，中国共产党人提出实现"共产主义""社会主义"的理想要用革命手段等，都是近代以来进步人士传承传统文化中革命基因的表现。在革命战争年代，党领导人民共同奋斗在不同历史阶段中所形成的各种革命精神，其实就是人民革命斗争实践与优秀传统文化相结合的时代结晶与产物，优秀传统文化经过传承与升华后形成的革命精神文化，也反过来对当时的革命斗争实践和革命群众产生积极影响，这些革命精神也成为党和人民的宝贵精神财富。

　　其次，对于社会主义先进文化，我们也应明确，它在很大程度上吸收了优秀传统文化的营养和精髓，优秀传统文化在很多方面为社会主义先进文化的茁壮成长培育和提供了丰饶土壤。比如，儒家所提倡的"天人合一"已经告诉我们人与自然和谐相处的道理，于是党和人民在实践是检验真理的唯一标准指导下提出了可持续发展的理论、提出了生态文明建设思想。孟子提出了"民贵君轻"的理论，《尚书》中说"民惟邦本，本固邦宁"，唐太宗亦说"水能载舟亦能覆舟"，主张治国须利民、裕民、养民、惠民。我们党提出了为人民服务的宗旨，提出以人为本、执政为民的理念，提出"权为民所用，利为民所谋，情为民所系"，提出坚持以人民为中心的发展思想等，始终把人民放在心中最高位置，始终把改善民生放在执政兴国的第一要位……这些都是古代民本思想的当代升华，都折射了优秀传统文化中的民生情怀。文化的传承是实现国家和民族的文化创新发展的重要条件，传统文化历经几千年，被一代代中国人传承，抛弃了封建糟粕的因素，积淀成深厚的文化资源，先进文化正是传承汲取了传统文化中的积极基因，让优秀传统文化实现了真正意义上的创造性转化和发展，也让传统文化的价值更好地造福当代人民。特别要指明的是，其实弘扬优秀传统文化也是当代社会主义先进文化建设的重要任务。习近平总书记在中共中央政治局第十三次集体学习时（2014年2月）就曾强调，培育和弘扬社会主义核心价值观必须立足于中华优秀传统文化，并把优秀传统文化看作根基，它让我们在世界文化激荡中得以站稳脚跟。他在众多场合都告诫我们一定要从优秀传统文化中汲取营养，扎实地做好社会主义核心价值观的培育弘扬工作。在当代中国，发展社会主义先进文化，不可能忽视优秀传统文化的力量，对传统文化的优秀因子传承运用得越好，我们的先进文化就越有生命力和影响力。

最后，我们还要知道，革命文化为社会主义先进文化形成奠定了重要的前提基础。在革命战争年代，革命文化以强大的精神动力作用支撑着中国共产党人和群众的革命斗争，让我们不畏艰难险阻、勇往直前，不断从胜利走向胜利，最终推翻"三座大山"的压迫而实现民族的独立和国家的统一，这是革命文化的力量，也为社会主义先进文化的形成奠定重要的物质前提基础。没有革命文化的支撑助力，我们的国民精神就不能很好地被重振，我们的民族意识就不能很好地被重塑，我们就不能在新中国成立后快速地建立起现代工业体系，也不能果敢地取得抗美援朝和援越抗美战斗的胜利，更没有周边良好的环境去保障先进文化建设。如今社会主义中国焕发出无限生机，中国共产党人和群众在社会主义现代化的实践中依然继续弘扬革命传统、传承革命精神，为社会主义先进文化建设增添厚重的历史元素与革命精神营养。

第二节 中国特色社会主义文化自信的基本特征

中国特色社会主义文化自信的培育，既是一个系统工程，也是一个攻坚工程，需要久久为功、协同发力才能做好。把握科学内涵，探求发展特征，都是文化自信培育过程中必不可少的前提环节。只有充分认知中国特色社会主义文化自信的基本特性，我们才能更好地把握当代中华文化发展的历史方位，更好地洞察其本质属性和内在逻辑，进而在实践中更好地推动社会主义文化的繁荣发展，促使中国文化"走出去"。在现阶段文化自信的构建过程中，呈现出了一些明显的特征，即科学性与价值性相统一、历史性与时代性相衔接、批判性与继承性相结合、民族性与世界性相融通。

一、科学性与价值性相统一

科学性，可以解释为人们在认识和改造世界时依照一定的规律，遵循世界本来的面貌，表现出一种追求真理和服从真理的过程和态度。也就是说，要想获得科学的认知，就必须充分发挥人的主观能动性，在探知事物内在规律性的时候必须运用恰当的方法。衡量一种文化是否先进，其根本标尺应该落在"科学"这一字眼上。马克思指出："理论只要说服人，就能掌握群众；而理论只要彻底，就能说服人。"[①]那么衡量一种理论是否彻底的标准究竟是什么？说一千道一万，想必科学的理论应该能揭示这个问题的本质。中国特色社会主义文化自信彰显的科学性首先源自马克思主义，它是在马克思主义的指导下形成和发展的。社会主义先进文化之所以能不断创新发展，之所以能不断造福人民大众而永葆生机活力，就是因为我们时刻不忘把马克思主义贯穿于文化建设的始终。马克思主义为中华文化注入了丰富的思想内涵，使之能沿着正确的轨道运行，也让中华优秀传统文化能够很好地获得转化和发展，使革命文化、社会主义先进文化很好地焕发出思想光彩与时代活力，同时也给中国人民带来了科学的思想武器。文化自信的科学性还在于中国共产党的领导与人民群众的实践伟力。文化的创造、文化的传承弘扬与复兴、文化自信的确立与增强都应是集体智慧的产物，依然要依靠全体人民的共同奋斗。在党的领导下，我们让发展成果由人民共享，充分发挥广大人民群众的积极性、主动性、创造性，在中华文化的传承与发展上取得了较好成绩，也彰显了民族自信与文化自信。

价值性，可以解释为人们在认识和改造世界时，必须按照自己内在的尺度去进行，强调其思考与实践的过程，结果要满足人的生存发展需要。通俗

---

① 中共中央马克思恩格斯列宁斯大林著作编译局.马克思恩格斯选集（第1卷）[M].北京：人民出版社，2012：9.

地说，就是表达主体的一种导向，"有没有用""有什么用"，应该是价值性传递的信息准则。文化的灵魂和生命力在于它具有价值属性，这预示着空洞的理论堆积造就不了文化的真正意义，价值导向性是反映文化内在魅力的重要砝码。文化自信本质是特定主体对客体文化所持有的一种稳定的心理状态，是其在文化选择、评价、认同过程中的情感依托和价值诉求，是对文化塑造人的思维方式、价值取向、道德情操、理想信念的肯定性回答。文化自信作为文化的实践活动，表现出较强的价值指向性。在价值主体上，它主要指向人民群众，人民群众作为实现文化创造力的主体，他们当然也是共享文化成果的主体，更是文化自信本身的培育主体和对象；在价值目标上，文化自信总是把满足人们的精神文化需要作为出发点和落脚点，它能发挥精神产品文以载道的功能，更好地为人民提供行为准则规范、为国家彰显榜样力量，使全社会形成科学价值导向性，最终促进人们精神境界的提升，而更好地实现人的自由全面发展，这也是其价值归宿的考量标准所在。同时，文化自信较好地提升了社会主义意识形态的凝聚力和引领力，成为我国发展中最深层的民族意识和自觉理念，为实现中华民族伟大复兴的中国梦提供了重要动力和精神支撑。所以，文化自信的提出就是为了更好地促进人的全面发展、更好地推进中国特色社会主义现代化建设和中华民族伟大复兴的中国梦。从这个角度看，现实意义上的指向凸显了中国特色社会主义文化自信的价值性，这也成为其自身的重要特征。

文化自信的科学性与价值性之间紧密联系、有机统一。从本质上来说，科学指向的是合理与先进与否，侧重在文化内容上回到其真假的问题；而价值指向的是一种心理尺度或评价标准，侧重回答的是文化功能与导向的问题。因为科学合理，所以才具有价值和作用。科学为价值奠定前提，有了科学性，价值性才有基础，而价值这一尺度又往往内在地包含在人类的科学认知活动中，这种认知活动不可避免地具有价值的评判意愿。中国特色社会主义文化自信以其先进的科学性彰显了较强的价值导向性，科学和价值两个维度在文化自信中得以统一起来，并协调互动、有序贯通，既让中国特色社会主义文化的内在逻辑得到阐明和自证，又让人民的获得感与自信心得到增强，使民族的自豪感日益提升，这是文化自信折射出的特征意义真谛，凸显了中国特色社会主义的伟大优势。

二、历史性与时代性相衔接

历史性。作为特定历史阶段的产物，任何民族的文化都源于一定社会历史条件的孕育生发。而文化自信也是如此，它总是离不开民族自身的长期历史积淀，在这世上绝对不可能存在完全脱离了民族的历史和实践而独立存在的文化自信，如果非要说存在，那么就是自欺欺人，这样的说法根本站不住脚。中华民族因历史悠久和文化灿烂而闻名于世，五千年历史的积淀孕育了璀璨夺目的文明成果，造就了中国特色社会主义文化自信厚重的历史底色。我们的文化自信是与民族的历史实践密切相关的，是对中华文化的发展脉络、内涵特质与趋势走向等的判断与态度，表现出对中国历史的敬畏尊重和对中华文化的传承发展。把握文化自信生成发展的历史逻辑，我们知道，古代中国文化成果辉煌让人们备感自信，近代以后社会变革导致自信开始下降，现代经济社会复苏使得自信慢慢恢复和发展，今天我们党领导人民以坚定的文化自信走中国道路，我们弘扬中国精神、建设文化强国的征程，其实也是激发全民族文化主体创新活力、使得文化自信更加坚定的征程。今天是由昨天发展而来的，今天的发展必将创造历史而走向美好的明天，明天也将会牢记今天和昨天所付出的牺牲和所奠定的基础。今天的中华文明从历史深处走来，当然是对昨天文明的延续和当代发展，在民族文化的滋养下，中国人民披荆斩棘、乘风破浪，付出过艰辛，经历过苦难，也收获过辉煌，取得过胜利，这不平凡的历程终将成为我们坚定文化自信、奋力开拓前行的历史基础。面向未来，为了更好地实现中华民族伟大复兴的历史使命，我们必须不忘初心、牢记历史，以高度文化自信助力中国特色社会主义伟大事业建设。所以，可以说，中国特色社会主义文化自信的历史性不仅蕴含在中华文化发展的历史逻辑中，也体现在党领导人民拼搏奋斗的历史征程里，更彰显于为民族复兴梦想奔跑跨越的使命道路上。

时代性。当前，国际环境越来越显示出融合、趋同的发展趋势，任何国家和地区想要独善其身、置身事外都必将不能融入全球化的潮流而被时代所抛弃，任何国家和地区出现风吹草动都容易在世界范围内掀起波澜，所谓"牵一发而动全身"，正是对如今全球化时代世界形势的典型判断。中国作为最大的发展中国家和文化不曾中断的国家，在国际上发挥着举足轻重的影响力。世界要想获得发展，就不得不重视中国的发展力量，世界需要中国，中国也需要世界。中华文化要想传承和更好地走向世界，就必须在与各种文化的碰撞与交流中做到守正创新，才能以坚实的底气立足于世界，进而提升文化影响力。中国特色社会主义文化自信就是在这样的背景下产生和发展的，时代的发展为不同文化的对话创造了条件，在文化的交锋中，我们不仅要防止外来文化的冲击和渗透，不让腐朽文化有侵蚀我国文化之机会，更要在复杂的变化中明确立场、增强信心，维护民族文化的尊严，要以敏锐的目光和昂扬的姿态来提高中华文化的竞争力、话语权与生命力。中国正处在全面深化改革的攻坚期和实现中华民族伟大复兴的中国梦的关键时期，我们在不忘现有成就的同时，还必须看到在意识形态领域与文化建设方面存在的问题，这是影响国民文化自信的重要制约因素。同时，伴随着我国社会主要矛盾的变化，民众的精神文化需要日益增长，呈现出多样化多层次的趋势，加之互联网信息技术在社会各领域与民众生活中的广泛应用，这些对我国的文化建设与文化自信的培育工作提出了不少新挑战与新要求。因此，我们的文化自信既是顺应时代形势而生，也是立足国情实际和人民期盼而发展。下一步我们要提升文化自信水平，同样需要紧紧把握好时代性这个特征，紧跟时代脚步，不忘人民呼声，用强大的文化自信推动社会主义文化强国建设和民族复兴的进程。

总之，历史性与时代性是相互衔接的，离开了历史，则无法与时代相勾连；离开了时代，历史发展就会缺乏动力与舞台，二者共同串联扎根于文化自信的生长孕育与发展壮大的伟大实践中。我们要结合历史实践与时代特点来更好地认识与把握中国特色社会主义文化自信的特征，善于从历史中提炼规律，努力从现实中解读意蕴，更好地将社会主义文化强国建设推向高水平与新阶段。

三、批判性与继承性相结合

批判性。哲学意义上的批判指的是一种否定。否定，是旧事物向新事物转化的必要条件和应有手段。马克思主义指导下讲的批判，具有辩证的性质和表现，马克思就曾指出："辩证法不崇拜任何东西，按其本质来说，它是批判的和革命的。"① 与一般意义上讲的批判有所不同，这里的批判强调的是一种肯定寓于否定之中、继承寓于批判之中、创新寓于变革之中的状态。社会主义文化建设中的批判是先进文化诞生的助力抓手。否定中没有肯定，事物发展质变就会变得无所依托。新事物要想取得有利于自己生存发展的基础，就必须用改造的精神面对旧事物，就要从旧事物中汲取积极精华。在文化建设中，道理也应是一样，我们必须彻底摒弃历史中的虚无主义与思维上的形而上学，坚持否定与肯定相结合，在保留民族优秀特质中继续创新和发展。面对今天的经济全球化浪潮和各国文化交流交融交锋的态势，我们批判性地吸收和借鉴外来文化成果的有益成分；同时，以马克思主义为指导的中华优秀文化自信，本身具有批判性的特质，它是在剔除与否定了中华传统文化中的封建糟粕因素的基础上，很好地结合时代要求，充分肯定和吸收了传统文化中的精华部分而做出的文化新创造，是在理清本民族文化的发展脉络、了解其特色与不足的基础上，对本民族文化内涵价值的高度认可。

继承性。从一定程度上讲，中华文化的本质是一种继承性文化，因为其内在具有一脉相承的基因。每一个时代的文化成果都传承了前一时代的文化精华，并进行了新的演变改造而发展而来，一代又一代的接续积累，经时间的洗礼和历史的沉淀，文化的传统得以延续和保留，新的精神特质得以创造和产生，就这样，民族的整体性文化得以不断丰富和升华。这也是华夏文明能数千年不中断而延绵至今的原因。中国特色社会主义文化自信，是国人对民族文化的一种信心和态度，而民族心理和传统的形成并不是一蹴而就的，也不是凭空产生的，而是立足于中华大地的实践，从本民族的文化实际出发，深刻把握优秀传统文化、革命文化及社会主义先进文化的形成规律而生成的，

---

① 中共中央马克思恩格斯列宁斯大林著作编译局.马克思恩格斯文集（第5卷）[M].北京：人民出版社，2009：22.

承袭了中国人的心理偏好与观念趋向，延续了中华文化的继承性基因，注重了古为今用，而又不是简单复古。特别是我们的文化自信张扬马克思主义思想光辉，一直坚持把马克思主义的文化观贯穿于看待中华文化的全过程，这本身也是一种继承态度和行为。不忘本来、吸收外来、面向未来，不仅体现了我们文化建设的取向和态度，同样也体现了民族文化自信思想所注重的继承性。

文化自信就是人们用理性的态度来看待本民族文化，并在与西方文化的比较观察中更加认清自我，且结合时代条件与现实需要做好转换再造的辩证思维过程，在这一过程中，批判性思维与继承性思维都得到了很好的运用，二者紧密结合，形成了中国特色社会主义文化自信的鲜明特征。

四、民族性与世界性相融通

民族性。文化的本土特质是文化的标签所在和活力之源。一个民族的文化是历经千百年的沉淀，由民族风俗习惯、民族传统道德、民族文学艺术等逐步形成的物质和精神集合体，彰显了此民族人们共同的生活方式、思维模式和价值观念等，具有强烈的民族特色。中华文化从历史深处走来，从悠久传统出发而延伸，历经五千多年能做到生生不息而不中断，积淀成了民族最深层的愿景追求和精神标识，幻化造就了滋养民族发展壮大的优质基因，为世界源源不断地贡献着中国智慧，在人类文明的画卷中展现出中华文化品牌的独特魅力。中国特色社会主义文化自信植根于对中华文化的高度认同和自豪情怀，因为我们的文化具有独特的民族性，所以我们对文化的心理偏好和评价判断同样也不由自主地被打上了民族独特的烙印。对于中华文明的极大尊重和大力弘扬，是我们文化自信的视野着眼点，同时我们的文化自信还很好地表达传递了中华民族要自尊、自立和自强的价值追求，这是符合当代中国文化发展实际的考量和选择。我们还应看到，对马克思主义的崇高信仰，对中国特色社会主义的不变信念，对中华民族伟大复兴的坚定信心，对优秀传统文化的自觉认同，对革命文化的继承弘扬，对社会主义先进文化的积极追求，这些都成为我们文化自信所涵盖的核心内容，当之无愧成为中国文化自信独特民族性的特征表象。

　　世界性。我们的文化自信还源于中华文化的博大胸怀与开放包容的显著特质。对内看，中国自古就是一个由多民族组成的国家，各兄弟民族本身有其特色的民族文化，但各兄弟民族并没有自我满足而封闭自己，他们在长期的交流迁徙、互动汇聚过程中促进了彼此的血脉交融，共同书写了中华民族文化的灿烂篇章，也形成了大一统的文化心理基因，民族和国家的成就使大家得以安居乐业，也让大家拥有前行奋斗的希望和底气。对外看，中华文化得以形成本身就因为其有海纳百川、兼收并蓄的高远格局和宽广胸怀。人类文明漫长的发展史告诉我们，唯有包容才能成长，一种民族文化的开放性与整合力越强，就越容易在世界民族之林中站稳脚跟而获得多元素滋养的活力。历史长河中，中华文明之所以能奔腾不息而焕发旺盛的生命力，很大的原因在于中华文明拥有的极强包容性，在于其内在的强大整合力。也就是说，与异域异族文化进行交往交流，日益发生交锋碰撞，持续而广泛、深刻而有力，中华文明不断吸收有利因素、抛弃不利因素，让自身在丰盈升华中得到发展壮大。任何一个民族文化自信心的建立和发展，都在于实践过程的检验，都是本民族文化在与异质文化进行对话过程中逐渐生成并明确的，中国特色社会主义文化自信的构建也遵循了这个原理。在与外来文化的交流过程中，中华文化展现出了较强的包容性而非排斥性，在兼收并蓄中我们获得了无穷的滋养和启迪，这更有利于民族文化的壮大，也使得我们对中华文明的优越感与自豪感变得更加确信。在这样的情况下，我国的文化自信建设得以快速地建立和形成发展。

　　正因为我们拥有灿烂的文化成就，正因为我们培育形成了对自身文化相对稳定的价值观，所以我们的文化才能在保持主体独立性的基础上敢于张开怀抱来拥抱世界，敢于大胆地接受外来和异质文化的冲击并做到很好地消化吸收。其实，各种文化的碰撞，既是挑战也是机遇，这从根本上承认了文化彼此之间的平等，也容易实现文化彼此之间的平衡，让彼此在融合中得到了促进与升华，这就是中国特色社会主义文化自信民族性与世界性融通的表现实质。

第四章

中国特色社会主义文化自信的现实境遇考察

中国在文化自信培育上取得的重大成就，是党领导人民经过多年实践和努力的结果，这极大地振奋了国人精神，增强了前行的动力，但也应看到，在前进征程上，我们仍然面临着诸多困境。深入剖析中国特色社会主义文化自信的现实境遇，特别是弄清其面临的挑战及制约其发展的根由，是进一步增强中国特色社会主义文化自信的重要前提。本章主要对中国特色社会主义文化自信进行现实境遇考察，按照"有什么用—取得了什么成就—有什么不足—原因何在"的逻辑思路，围绕着中国特色社会主义文化自信这个主题，先梳理其价值和成就，在此基础上着重剖析其面临的挑战与问题，再从多方面探寻影响文化自信发展的深层次原因。

第一节 中国特色社会主义文化自信的时代价值

世界潮流浩浩荡荡，人类文明日新月异，在民族发展和国家竞争的前进征程中，文化自信是国家自信的根本、文化繁盛的支撑、民族复兴的引领。围绕着中国特色社会主义文化自信的价值，本节将进行具体分析和梳理，以期全面揭示文化自信的重要地位与现实意义，为更好地认清现状和把握大局打下良好基础。

一、文化自信是增强中华文化软实力的内在要求

当今世界正处在大发展大调整大变革时期，经济全球化、政治格局多极

化趋势不断向纵深推进，文化的影响力与渗透力比以往任何时候都更加深刻、广泛而具体。国与国之间的竞争不仅包括经济、军事、科技等硬实力的竞争，而且也包括民族精神、国民素质等在内的文化软实力的竞争。谁能掌握和保持强大的文化软实力，谁就越能更好地把握发展的主动权、优先权与话语权。中国共产党的伟大领导人习近平深刻把握世界格局形势，领导和团结全党全国各族人民围绕着提升国家文化软实力、建设社会主义文化强国等做出了一系列具有深远意义的重大战略部署，并明确了文化自信的基础地位和支撑作用。他还强调："体现一个国家综合实力最核心的、最高层的，还是文化软实力，这事关一个民族精气神的凝聚。"[①] 对国家和民族而言，文化软实力不仅仅指文化上的繁荣发展，它更表现为一种精神上的向心力，这是衡量综合国力的核心标志，它有利于国民性格的养成与国家凝聚力的提升。要增强国家文化软实力，就要努力夯实根基，树立高度的文化自信则是促使文化软实力提升的内在要求与必要条件，我们必须认清这个道理，并矢志不渝地坚持好、落实好。只有文化自信得到充分增强，我们才能以更强的魄力去筑牢文化强国建设的信念基石，社会主义文化才能更加欣欣向荣，中华民族文化软实力的提升才能获得无穷的底气力量，中国精神、中国价值才能在世界舞台上绽放更多的精彩。

二、文化自信是维护国家文化主权与意识形态安全的重要保障

一个真正独立于世的个体必定是充满归属感与方向感的，这样的归属感与方向感来自对自己民族文化的高度自信，倘若缺乏这样的自信，那么他必将陷入困顿迷茫之中，成为魂无所依、居无定所的浮萍。一个民族的独立和发展同样离不开文化的独立和发展，若是其对自身的文化丧失了自信，那么这个民族就会丧失自我确证与认同的根基，这样就很容易失去民族凝聚力和前进的正确方向，久而久之必将沦为外国文化的附庸，如四分五裂的散沙一般。当前，改革发展进入攻坚时期的中国面临着与以往不同的阶段性特征，文化的一元化与多元化之间的矛盾不断，社会思想观念和价值取向复杂多样，

---

① "改革的集结号已经吹响"——习近平总书记同人大代表、政协委员共商国是纪实 [N].
人民日报，2014-03-13（04）.

西方文化以前所未有的新颖方式和隐蔽手段（主要通过媒体、互联网、教育交流、饮食服饰等）对中国人原有的生活方式与价值观念进行渗透与冲击，国人的精神世界和心理状态受到侵蚀，信仰危机和文化自信缺失加剧，我国的文化主权、意识形态安全遭遇严重的挑战。在这样的形势和环境下，我们必须深刻地认识到，越是社会思潮纷繁复杂的时刻，越需要我们保持头脑清醒，越需要我们学会甄别文化优劣，牢牢掌握住意识形态领域的主导权与话语权。坚定中国特色社会主义文化自信，最大限度地凝聚社会思想共识，这是我们安身立命的根基，这就好比抓住了世界文化激荡大潮中的"定海神针"，为国家文化主权的维护和意识形态安全筑起了牢固保障。只有辩证地认知本民族的文化，以客观的态度审视自我，以积极的姿态学习他者，既不故步自封，也不盲目崇拜；只有增强文化认同感与文化自信心，我们才能大胆应对世界多元文化的冲突渗透，才能在对外交流和国际竞争中掌握主动权，有效确保国家文化主权和意识形态安全。

三、文化自信是实现中华民族伟大复兴中国梦的精神支柱

一个民族的复兴或崛起，往往以其文化的复兴和精神的崛起为先导。一个国家要想赢得未来，就不能忘记和丢弃文化基因传统，就必然要在文化上坚定自信与追求。中华民族的伟大复兴，不单指的是经济的发展、政治的民主和社会的进步，应当还包括文化、文明上的重新崛起和再度辉煌，而文化上的复兴、昌盛与灿烂则意义更深远，影响也更大。以习近平同志为核心的党中央提出实现"两个一百年"的奋斗目标与中华民族伟大复兴的中国梦，这是我们团结进取的时代主题和历史使命。习近平总书记明确指出："实现中华民族伟大复兴，需要物质文明极大发展，也需要精神文明极大发展。"①他还强调："实现中国梦，是物质文明和精神文明均衡发展、相互促进的结果。没有文明的继承和发展，没有文化的弘扬和繁荣，就没有中国梦的实现。"②这说明精神力量在民族复兴中的重要性，而高度的文化自信是建设社会主义文化

---

① 习近平. 在中国文联十大、中国作协九大开幕式上的讲话（2016年11月30日）[M].北京：人民出版社，2016：3.

② 习近平. 在联合国教科文组织总部的演讲[N].人民日报，2014-03-28（03）.

强国、实现伟大中国梦非常必要而关键的一环。奋力谱写中华文明发展的新篇章，首先需要华夏儿女对中华民族的核心价值精神高度体认，要对其文化的发展充满信心，这是加强当代中国文化自信建设的根本意蕴所在。文化自信为中国梦的实现提供了一种思想价值资源与心理依托，是中华民族自尊心、自信心和自豪感提升的基础动因，能为中国人民凝神聚力、团结向前提供最丰厚的滋养。这样文化自信就形成了一种强大的精神支柱，在中国人民心中扎根发芽，使其对中国特色社会主义道路、理论与制度产生情感共鸣，这样全民族就容易汇聚起强大的精神力量，在实现中华民族伟大复兴中国梦的征程上，才能不断攻坚克难，争取到一个又一个新的胜利。

四、文化自信是促进个人自由而全面发展的强大引擎

谈到对于未来理想社会的设想，马克思恩格斯共同憧憬描绘了美好蓝图，突出强调了未来社会生产力要达到高度发展的状态，在此基础上他们还特别提到了社会发展的落脚点是要实现每个人自由而全面发展的"自由人联合体"，在"自由人联合体"中"每个人的自由发展是一切人自由发展的条件"[1]。在马克思主义视域下，人的自由全面发展是未来社会发展的根本价值旨归。要使这一目标变成现实，不仅需要充分的物质发展条件做保障，也需要促进个体自身素质的不断增强。"文化创造的目的和功能就是以服务人为归宿，其意义就在于它对人之为人的价值性。"[2]文化是一种持久稳定的潜在力量，渗透于人们生活的方方面面，深刻影响着人们的思维与生活方式。作为社会主体的个人，在实践过程中不可避免地受到文化的影响，这种影响是潜移默化的，其作用也是巨大而深远的。要促进人的自由而全面发展，就不得不重视文化的作用，就必须让主体人从内心深处接受正面文化的熏陶，从根本上坚定对其民族文化的信仰信心，这样才能让他们感受到真正的幸福感，才能促使他们在思想上获得极大自由和解放。若是一个人片面追求物质的享受，而不注重自己精神世界的提升，甚至不能够清晰地分辨哪些是科学的文化、哪些是

---

① 马克思恩格斯文集（第2卷）[M].北京：人民出版社，2009：53.

② 苗瑞丹.文化发展成果共享研究[M].北京：中国社会科学出版社，2016：30.

先进的文化，丧失了对本民族的文化自信心，那么就很容易崇洋媚外，受到不良思潮的影响，这对人的自由全面发展造成了极其不良的影响，而产生道德滑坡、个人主义膨胀、社会责任感减退等问题。可见，增强文化自信是提升人的素养、满足人的需要与增强人的能力的重要手段。只有从根本上增强人们对本民族文化的认同感和自信心，我们才能更好地发挥文化的春风化雨功能，这对营造良好氛围、引领社会风尚能起到积极作用，而且有利于人民文化素养的增强，进而更好地促进全体人民的自由而全面发展。

五、文化自信是推进党的建设新的伟大工程的关键抓手

以习近平同志为核心的党中央自党的十八大开始，就从新的战略高度统揽"四个伟大"，精心擘画了党和国家民族发展的宏伟蓝图，特别是把推进党的建设新的伟大工程摆在了突出地位，把全面从严治党作为新时代党的建设的鲜明主题。搞好全面从严治党工作，全力推动党的建设新的伟大工程建设，需要标本兼治，而文化也是众多路径当中的一种内在而深沉的力量，具有强大的穿透力与引导力。新时代，善于从历史文化中汲取营养、涵养素质、增强信心，以坚定的文化自信来构筑从严治党的思想堤坝，既能净化党内政治生态，促进全面从严治党由治标向治本迈进，更能为推进党的建设新的伟大工程注入新的动力与生命力。我们应该看到，绵延五千多年的中华优秀传统文化，不仅蕴含着深刻的哲学智慧，同时体现着强烈的家国情怀，它在很多方面能为我们今天推进党的建设提供丰厚的历史启迪与有益的思想借鉴。当前，形势越是复杂，任务越是艰巨，全面从严治党越是向纵深推进，我们就越是要保持坚定的文化自信，深刻把握、继承和延续好中华优秀传统文化，以文化之力的强大支柱撑起全面从严治党的自信和自觉。我们还应该看到，革命文化当中蕴含了强大的理想信念力量，催生了一系列革命精神，使我们党在极端困难的环境下得以生存发展，支撑着我们夺取革命胜利。如今，时代发展了、条件变化了，但从革命战争年代走过来的中国共产党人却绝不能忘记初心，应当牢记历史、坚定信心，更好地继承弘扬革命传统，让红色精神薪火相传，使红色血脉延绵不绝。我们同样要看到，社会主义先进文化因其具有较强的引领作用和凝聚功能，所以一直以来都成为我们党坚持和发展

的文化形态；在先进文化的指引下，我们党在反腐倡廉上形成了高度的自省能力和极强的自觉精神，在推进自我净化完善与自我革新提高中，党的肌体活力不断增强，这也是我们党能够获得长期执政的自信原因。今天，中国共产党要想始终焕发新光彩、彰显新优势，要想持续赢得人民群众的拥护爱戴，并日益扩大在全球中的影响力，就必须经常从中华民族的文化血脉中汲取养分和力量，应善用历史思想智慧来推进从严管党治党，学会用中华优秀传统文化、革命文化、社会主义先进文化来支撑信心。特别是要以高度的使命感和责任感，把好理想信念的总开关，坚持不懈地固本培元，持之以恒地"补钙强骨"，以强大的政治定力形成更好的政党文化，用日益丰盈的拒腐防变能力来化解挑战风险。只有这样，坚定的文化自信才能真正在共产党员心中树立，进而才能凝聚起磅礴的精神伟力，推动党的建设新的伟大工程不断走向深入，确保国家长治久安与人民安居乐业。

第二节 中国特色社会主义文化自信取得的重大成就

我们党用实干诠释为民初心，用实绩兑现事业承诺，带领勤劳智慧的中国人民坚定地走中国特色社会主义文化发展道路，让全民族迸发出了前所未有的文化创新活力，铺展开了中国特色社会主义文化自信的崭新画卷。笔者认为，我们文化自信的重大成就主要体现在文化体制与服务、核心价值观培育、文化市场与产业发展、传统文化弘扬、公众文化认同与对外文化交流等方面。

一、文化体制与服务持续完善

改革开放开启了社会主义波澜壮阔发展的新篇章，与此同时，我们文化体制改革的步伐也在不断加大。21世纪以后，随着社会主义市场经济体制的逐步完善，我国文化体制改革也进入了整体推进阶段，我们在实践方面获得了长足的进步。我们确立了"一主多元"的文化格局的体制改革方向，明确了文化体制改革的基本问题和目标，形成了与社会主义精神文明建设相一致的运行理念和机制，构建了与我国国情相适应的文化投入和发展机制。突出表现在一批又一批的经营性文化事业单位逐渐完成了转企改制，现代企业制度逐渐建立起来。对于公益性文化事业单位来说，其内部的改革也在不断深化，同时国有院团的改革步伐也日益加快。

同时，我国现代公共文化服务体系逐步建立并不断发展完善。尤其是党的十八大以来，文化系统在坚持政府主导的前提下，着力下移重心，大力提升社会参与度，积极促进共建共享，把补齐短板、提高效能摆在突出位置，想方设法推动基本公共文化服务的标准化均等化建设。为取得新突破，我们在顶层设计上对公共文化服务体系进行了优化，使公共文化建设进入了法治化与规范化的轨道；在公共文化资源的配置上，我们着力推进其向基层倾斜，按层级按需求来把公共文化服务的基础设施配实配细配好；我们更加注重因地制宜，强调在结合地方特色的基础上推进公共文化产品的供给侧结构性改革；中央财政每年都投入定额资金来支持地方公共文化生活设施，地级市的公共图书馆、博物馆、文化馆及乡镇的文化活动室、图书室等有秩序地纳入了地方各级民生建设项目范畴；在文化资源服务上，我们着力投入大量人力物力来打造文化志愿服务队伍，不断完善人员结构，加强激励保障机制建设，特别是结合全面建成小康社会的目标，推动文化志愿服务下基层，使得贫困地区精准脱贫与享受文化服务双结合双进步。由此，我们的公共文化服务效能显著提高，群众精神文化生活进一步得到丰富，大家的文化获得感进一步提升。文化体制改革与公共文化服务体系的建立和完善，极大地释放了文化创造活力，使文化产品更广更好地惠及人民群众，有效彰显了文化自信的强大底气与中国特色社会主义的独特优势。

二、核心价值观培育初见成效

作为一个国家文化的灵魂和民族精神的支柱，核心价值观的地位毋庸置疑。在对社会主义核心价值观的认识上，我国经历了不断深化和跃升的过程。最初，我们提出了"社会主义核心价值体系"的概念，这是对社会的价值观念、思想理念等的一个要求和总结。党的十八大在"社会主义核心价值体系"的基础上做出深刻凝练，从三个层面（国家、社会和公民）用24个字精准概括提出了"社会主义核心价值观"这一命题。这既依据了中国人民的基本生活现状，又体现了人们对未来发展前景所持的理想追求，是中华民族优良道德传统的时代表达，更是中国化马克思主义的实践映射。习近平总书记曾说过："核心价值观是文化软实力的灵魂、文化软实力建设的重点。这是决定文化性质和方向的最深层次要素。一个国家的文化软实力，从根本上说，取决于其核心价值观的生命力、凝聚力、感召力。"①社会主义核心价值观是社会主义核心价值体系的集中体现，它承载着一个国家、一个民族最为深层次的精神追求，蕴藏着中华文化中最精华的基因，深刻地彰显了中华民族的基本特征与文化自信的显著优势。做好社会主义核心价值观的培育工作，不仅对增强国民思想道德素质有较强的促进作用，同时对引领良好的社会风尚、提升全社会的文明发展程度等也具有积极而广泛的影响。

党的十八大以来，我们在建设社会主义文化强国上不断迈出新步伐，在坚定文化自信上不断取得新突破，以习近平同志为核心的党中央以非凡的政治魄力不遗余力地推进社会主义核心价值体系建设，尤其是在全民中大力培育和践行社会主义核心价值观，使得中国力量不断增强、中国精神不断弘扬、中国价值不断凸显，为中国特色社会主义各项事业的发展注入了不竭的精神动力、提供了丰厚的道德滋养。经过一段时间的努力，目前我们可以明显地看到，社会主义核心价值观已经较好地融入和贯穿于中国特色社会主义"五位一体"总体布局中，融入了公民的社会、学校、家庭等各方面的实践中，核心价值观的培育和践行不断从倡议转化为人民的思想共识与实践方向。特别是，广大共产党员是培育和践行核心价值观的先锋，他们持续在理想信念的坚定上做出表率和榜样，对马克思主义的信仰、对中国特色社会主义的信念、对中华民族伟大复兴中国梦的信心不断增强，整个社会的风气和风尚都在一定程度上得到了扭转和提振，人民的精神面貌也发生了巨大的变化，其思想道德、素质修养等都有了较大程度积极的转变。

---

①　习近平谈治国理政［M］.北京：外文出版社，2014：163.

三、文化市场与产业繁荣发展

目前，兼具开放性、竞争性与有序性特征的统一文化市场体系在我国基本得以形成，涵盖演出、音像市场、娱乐、网络文化、艺术品、电影等领域。同时，我们的文化市场监管体系也初步得到建立，涵盖技术监控、行业自律、社会监督、综合行政执法等内容，相应的文化市场法规也在不断完善。"一批批集思想性、艺术性与观赏性为一体的文艺作品（电影、电视剧、纪录片、图书、戏剧等）获得口碑、收视、票房与发行的丰收生动印证了文化市场的繁荣。从2012年到2016年，我国电影故事片产量从745部增长到772部，电影票房从170亿元增长到493亿元；电视剧生产量连年稳居世界第一，2016年达到334部1.5万集；图书出版从2012年的41.4万种、79.3亿册，增加到2016年的49.9万种、90.4亿册……"[①]

大力培育文化产业并促进其跨越发展，是摆在国民经济发展突出位置的重要战略，围绕着文化领域供给侧结构性改革这个中心，一系列落地有效的文化产业政策得以出台。文化市场呈现出喜人新动向，准入机制得以完善，准入门槛得以逐步放宽，市场主体日益多元化，经营方式日趋丰富化，产业规模不断扩大，产业效益不断提升。尤其从党的十八大以后，我国的文化产业表现出更加强劲的发展态势，传统文化企业转型升级加速，文化融合发展成为新趋势，以互联网为支撑的新业态不断催生，新动能持续孕育并显现，整个文化产业正日益形成一个崭新的格局，并逐渐成为国民经济的支柱性产业。按统计部门初步测算得出的数据，我国文化产业呈现出快速增长的态势，仅看2017年的数据就可以知道，整个产业在2017年增长了9.3倍（相比2004年），在增加值上实现了35462亿元；从2005年到2017年，年均增长19.7%（未扣除价格因素影响，下同），年均增速高6.3个百分点（与同期GDP现价相比）。13年内GDP中文化产业增加值的占比增加了2.14个百分点——由2.15%（2004）提高到4.29%（2017），在逐年增加的占比中，整个文化产业的增量对GDP的贡献年平均达4.7%。从对就业的促进作用上看，文化产业

---

① 周玮，白瀛，史竞男.坚定文化自信创造中华文化新辉煌——党的十八大以来文化建设成就综述［EB/OL］.新华社，2017–10–04.

以其产业门类多、链条长、就业容量大、形式灵活等优势，为活跃就业市场、增强就业动力贡献了力量。统计部门截至2016年年底的数据显示，我国文化产业法人单位吸纳就业2178万人，同比增长23.8%（与2013年相比）。同时，文化产业还是一种绿色型产业，其科技含量高、创造利润空间大、对资源的消耗量低、对环境的污染较少，当之无愧地成为推动我国经济高质量发展的支撑力量，表现出强大的生命力。①

四、民族的传统文化得以弘扬

中华优秀传统文化在文化自信的形成过程中起着支撑作用，也在社会主义文化强国建设中发挥着精神源泉的作用。对中华优秀传统文化的弘扬与继承是增强文化自信实践中意味深远的篇章。随着实践的深入，我们国家更加认识到优秀传统文化在国家民族发展中的突出地位与重要作用，出台了一系列有利于优秀传统文化继承弘扬的政策措施，使优秀传统文化焕发出了新时代的风采。同时，我们注重搞好对传统文化的研究，努力挖掘其意蕴，在找寻其时代共性的基础上不断赋予其崭新内涵，在增加其吸引力与感染力上不断丰富其宣传教育的力度，极大地唤起了公众对优秀传统文化的自豪感与自信心。比如，《中华传统文化百部经典》编撰工作首批图书出版，使《周易》《尚书》《诗经》《论语》等经典焕发时代华彩；新编义务教育道德与法治、语文、历史教材在全国投入使用，更多经典名篇进入课本，更多优秀传统文化内容包含其中，中华优秀传统文化课堂教学和教材体系正在形成；国产动画《西游记之大圣归来》《大鱼海棠》等票房口碑喜获丰收，大型纪录片《记住乡愁》《舌尖上的中国》等收视率创新高，《国家宝藏》《中国汉字听写大会》《中华诗词大会》等电视节目广受欢迎，传统文化资源不断为当代文化创造提供元素、激发灵感；国家古籍保护工程、中华文化资源普查工程等重点计划项目有序统筹实施，《中国历代绘画大系》《复兴文库》规范组织编纂，京剧"像音像"工程、地方戏曲振兴计划大力实施，优秀传统剧目挖掘整理，数字化保存和传播积极推进；春节、端午、中秋、重阳等传统节日的意义和价值

---

① 张翼. 改革开放40年：文化产业向国民经济支柱产业迈进［N］. 光明日报，2018-09-14（10）.

更深入人心，呈现出越来越丰富醇厚的文化内涵。① 这些都是我们大力传承弘扬中华优秀传统文化的生动实践事例。

另一方面，我国对文化遗产的保护力度不断加大，保护领域逐渐拓宽，保护体系日臻完善，全社会保护文化遗产的自觉意识全面提升。我们坚决贯彻文物工作方针，坚持保护为主、抢救第一的原则，努力在合理利用的基础上做到加强管理；对于重点文化保护单位，我们加大政策支持力度，做好经费资金投入保障；对大型文物保护项目，我们制定了一系列严格的审核制度，完善相关审核流程，对相关施工单位的资质做了明确的规范要求；还在人员结构、素质、奖惩、绩效等方面加强文物保护专业队伍建设，为文物保护工作提供坚强人才支撑。特别是最近几年，我们在文化遗产研究上加大了力度，也加快了步伐，花了不少精力在濒临消失的文化遗产抢救上，同时我们在不少高校中设置了相关学科，在全国层面建立了一定的科研机构，围绕着文化遗产保护，我们开展很多项目研究和调研，取得了积极有效的成果，不少成绩得到了联合国教科文卫组织的肯定和赞赏。

此外，我们陆续在全国范围内将文化公共场所免费开放给公众，博物馆、展览馆、美术馆、图书馆等人潮涌动，大家在领略文化遗产的魅力时，也带动了文化相关产业的发展。中国的努力收获了巨大的成绩，截至2021年7月，我国已有56项世界遗产、42个非物质文化遗产项目列入联合国教科文组织非物质文化遗产名录（名册），均位居世界第一。

五、公众文化认同度普遍增强

文化自信是以中国人民为主体、以中国特色社会主义文化为客体的自信。在2016年与2017年，人民论坛问卷调查中心以调研全国民众的文化自信指数为目的，连续两年开展调研活动，以三种文化形态（中华优秀传统文化、革命文化、社会主义先进文化）为主要内容，测试了解公众对其的认知、认同及行为倾向等，来展现中国公众文化自信的基本水平与现状，为我们更好地把握和进一步推进文化自信工作提供了数据支撑和基本参考。

① 付小悦. 延续中华文脉 锻铸中国精神——党的十八大以来文化繁荣发展成果述评［N］. 光明日报，2018-10-17（01）.

相对文化自信而言，文化认同不仅是其逻辑起点，更是其重要基础。社会大众对于中华文化的认同程度，是衡量文化自信高低的重要指标。2016年度的相关数据显示①，对于中华优秀传统文化这一文化形态来说，民众的认同度总体处于较高的水平和状态，其中认为文化自信是"对自身优秀文化传统保持尊敬和自豪"的占67.7%，认为文化自信是"对自身文化的发展前景有坚定的信念"的占61.8%，大家普遍对传统文化持认可和热爱的态度，对其价值意义与内容精髓表现出较强的自豪感，对其发展前景抱有充分信心。在2017年的数据中②，对于中华优秀传统文化，民众对其的认知和认同得分分别为80.2分和83.98分，这一高分值不得不说很好地体现了公众对中华优秀传统文化的自信程度。由此可见，源远流长、博大精深的中华优秀传统文化占据了民众心目当中的重要地位，表现出较好的文化吸引力与向心力，民众对它的自信程度就是最好的证明。

对于社会主义先进文化来说，民众的认知认同度表现出高分值。从2017年的报告结果看，大家对社会主义先进文化的认知认同度分值超过了80分，特别是在谈到马克思主义中国化为我国建设发展指明方向这一选项时，受众的选择超过70%，而认为社会主义核心价值观有生命力的民众也超过80%。高水平的认同度充分地表明社会主义先进文化在社会中的影响力，说明它已经很好地在群众心中扎根和生长，已经很好地发挥出引导共识、凝聚人心的重要作用。这一现象的取得，是中国共产党坚强领导的结果，正因为党牢牢地把握住了我们文化发展的前进方向，把握住了意识形态的领导权与主动权，很好地顺应了时代发展大势和人民群众日益增长的精神文化需求，不断进行理论创新、推动文化发展，我们才能更好地发挥社会主义先进文化的良好优势，才能有文化自信的坚定与提升。

---

① 人民智库.中国公众的文化自信指数调查报告（2016）［J］.人民论坛，2016（36）：122–125.

② 人民智库.中国公众的文化自信指数调查报告（2017）［J］.人民论坛，2017（17）：10–15.

六、对外文化的交流日益频繁

改革开放的深入发展为中华文化走出去提供了契机和环境，中华文化不断跨越国别差异和语言障碍，在国际话语体系中发挥着越来越重要的作用。尤其是党的十八大以来，立足于民族文化自信，我国文化"走出去"的步伐不断加快，对外文化交流增多，中华文化的吸引力、感召力与影响力不断得到肯定与提升，国家的文化软实力也得到了增强。这是文化自信的重要彰显，也是民族底气与发展活力的国际展现。

首先，在文化贸易上我们迈上了新台阶。《关于加快发展对外文化贸易的意见》文件的出台是一个里程碑，此后我国对外文化贸易获得了大发展，文化产品获得大规模增长，在进出口领域也连续多年保持着顺差态势，比如，2017年我国文化产品贸易顺差就比2006年增加702亿美元，达到793亿美元，增长7.7倍，年均增长21.8%；文化产品进出口总额达971亿美元，比2006年增加869亿美元，增长8.5倍，2007—2017年年均增长22.7%。同时，在与"一带一路"沿线国家的文化贸易上，我国也取得较大的积极进展。2017年，我国对"一带一路"沿线国家文化产品进出口总额超过176亿美元，比上年增长18.5%，占文化产品进出口总额的18.1%，比上年增加1.2个百分点。[1]中国文化贸易整体增速态势趋稳，2008—2019年中国文化贸易出口额和进口额的平均增速分别为22%和43%，均高于世界平均水平。2020年8月，国务院批复同意商务部印发《全面深化服务贸易创新发展试点总体方案》，在北京等28个省、市（区域）以试点形式推进新业态、新模式（涵盖在线教育、版权服务、数字服务等方面）的发展，为对外文化贸易的发展提供了重要导向指引。海关总署公布的数据显示，2021年1—12月我国文化产品出口额为89958506万元，同比增长33.9%；进口额为10701848万元，同比增长34.9%。

其次，在文化交流的范围和领域上我们也在不断拓宽。中华文化对世界的吸引力越来越强，中国的朋友圈逐渐扩大，与中国进行文化交流的国家和地区越来越多，相互之间交流领域不断升级，合作前景无限美好。"截止到2017年年底，与中国签署文化合作协定的国家就达157个，与我国累计签署

---

① 张翼.改革开放40年：文化产业向国民经济支柱产业迈进［N］.光明日报,2018–09–14（10）.

文化交流执行计划近800个，我们覆盖世界主要国家和地区的政府间文化交流合作网络初步得以形成。特别是党的十八大以来，我国文化交流更进一步，各类大型中国文化年（节）系列活动在五大洲就举办了30余次，中国与俄、美、欧、阿、非等国家和地区的文化交流合作机制正日益向更高层次奋力拓展和大步迈进。"①

再次，在文化交流的形式和载体上我们在逐步丰富。这些年，我们可以明显地看到，我们的传统文化诸如太极拳、书法、杂技、武术、京剧等纷纷走出国门，借助孔子学院、对外文化交流中心等平台不断在国际舞台上绽放精彩，极大地彰显了中华文化的魅力。各种"交流年""国家年""文化年"等大型国际文化活动，不断汇聚整合各方资源，让中华文化走出去不断形成品牌效应。比如，国际性的文化节庆、展会和赛事的品牌有"拉美艺术季""中非文化聚焦""东亚文化之都"等②；著名的国际性交流品牌有北京APEC会议、G20杭州峰会、"一带一路"国际合作高峰论坛等；围绕着"一带一路"建设的文化交流品牌有丝绸之路国际艺术节、敦煌国际文化博览会、海上丝绸之路国际艺术节……③这些文化交流的品牌，成为发出中国主张、传递中国方案与展现中国形象的重要平台和窗口，让中华文化在国际上得到了迅速传播，极大地增强了中华民族的文化吸引力与影响力。

最后，在文化传播上我们大力推动并逐步形成新体系。按照截至2016年年底的数据，以国际广播电台为例，我们在全球已拥有101家海外整频率播出电台，日播出近3000小时，可覆盖50多个国家的首都或主要城市，合计约5亿人口，受众互动反馈总量达5530万次，同时我们开设的社交媒体账号约230个，粉丝总数近8200万，媒体日均阅听量约2600万次……汉语覆盖全球的受众超98%，在海外建有地区总站、驻外记者站、广播孔子课堂、节目制

---

① 黄发红，朱玥颖，李欣怡.我国对外文化交流传播取得丰硕成果：文化结缘　民心相通（壮阔东方潮　奋进新时代——庆祝改革开放40年·数说·大数据观察）[N].人民日报，2018-10-29（09）.

② 黄发红，朱玥颖，李欣怡.我国对外文化交流传播取得丰硕成果：文化结缘　民心相通（壮阔东方潮　奋进新时代——庆祝改革开放40年·数说·大数据观察）[N].人民日报，2018-10-29（09）.

③ 杨帆.［理上网来·喜迎十九大］五年来中国文化成果知多少？［EB/OL］.光明网，2017-10-17.

作室等近100个机构和4115个听众俱乐部，形成了一个比较完整、覆盖面广、技术水平高、受众反馈好的文化传播体系，让中国故事、中国声音、中国智慧、中国方案的传播变得更有效率、更具质量、更添活力。[①]

对外文化的日益频繁交流，推动了中华文化走向世界的步伐，这是中华文化吸引力与凝聚力提升的重要形式，也是中国的国际影响力与话语权增强的必要手段，极大彰显中国特色社会主义的魅力与文化自信。一系列的数据与成就表明，我们在党的领导下坚持走中国特色社会主义文化发展道路是正确的，我们的文化自信是充满朝气与活力的，是必然能引领社会主义文化强国的建设征程，更好地为民族复兴助力添彩的。

第三节　中国特色社会主义文化自信发展面临的挑战与问题

近些年，中国特色社会主义文化自信得到提升和发展，在不同的方面取得了喜人的成绩。但是就目前来看，我们的文化自信仍面临诸多挑战，在现实中存在着不少问题，主要表现在民众文化认同度不够高、对自身文化不自信，传承弘扬中华文化的力度不足、有待全面强化，文化产业起步晚基础弱、整体竞争力需增强，国家文化话语权不强、文化传播力有待提升等方面。

一、民众文化认同度不够高，对自身文化不自信

文化自信根植于深层的文化认同。作为文化自信的根基所在，文化认同是人们对本民族文化的感同身受，在状态上表现出一种心理归属和价值认同，构成了民族认同、国家认同的最牢固的感情纽带。有了文化认同，人们就生活在一个文化共同体中，就会在感受体会文化的同时心甘情愿地接受这种文化的规范与约束，就会自然而然地生发出对自身文化的归属感与价值感，在这样凝聚力的深层基础上才能生发出文化自信。所以，文化认同是一种坚实

---

① 张翼.改革开放40年：文化产业向国民经济支柱产业迈进［N］.光明日报,2018-09-14(10).

的根基支撑着文化自信这座民族的精神大厦，也作为丰厚沃土涵养着文化自信这棵精神大树。

围绕着"文化自信指数"，人民论坛问卷调查中心连续两年（2016年与2017年）发起了面向中国民众的调研，根据得出的调查报告数据我们可知，现阶段我国社会公众的文化认同普遍得到了增强，主要体现在对中华优秀传统文化、社会主义先进文化的认同上。但认同增强并不代表认同的指数就一定是高水平，认同度的提升只是说明了在原有的基础上有所进步，这必然是值得肯定的成绩。但在此基础上，我们还应该看到，当前社会公众的文化认同还不够全面，其程度还不够高，尤其是与发达国家相比，与实现中国梦的目标要求还有一定的差距，这突出表现在公众对革命文化的认知和认同程度有待提高，在国际交流竞争的意识上表现得较为薄弱，部分公众的不良文化心态折射出对自身文化的不自信。从具体情况上看，公众对革命文化精神的认知认同程度显示低分值，相对应的群体是青少年及年龄较小的人，且随着年龄的递减，他们对革命文化的认知认同度也呈下降趋势。在访谈中，当问到对三种文化认知认同的感受时，部分青年人提到，他们对中华优秀传统文化和社会主义先进文化都有一定的熟知程度，因为平常逢年过节的氛围他们可随时体会，而且他们在日常生活中也时常感受到先进文化的魅力，因而对这两种文化都不陌生；但对于革命文化来说，这些青年人表示，由于自己没有经历过革命先烈的奋斗年代，所以对革命精神展现的精髓自然体会不深。同时，调研数据还显示，"我们离西方强国差距甚远，竞争只能备受欺凌"这一选项的数值是26.9%，"我们是天朝上国，地大物博，没必要进行国际交流"这一选项的数值是28%，前者反映了目前我国有相当一部分人的文化自卑心理，即对中华文化缺乏正确的认知，对中华文化的地位价值持否定态度；后者折射出国人的文化自负心理，在一定程度上无视其他国家文化在世界文明史中的地位与作用，持一种唯我文化独尊的态度。无论是认为自身文化低人一等，还是认为自身文化唯我独尊，实质上都是文化主体的失落与缺位，这既阻碍了文化认同的凝聚，更影响了我国文化自信的进一步加强。

二、传承弘扬中华优秀传统文化的力度不足，有待全面强化

中华优秀传统文化、革命文化、社会主义先进文化是中国特色社会主义文化的三种重要文化形态，让中国特色社会主义文化在新时代得以很好传承和弘扬是文化自信的题中之义与内在要求。换言之，要搞好文化自信建设，传承弘扬中国特色社会主义文化的这一环节就不可或缺。近年来，中国特色社会主义文化的传承和弘扬引起了社会各界的广泛关注，也取得了明显的成效，反映了坚定文化自信的重要优势，但在力度上仍存在一定的不足和共性问题，需要引起我们的高度重视。

一是传承和弘扬的方式和手段相对单一。以往的形式主要以说教灌输为主，在一定程度上缺少吸引力与趣味性，不能很好地抓准公众需求的兴奋点，不能很好地调动社会多元主体参与文化传播的积极性。对新媒体技术、互联网技术等的融合运用还不够，不能很好地焕发传统文化的时代生命力，较大地影响革命文化的精神穿透力，使社会主义先进文化的感染力不能很好地发挥。

二是传承与弘扬的创新能力相对较弱。主要是对文化资源内涵挖掘不够、利用率不高，某些地方的文化开发仅局限于会展、节庆等常规活动，场馆布展能力较弱，文化资源魅力的表现效果不够理想，资源优势转化为产业优势的动能不强；有的文化产品甚至与时代要求不对应，创作技术持续停留在原有水平，其市场创造活力得不到很好激发，甚至变成无人问津的失落品。有的非物质文化遗产项目后继乏人，存在人走艺绝的现象，这样更谈不上发展创新了。

三是传承和弘扬缺乏合力。这表现在传统文化、革命文化与社会主义先进文化传承和弘扬的社会参与程度相对较低，各类社会组织、企业、家庭、社区、科研机构等主体的参与意愿不强烈，参与渠道不畅通，政府包办文化传承的现象仍然存在。部分地方政府和民间没有很好地做好协同衔接工作，在对文化的传承弘扬上各自为政，对民间的优秀做法和经验没有做到很好地吸纳推广。而部分地方文化管理部门本身又存在着职能交叉、区域分割的情况，相关部门之间的配合度有待增强，齐抓共管的格局亟待建立。

四是传承与弘扬体制机制有待进一步完善。保护管理经费投入机制需要健全，有些经济发展后进的地区拥有较为丰富的文化资源，但这些地区往往缺少文化资源开发的资金，单靠政府财政投入不足以很好地激活文化资源的经济潜力。法律法规需要更好完善，对文化遗产的保护规定和人才支持的措施等需要更好地结合地方实际来细化。同时，部分地方将文化资源保护与经济社会发展相结合的自觉性不够，在经济发展过程中容易忽视了对文化资源的保护，存在"涸泽而渔"的做法；某些地方在实施文化遗迹保护政策过程中，也产生了影响群众正常生活的现象。这都是保护与开发协同推进机制不能很好地落实而导致的，下一步需要继续重视和解决。

三、文化产业起步晚基础弱，整体竞争力需增强

文化产业是文化发展方向的重要衡量尺度，它的发展强弱直接体现着国家文化自信的程度。从其性质来看，文化产业将文化与经济联系起来，因此文化产业融文化的功能与商品的属性为一体，实现了社会效益与经济效益的统一：一方面它在满足着人们的精神需要的基础上体现一定的意识形态性；另一方面，文化产品在遵循价值规律的基础上进入市场，创造效益。文化产业的双重性质，使得它在增强中国特色社会主义文化自信中具有很重要的载体作用。改革开放以来，我们牢牢把握经济建设这个中心，有效推动了文化产业的发展，文化产业发展环境不断优化，总体规模也不断扩大，取得了较好的成绩。尤其是党的十八以来，我国文化产业发展指数平均值呈现出稳步增长的态势。同时我们也应看到，起步晚、基础弱，确实是我国文化产业发展的具体现状，而且我们的文化体制改革相对较晚，也没有现成的经验可以借鉴，一直都是在探索中前进，所以我们的体制机制还有一定的滞后性与不成熟的地方。当前现代文化产业体系虽然初步形成了，但与其他发达国家和地区相比还有很大差距，文化产业发展还面临着不少问题。

一是我国文化产业发展不平衡。从整体上看，我国文化产业这些年来都保持着高速增长的态势，比如，目前北京、上海、广东、江苏、浙江等多个省市的文化产业成为当地的支柱产业（其产业增加值已占地区生产总值的5%以上）。但从内部看，我们也必须正视文化产业发展不平衡的现状。首先是

产业在整体区域发展中的不平衡。东部沿海地区经济相对较发达，因此集中了较多的文化产业生产资源，其自身的内生动力也比较强；而在中西部地区，尤其是老少边穷地区，虽然资源丰富，但是资源转化为产业优势的实力不足，所以这些地区的文化产业还处于低发展水平。其次，产业不平衡的情况也体现在城乡之间的发展上。目前我们可以看到，全国大中城市集中了现有文化产业的大部分资源，也就是说，文化产业在大中城市的布局比较多，而广大农村地区则相对较少，这也是下一步要着力改善的重要方面。最后，产业发展不平衡是体现在内部的门类不平衡，主要是传统产业的发展比较多，而新兴产业的发展还需加强，二者差距拉大的情况必须得到缓解。产业发展的区域不平衡、城乡不平衡与门类不平衡的情况，成为文化产业整体质量提升与规模扩大的重要障碍，必须予以重视并下大气力解决。

二是盲目投资现象在文化产业发展的不同地区时有存在。这些年，国家对文化产业的重视程度越来越高，扶持力度也越来越大，为文化产业发展提供了大量的资金支持，但由于某些地方的文化产业市场化程度不够高，行业制度规范尚未完全建立，对投资者的决策产生消极影响，出现不少投资方向和方式不合理的情况。有些地方还处在文化产业发展的起步阶段，大量依靠政府主导是常态，也是仅有手段，这在一定的程度上容易忽视市场的选择，导致形成局部垄断，使得地方文化产业陷入经济效益低而盲目投资的无效循环。因此，我国文化产业民间资本进入效应尚未充分显现。

三是规划定位不合理导致产业发展出现低端化与同质化现象。当前，我国文化产业建设过程中，部分地区和政府急功近利、追求政绩，缺乏对产业发展的深入调研和理性分析，对文化产业的理解存在"泛化"情况，导致了不少地区的文化产业出现一哄而上、盲目建设的局面，而这些文化产业不仅层次低，而且同质化严重，不少文化产业园区的项目还没有来得及做好明确的产业规划和市场研判就仓促上马，这极大地造成了资源浪费。

四是忽视核心竞争力，产业发展的创新性不足。创新和创造是文化产业生存和发展的动力。由于缺少创新精神，凸显我国民族特色的文化产品有效性供给不足，一些文化产品对文化资源开发利用不深入，开发品质不高，文化产业链条不长，品牌创新意识亟须增强。涉及文艺演出、影视出版等行业的文化产品传播，与发达国家存在较大差距，自身的技术创新水平有待提高。在文化产品的营销方式上还需要进一步优化，尤其是要结合新时代社会主要矛盾来进行创新，必须以扩大市场占有率为标准，围绕人民群众的需求，更好地提升文化产品的附加值。

五是相关政策机制存在一定缺位，配套管理亟须跟上。当前，文化立法明显滞后于形势的发展，体现在文化产业的基本大法在我国尚是缺乏的，同时产业领域内的一些基本法律法规也亟须建立和完善。在产业管理上，多头管理、条块分割、职能不明的情况在我国的不少地区都不同程度地存在，而且项目审批不畅的问题一直没有得到彻底的解决，产业管理政策体制的与时俱进性与统一高效性还得不到很好的体现。在人才使用上，我国不同地区由于缺少良好的人才引进培养机制与完备的激励机制，普遍存在留人用人困境；某些单位由于缺乏懂经营、熟管理的文化人才，使得很多产业项目的定位不准、效益不佳，影响了当地文化产业的可持续发展。

四、国家文化话语权不强，文化传播力有待提升

对内文化认同与对外文化交流，都是中国特色社会主义文化自信表现的重要方面。进行文化交流，就必然要促进文化"走出去"，这是文化自信的一个重要表现，也是其促进手段。对外文化交流也是文化传播的一种方式，文化传播力的强弱直接决定着文化交流的效果和影响力，也从根本上决定着文化话语权的实力。文化话语权是国家软实力的重要组成部分，是一个国家在提出、表达与传播文化时的一种自主能力或独立权力，在维护本国文化根本利益与意识形态安全中发挥着"扬声器"的作用，对主导本国文化领域的发展、提升本国国际地位形象等具有重大意义。从另一个角度回看，文化话语权的实现必然也离不开文化传播，文化传播的效果影响着文化交流的成果与文化话语权的形成巩固。谁掌握了文化传播的主动权，谁就能占据舆论的制高点，这样就可以用大量有价值高质量的文化输出成果营造强大的文化话语权攻势，才能更好地引导舆论向着有利于自己的方向发展，进而更好地塑形象、立地位、赢竞争、获支持和谋发展。因此，文化传播力与文化话语权息息相关，构成了文化软实力的重要内容，也折射出文化自信的深度与广度。

在经济全球化的背景下，社会信息交流日益频繁，各类文化价值观趋于多元，任何一个国家都不能封闭自己而独立于世，都不可避免地相互影响。西方发达国家在文化交流中主导着全球语境下的文化话语权，其凭借国际体系、传媒优势和技术优势，在世界范围内推销、渗透和传播自己的价值观，他们制定世界文化市场准入规则，把自己的意识形态、价值理念融入流行的文化产品中，悄无声息地进行扩张和推广。面对资本主义文化霸权的攻势，现阶段我国在文化传播方面力量还是薄弱的，这导致我们的文化话语权存在"旁落"之失，我们的国际传播远没有形成具有强大公信力的战略，于是中国声音在国际话语舞台上时常发不响亮，中华文化的真正魅力就不能真正彻底地在世界文化百花园中绽放。这是我国文化自信培育过程中面临的重大挑战之一，也是软实力建设的重大课题。没有强大的文化传播力，我们就很难形成强大的文化话语权，这样必然容易受制于人，那如何来讲文化自信？我们又如何能真正做到自信？

一方面，当前在我国较有影响力的涉外传媒频道有新华社、中央电视台、中国国际广播电台等，代表性的报纸有 China Daily，Global Times 等，以及几个正在发展壮大的对外媒体网站。但和发达国家相比，我们缺乏如 BBC、CNN、美联社、合众国际社等这样具有强大竞争力与辐射影响力的国际性大媒体。而且我们还存在传媒发展的功能区分不够明显、同质化竞争严重、发展方式较为粗放等问题，因此我国传媒机构的整体实力还不够强，各方面力量亟须整合。另一方面，我国文化传播的发展思路还需要进一步理清，文化传播的话语体系还要继续完善。尤其是对外文化传播中面临的国际话语转换的困境，包括语言转换、文化对接等深层次问题，直接影响着我国文化话语的表达力、感召力与影响力。由于文化传播能力不强，在全球文化话语权"西强东弱"的格局背景下，我们时常以被动姿态和无力话语来回应国际舆论对我国政策制度的歪曲抹黑，时常在实行外交政策与承担国际责任上遭到西方的无端指责贬低，时常缺乏足够能力去很好地设置国际舆论议题……因此，以高度的文化自信为引领，如何更好地推进我国文化传播能力建设，有效提升国家文化话语权，让中国声音变得响亮，使中国话语赢得国际社会普遍认可，应是下一步加强文化自信建设的重要着力点。

第四节　制约中国特色社会主义文化自信发展的原因分析

中国特色社会主义文化自信发展面临诸多挑战，这些问题的产生有其深层次的原因。我们要学会综合运用历史思维能力、辩证思维能力与系统思维能力，善于透过现象抓住问题本质。当前，公众主体的弱化迷失、西方意识形态的渗透、网络传媒的消极影响、市场经济的负面作用体制机制活力性不足等，应是制约文化自信发展的重要原因。从这几方面进行探究，我们或许能更客观更全面更透彻地把握困境背后的根源。

一、公众主体的弱化迷失

辩证唯物主义认为，推动事物发展的原因有内外因之分，内因是根据，外因是条件，外因必须通过内因才能起作用，因此把握住事物发展的内在原因是分析问题的关键。中国特色社会主义文化自信发展存在的问题是内因和外因共同作用的结果，但最根本的，我们要把握好社会公众主体这一内在因素。文化自信，当然不是文化的自我自信，文化并非主体，文化的主体应是人。在当代中国，人民群众应成为文化自信的重要主体。今天我们研究中国特色社会主义文化自信，不能只看到物，看到文化的载体，而是要在理解中华文化深层内涵的基础上，更加关注社会公众这一主体对待中华文化的立场、态度等问题。

在一定意义上来说，我们的文化自信是社会公众对中华文化的历史起源、发展、精神特质、内涵精髓的总体性判断，是秉持对中华文化的礼敬、继承、创新性发展的一种基本立场和态度。社会公众应表现出一种"自信而不自卑，自豪而不自满，自尊而不自负"的良好文化心态，这样才能符合文化自信的内在要求，也才能彰显人的主体性特质。当前，社会公众在主体性上存在一定程度的弱化迷失现象，这具体反映在文化心态上，而自卑与自负是两种明显相对的心态，这二者都是错误而且有害的。作为具有一定稳定性与继承性特征的心理状态，文化心态也表现为一种价值取向，它的形成和发展，既直接影响着人们的文化立场与文化选择，又在一定程度上间接地预示和左右着文化发展趋势与社会变革进程。所谓文化自卑，就是总认为自身的文化不如别人，对本土文化的地位与价值产生怀疑，对外来文化盲目崇拜、无限夸赞、跟风追逐，这极易导致文化迷失和历史虚无主义的产生。所谓文化自负，就是对自身文化的价值片面性地夸大，在盲目的自我陶醉中迷失方向，对一切外来文化持排斥与否定态度，这极易演变成文化复古主义和自我中心主义。从本质上来说，文化的自卑与自负，都是因为对自身的文化了解不够，都是对文化不自觉和不自信的表现。公众主体缺乏正确的文化心态，折射了主体性的弱化与迷失，尽管有外来文化的渗透侵蚀，有周围的一系列影响因子，但引发文化信仰危机的根源还是在于公众主体自身对自己民族文化的认知不够清晰，对自身文化价值的把握与确证存在迷茫，对文化自主性立场的坚守弱化。这种主体性的弱化迷失必然对坚定文化自信形成巨大的挑战，成为阻碍我国文化前进的严重桎梏。

二、西方意识形态的渗透

综合考量我国文化自信的现状和存在问题，究其背后的制约原因，西方意识形态的渗透当属第一外因。在当前这个充满变革与发展的世界里，思想文化领域的碰撞交锋达到了前所未有的程度。中国的日渐崛起让以美国为首的西方资本主义国家感觉到不安，他们经常在世界舆论中制造"中国威胁论""中国称霸论"的声音。为了遏制中国的发展，他们表面上展现友好的合作商量姿态，实际上却在背地里用尽一切手段进行削弱打压，在思想文化领域更是加紧渗透步伐，大肆渲染他们倡导的普世价值的正确性，极力美化自身的政治制度与价值观念，企图瓦解中国人民对自己文化与制度的思想认同，消融中国人民的民族自豪感，其用心极为险恶。西方意识形态通过各种途径和方式对我国当代社会文化进行渗透。比如，利用"研究中心"、基金组织等各种形式的国际交流合作平台，召开各种国际性的学术研讨会和文化交流活动来展示西方的思想文化。通过电台广播等进行意识形态渗透也是西方国家的惯用手法。过去，在苏联解体和东欧剧变的背景下，西方舆论曾经发挥了很大的作用，如今，在对中国的意识形态渗透方面，这一传统手法仍然在发挥着作用。"美国之音""自由亚洲电台"等，经常针对中国的宗教、民主、人权等问题展开渗透和颠覆宣传活动。同时，西方国家还明目张胆地通过电影、电视、音乐、书籍报刊等文化产品，肆意传播灌输西方意识形态和价值观念，集中表现为个人主义、拜金主义、享乐主义和利己主义等思想意识以及道德相对主义、道德虚无主义等腐朽理念。这些腐朽思想文化的盛行，强烈冲击着我国的主流意识形态和价值观，很容易弱化人民群众对集体的向心力和对民族成员间的亲和力。西方文化输出使我国传统文化的民族性和时代性遭到质疑，使得革命文化的合法性和正义性遭到解构，使得社会主义文化的先进性和科学性遭到挑战。总之，西方国家为了达到目的，无所不用其极，若我们不重视这个问题并采取有力措施加以应对解决，长此以往，国人对中华文化的认同感和归属感会逐渐淡薄甚至趋于消亡，就会日益丢掉自己的文化底气，变得崇洋媚外、唯洋独尊，这显然不利于社会主义各项事业的顺利平稳发展。

三、网络传媒的消极影响

现在的网络传媒以互联网、智能手机、数字电视等新媒体为代表，其互动性强、公开性大、即时性高，为信息传播环境的改善与传播效率的提升做出了新贡献，它把众多有价值的资源整合汇聚起来，激发了资源活力，很好地催生出新的用户消费习惯，促发了新的市场需求，也为文化建设拓展了融合平台、提供了发展契机。互联网和多媒体技术的融合，能给文化建设带来诸多便利，使不同阶层的人群能平等地获取文化资源，这样人们就可依托互联网平台、借助新媒体手段来改变以往学习传统文化的单一模式，从而了解到更加生动的文化影像，进行更为直观的文化体验，这为人们更好了解中华文化、增进文化自信提供了良好条件。同时，不同的文化服务机构也可通过互联网同访问者进行及时交流、沟通互动，这将有利于中华优秀文化的有效传播和文化自信的树立巩固。这是网络传媒对我国文化建设与文化自信培育所具有的正向积极效应。

但是值得注意的是，事物都有两面性，作为科技成果的现代网络传媒也不例外。在为人们提供便利的同时，现代网络传媒也对人们的思想意识与价值观念产生一定程度的消极影响。一方面，人们在网络传媒中获取的知识往往显得较为表面和零碎，长期短平快的阅读方式和学习方式会在一定程度上弱化人们系统学习、深入探究以及应对复杂问题的思考力，使得对文化的认识不够透彻。因此，知识的碎片化与快餐式的获取方式容易使人们对中华文化的了解不够深入。另一方面，具有传播主体多元化和手段多样化特点的网络传媒，让信息传播中的不可控因素大为增强（包括信息元素的不可控与传播主体的不可控），那些包含色情、暴力、低俗化、庸俗化等不良信息内容的植入与传播，容易对人们的价值观与思维方式产生消极影响；同时，特别要注意的是，在国际社会中，霸权主义依然存在，强权政治表现的力度依然不减，西方敌对势力妄图"西化"我们的图谋绝不会因我们的发展而弱化。西方国家凭借着强大的技术优势，利用互联网的虚拟性，占据着信息文化领域的关键技术制高点，控制着互联网的核心规范与基本标准，肆无忌惮地向我国输出资本主义的价值观念，以影响、同化中国人民的思想。长此以往，这些负面信息必然极大地弱化人民对自身历史、文化、制度的认同感与自信心，将对整个国家、整个社会产生消极影响。

四、市场经济的负面作用

改革开放以来我国经济领域的一个重要转变，就是用市场经济逐渐取代计划经济，由此引发了经济结构和发展模式的深刻变革。作为以市场导向为标准的资源配置方式，市场经济兼具竞争性、开放性、法治性，对实行改革开放的社会主义中国产生较大促进作用，为繁荣社会主义经济贡献了积极力量。与此同时，我们还应看到，在实践过程中，市场经济的运行规律不可避免地会反映到人们的头脑中来，对人的思想意识产生作用，它开拓了人们的视野，活跃了人们的思维，增强了人们的独立自主性，激发了人们的创新精神，充分张扬了人的个性，也使得人们的劳动积极性得到了提升。可以说，人们的思想观念因市场经济获得了重大转变。这是市场经济的正面效应，我们必须充分正视。

但是，市场经济本身就是具有双刃剑效应的经济形式，在给人们带来新观念新便利的同时，也不可避免地带来了新挑战新问题。在市场经济环境下，社会群体的价值取向与文化选择会趋于多样化。尤其是市场经济本身的自发性、趋利性、盲目性与滞后性等特点，极易投射到人们的思想观念中，给人们带来消极影响。比如，市场经济强调等价交换原则，但一些人片面地理解、适用这一原则，在人际交往中过分强调利益的重要性，主张要形成人际交往与金钱等价交换的关系，这些跟中华传统美德和社会主义核心价值体系中宣传的集体主义、无私奉献、乐于助人等思想是截然相反的。长期这样下去，拜金主义、利己主义、享乐主义等不良思潮就会在社会中蔓延开来，这绝对不利于人们良好价值观念的树立和养成，也给推进文化自信建设带来严峻的挑战。

五、体制机制活力性不足

文化发展体制机制的活力决定着文化生命力与创造力的发挥，深刻影响着文化发展的质量与温度。一个充满活力的体制机制，一定既符合现实要求和民众的根本利益需要，又能与时俱进地解决发展中的问题，并能保持事业运行的正确方向和持续动力。体制机制活力性不够，文化的形成与发展就得不到良好的创新支撑和制度保障，所形成的文化产品就不能很好地满足市场标准和社会效益需要，这必然对全社会文化自信的培育产生阻碍作用。从目前的情况来看，根据社会发展需要与文化建设规律，我国正加大力度健全完善文化管理体制，取得了一定的成绩，但与人民群众日益增长的美好精神文化需求相比，还有一定的差距，文化发展的体制机制还存在不少弊端，在活力性上还需要进一步提升。

我国文化体制改革的时间短、经验少，没有可供参考的模式和体系。就总的纲领来说，我国的文化体制改革较以前相比有了长足的进步，制度和政策供给能力也显著增强，但在政策执行与贯彻落实等方面，可提升的空间还比较大。比如，在一定范围内，文化市场中的一些微观主体，经营交易成本过高，融资渠道单一，内生增长空间不足，不能很好地应对市场变化的风险，这十分不利于整个国家文化产业的发展壮大与文化竞争力的提升。其次，文化的自主创新机制有待完善，支持和鼓励科技创新的体制机制有待健全，文化主体的创新活力还需要进一步被激发，在产学研一体化上深入发展的空间很大。再次，文化投融资机制不健全，支持文化发展的资金还存在一定缺口。同时，文化人才的引进渠道还相对单一，保障政策还不够灵活，人才培养体系还不够健全，人才优势转化为产业优势的后劲不足。下一步，我们要在人才培育上下大功夫，持续增强文化对人才的吸引力与凝聚力，不断提升人才适应新时代发展要求的素质和能力……总之，文化体制机制不活是制约社会主义文化繁荣进步的重大阻碍，我们必须切实增强使命感与责任感，强化问题导向，立足关键领域，以永远在路上的韧劲和坚持，努力夯实文化自信建设的制度根基，为建设社会主义文化强国添彩助力。

第五章

增强中国特色社会主义文化自信的方法途径

增强文化自信是一项大工程，具有长期性、艰巨性与复杂性。我们必须坚持系统思维，突出问题导向，保持历史耐心与战略定力，下大力气做好这项工作。在思考文化自信的提升路径之前，有一个问题必须先解决，那就是如何把握发展过程中的方向问题，也就是指导思想的问题。在规划新时代文化自信的增强路径时，采用何种原则作为设计准则是需要深思熟虑的，而原则和指导思想是密不可分的，只有正确的指导思想，才能确立正确的原则，这样才能让文化自信取得丰硕的成果。在前文基础上，本章先对增强中国特色社会主义文化自信的指导思想进行分析，再对其基本原则进行揭示，最后对增强文化自信的路径进行设计，并提出优化的意见与建议。

第一节　增强中国特色社会主义文化自信的指导思想

事实充分说明，进入新时代的文化自信只能加强、不能削弱，必须大力培育、不能停滞不前。但无论形势和任务如何发展变化，我们增强中国特色社会主义文化自信的指导思想不能变。因为只有旗帜鲜明，工作才能不偏离方向，事业才能取得佳绩。在指导思想上，我们必须亮明根本、明确纲领、把握指南，即文化自信的增强最根本的就是要坚持马克思主义的指导不动摇，要以历代中国共产党人的文化自信思想作为具体指导纲领，以习近平新时代中国特色社会主义思想为行动指南。

一、以马克思主义为根本指导思想

坚持马克思主义的指导，是中国特色社会主义文化自信的显著特征与重要优势。习近平总书记在党的十九大上强调，坚定文化自信，促进中国特色社会主义文化发展，首先就要坚持"以马克思主义为指导，坚守中华文化立场"[①]。增强文化自信，最根本的是要坚持和不断巩固马克思主义的指导地位，这一点任何时候都不能动摇和改变。马克思主义作为"时代精神的精华"和"文明的活的灵魂"，是迄今为止世界上最先进的思想。马克思主义以其科学的世界观和方法论生动阐明了人类社会历史的发展规律，为人类寻求自身解放指明了前进道路，是人们发现和解决问题的有力思想武器，始终绽放出强大的生命力、影响力和吸引力，始终闪耀着辩证唯物主义与历史唯物主义的真理光芒。马克思主义在中国的传播和发展有赖于中国共产党的大力推动，党把马克思主义确定为指导思想，这是历史的选择，也是人民的选择。在中国革命、建设和改革的各个时期，马克思主义不断与中国的具体实际相结合，在不断创造奇迹中催生了中国化的马克思主义。从马克思主义中国化的历史进程中，我们不难发现，实际上这一进程不仅与中国特色社会主义道路、理论与制度的开辟、壮大、成熟过程相融合，也与中国特色社会主义文化的形成发展过程相统一。思想是文化的灵魂，马克思主义为中华文化注入了新的血液与活力，促进了民族文化的发展和繁荣。没有马克思主义的指导，没有对马克思主义的正确选择和创造性的发展，中华民族曾被埋藏的深沉自信就得不到很好挖掘，文化信仰的无穷力量就失去发挥作用的土壤，科学的中国特色社会主义道路、理论与制度就不能很好地壮大与发展。只有坚持马克思主义的指导，把握好这个根本，对其真学真懂真信真用，我们所倡导的文化自信才能不至于失去灵魂、迷失方向，我们的文化才能始终保持社会主义性质，才能真正做到为中国特色社会主义固本铸魂，使其永葆生机和活力。

坚持以马克思主义为指导，是具体的而不是抽象的，绝不能当作口号喊喊而已，而是要坚守中华文化立场，立足当代中国现实，结合当今时代条件，

---

① 习近平.决胜全面建成小康社会 夺取新时代中国特色社会主义伟大胜利——习近平同志代表第十八届中央委员会向大会做的报告摘登［N］.人民日报，2017–10–19（03）.

具体地贯彻落实到实践当中。学习马克思主义不是泛泛而谈，也不是照搬照抄的本本主义，而是要把马克思主义蕴含的立场、观点、方法切实应用于中国特色社会主义文化发展的实践中，不断用发展着的理论指导发展着的实践。我们要坚定对马克思主义及马克思主义中国化理论成果的自信，不断完善马克思主义的理论与话语体系，始终将意识形态工作的领导权、管理权与话语权牢牢掌握在手中，使意识形态领域中马克思主义的旗帜始终高高飘扬，更好地保障文化安全。要经常开展学习马克思主义理论教育活动和实践活动，保持马克思主义在全党和人民心中的感召力和影响力。要积极关注人民需求，回应人民关切，自觉将马克思主义引入民众最关心的热点话题中，注重培养人民对马克思主义的情感认同，为全社会确立普遍的价值导向和目标追求。要结合时代条件，广泛运用多媒体和互联网等新兴技术，积极探索和创新马克思主义的文化转化形式与功能发展模式，充分考虑广大人民群众的阅读习惯、心理特点与文化品位，借用人们喜闻乐见的方式语言来宣传马克思主义，让复杂抽象的文本变得简单形象，让晦涩难懂的内容变得通俗易懂，使其明显鲜活起来生动起来。只有这样，马克思主义才能做到真正走出书本、深入群众，实现理论形态的超越而迈向广阔的实践维度，马克思主义大众化才能真正在中国大地茁壮成长，人民文化自信的增强方可找到有用的"金钥匙"。

二、以历代中国共产党人的文化自信思想为具体指导纲领

我们党历来都对文化的重要性有清醒的认识，一直都注重运用正确的思想文化来引领事业前进的方向。历代中国共产党人坚持马克思主义的文化观，紧密结合中国国情实际，着力把握文化发展规律，对文化建设提出了重要论述与要求，形成了文化自信建设的基本思想与主要观点，对新时代我们促进文化自信培育和建设社会主义文化强国有着极其重要的指导和启示意义。任何事物的发展都有其自身的内在逻辑，也都必须遵循一定的规律性，文化自信的培育与增强也需要注重传承和发扬好的经验与做法，我们要以历代中国共产党人的文化自信思想为具体指导纲领，使之在增强文化自信的实践中很好地落地生根、贯彻实施。

在革命战争年代与社会主义改造建设的伟大过程中，毛泽东同志以强烈

的实事求是精神与恢宏的开拓创新气魄，带领党的第一代中央领导集体成员，在擘画文化建设蓝图的基础上，创造性地提出了一系列战略思想，为我国文化发展确立了航行方向、明确了基本遵循，比如，"一条战线"（文化战线是革命和建设的一条重要战线）、"双百方针"（百花齐放、百家争鸣的文化发展方针）、"二为原则"（文化为人民服务、为社会主义国家服务的原则）、"民本地位"（强调人民在文化中的主体地位）等，这些对新时代我国文化领域的建设发展仍具有极强的现实意义。社会主义精神文明建设理论，是以邓小平同志为核心的党的第二代中央领导集体在推进改革开放和现代化建设的实践进程中提出的，这是以马克思主义为指导、以培养"三个面向"（面向现代化、面向世界、面向未来）和"四有新人"（有理想、有道德、有文化、有纪律）为目标的文化观，为我们各项文化事业的繁荣发展指明了方向。"三个代表"重要思想是以江泽民同志为核心的党的第三代中央领导集体的理论创新成果，当中用相当的篇幅深刻论述了中国共产党要始终代表中国先进文化前进方向的重要内涵和意义；同时，江泽民从有机统一整体的角度强调了经济、政治和文化是有中国特色的社会主义不可分割的重要组成部分，在阐述文化建设问题过程中强调了文化是综合国力的重要标志；还要求将以德治国与依法治国统一起来，在重要性上突出了哲学社会科学与自然科学的同等地位……以胡锦涛为总书记的党中央同样把社会主义文化建设摆在重要位置，提出整个文化建设发展大局应由科学发展观来统领，并对文化体制改革的深化与繁荣发展社会主义文化提出了周密的部署，还对增强整个国家的文化软实力、建设社会和谐文化、构筑社会主义核心价值体系等做出了具体要求。总的来看，历代中国共产党人关于文化建设的论述与要求，体现出几个共同特征：一是始终高度重视文化的地位和作用；二是始终坚持马克思主义的指导；三是始终时刻牢记文化建设的根本任务；四是始终注重文化建设的改革创新。这些论述要求从中华文化建设的伟大实践中来，又回到实践中去，是在尊重客观规律的基础上做出的战略决策和周密部署，贯穿于我国文化建设的全过程与诸方面，为我们做好新时代文化自信培育工作与更好建设社会主义文化强国提供了重要经验，也明确了基本遵循。

三、以习近平新时代中国特色社会主义思想为行动指南

"每一个时代的理论思维，包括我们这个时代的理论思维，都是一种历史的产物，它在不同的时代具有完全不同的形式，同时具有完全不同的内容。"①当前，继续深入推进马克思主义中国化，既是时代赋予我们的重要使命，也是实践提出的迫切要求。时代和实践发展到什么程度，理论创新就必须与之相适应。新时代社会主要矛盾发生了改变，这要求我们必须在推动马克思主义中国化进程中不断总结新经验，在满足人民美好生活需要中不断概括新做法，在推进"四个伟大"过程里不断凝练新规律，而只有及时把这些上升为新的理论新的思想，才能更好地指导实践，进而把中国特色社会主义推向更高的阶段和境界。党的十八大是我们党和国家历史上一次具有里程碑意义的会议，自此以后，中国处在一个崭新的历史起点上，以习近平同志为核心的党中央以前所未有的担当与开拓精神团结带领全党全军全国各族人民，综合研判国内外大势，精心擘画新时代蓝图，为党和国家事业的历史性成就与变革贡献了不可磨灭的力量，在新时代中国特色社会主义的篇章中书写了浓墨重彩的一笔，全面提升了治国理政水平，有力推动了党的理论创新进程，使得习近平新时代中国特色社会主义思想得以生成。作为21世纪鲜活生动有效的马克思主义，这一新思想将马克思主义中国化的水平推向新境界新视域，必将能对新时代中国特色社会主义的发展产生极大的指引作用，成为我们做好各项工作事业的纲领抓手与行动指南。因此，我们的文化建设和文化自信培育同样也要用习近平新时代中国特色社会主义思想来引领。特别是，这一思想中有不少对文化建设与文化自信的精辟论述，在理论和实践上系统回答了事关新时代文化发展的一系列战略问题，这显然是我们坚定文化自信、繁荣社会主义文化、推动文化强国建设的科学理论武器。我们理应认真结合社会主义文化发展实际，围绕文化自信增强的目标，搞好学习领会，切实弄通做实。

理论上成熟，思想上才能清醒，政治上才能坚定，则才更有足够的底

---

① 中共中央马克思恩格斯列宁斯大林著作编译局.马克思恩格斯文集（第9卷）［M］.北京：人民出版社，2009：436.

气和理由自信。我们必须用高度的责任感来做好理论阐释与挖掘工作，特别是要在要义精髓、实质内容、内在逻辑、科学体系等方面深化加强对习近平新时代中国特色社会主义思想的研究，搞清理顺它和其他重大理论成果（马列主义、毛泽东思想和中国特色社会主义理论体系等）之间的辩证关系，进而推出更多更有价值的研究成果。要保证理论宣传和引导具有针对性、说服力，能适时回答和解决现实社会提出的时代问题，从而形成理论上的清醒和自信。推动习近平新时代中国特色社会主义思想的学习贯彻，不能只是停留在喊口号上，更不能今天一阵风明天没了影，必须抓住落实这个关键，抓好长效这个基础，在真学真懂真信真用上花心思下功夫，把这一伟大思想的现实转化体现在实际行动中。在学习宣传上，应做到全人员覆盖、全流程贯彻，特别是党员领导干部应把模范先锋作用体现出来，坚持在学习上先一步，在理解上深一层，在贯彻上高一筹，既当好实干家，又当好宣传家，始终做好党的意识形态宣传员，做好习近平新时代中国特色社会主义思想的积极拥护者、坚定信仰者与忠诚践行者。在基层群众的学习上，要充分考虑大家的理解接受能力，在深入解读思想内涵的基础上，更多地结合群众生活实际来讲好新思想的意蕴与重要性，努力做到既坚持严谨性，又注重生动性；特别是要在创新宣传方式上下功夫，围绕着让老百姓听得明、可领会、能落实的目标，必须抓好简明读本的编写工作，鼓励支持群众喜闻乐见的文艺作品的创作，选好宣讲成员，搞好队伍建设，使之真正深入群众生活、了解群众趣味，能用质朴的语言把蕴含在鲜活事例中的道理说透彻，更好引导人民群众认清中国特色社会主义的历史必然性，讲清楚文化自信的意义、地位及重要性等，拨开民众的思想迷雾，把党和人民团结奋斗的思想根基夯得更实打得更牢。要坚持问题导向，在分析解决问题中充分发挥新思想的钥匙作用，学会将这一思想贯穿于文化建设工作的始终，促进学习与贯彻的双向循环互动，以达到真正加深认识和推动实践的目的。

第二节　增强中国特色社会主义文化自信的基本原则

把握基本原则，是明确方法路径的重要前提，也是增强文化自信的关键。不明原则，就容易出现偏移，则容易产生混乱，这对事业的发展必然无利。坚持中国共产党的领导，坚持以人民为中心的工作导向，坚持遵循不忘本来、吸收外来、面向未来的文化规律，是我们增强中国特色社会主义文化自信应始终把握的基本原则维度。这既是历史的昭示，也是现实的需要，更是未来的呼唤，我们必须毫不动摇、坚定不移、始终坚持。

一、始终坚持中国共产党对文化自信工作的全面领导

党政军民学，东西南北中，党是一切的领导力量。在新时代坚持和发展中国特色社会主义基本方略中，"坚持党对一切工作的领导"是首要一条。中国特色社会主义的最本质特征无疑是中国共产党的领导，当然这也是我们制度的最大优势。无论哪个领域，不管哪个层面的工作，从加强党的领导抓起都应成为我们首要要考虑的重要方面。中国特色社会主义事业的发展不能没有领导核心，中国共产党当之无愧是这个核心，她不仅能够充分确保中国特色社会主义文化发展沿着正确的方向前行，而且具备了实现文化自信的强大优势。因为中国共产党是一个注重理论武装、善于联系实际、懂得把握规律、富有世界视野、敢于开拓创新的政党，她具有极强的自我革新勇气和自我完善精神，她对待人民有着极其深厚的情感，永远把人民放在心中最高位置。在长期的革命、建设和改革的实践里，在为人民谋幸福、为民族谋复兴的初心坚守与使命担当中，我们党积累了推动文化建设发展的一系列经验，自身也形成了独特的价值文化与政党自信，这是我们党进一步谋事发展、破浪前行的宝贵财富，也是永立时代潮头、永葆青春活力的重要源泉。反过来，在这种价值文化与政党自信的驱使支撑下，中国共产党不断致力于人民美好文

化生活的建设，致力于先进文化的开拓，致力于高尚精神的追求，致力于中华美德的示范，她完全有能力、有信心去担负起领导文化建设和文化自信培育的重任，当之无愧地成为增强文化自信的决定性力量。

　　新中国成立七十多年来，中国人民之所以实现了从站起来、富起来再到强起来的伟大飞跃，优秀传统文化之所以得以良好继承和广泛弘扬，中华文化生命力之所以被极大唤醒，富有时代气息的民族精神之所以被充分激发，都是因为有了伟大中国共产党的领导，是党为中华民族文化自信的重振奠定了强大的国力与心理基础，是党为人民文化自信的提升提供了扎实的现实依据、增强了前行的充盈底气。当前社会上出现了不少贬低和诋毁中华优秀传统文化的声音，一些人对革命文化和社会主义先进文化产生了质疑，对马克思主义的认识存在片面性。面对文化危机和舆论挑战，面对刻意唱衰和思想困惑，我们党在根本性问题上站稳了脚跟，在举旗定向中以文化建设的杰出成就逐步转变了这些人的看法，让"中国声音"的传播更加悦耳，让越来越多的人感受到了中华文化的独特魅力，使其对"中国方案""中国奇迹"产生了更多的认可和赞赏。倘若没有中国共产党的领导，那么在面对各种错误文化思潮的时候，我们就不能很好地坚持原则，就会明显地受到干扰，就容易失去正确方向。只有持续坚持和加强党的领导，才能让社会主义先进文化发展繁荣，才能推动马克思主义中国化、时代化、大众化，为文化自信充实更加深厚的底气。今天，坚持党对文化自信培育工作的领导，就是要把我们党总揽全局、协调各方的核心作用发挥出来，要把党把方向、谋大局、定政策、抓落实的重大优势充分应用贯穿于文化自信建设工作的始终，同时着力搞好基层党组织建设，提升全体党员素质，优化党内政治生态，使党员成为引领文化自信的先锋和表率，成为激励全国人民的一面旗帜。只有这样，良好氛围才能更好营造，文化自信的走向才能保持"中国特色社会主义"的风格而不变色、不变质而行稳致远。

二、始终坚持以人民为中心的发展思想

"为什么人"的问题，是我们做工作首先要思考和解答的问题，这是一切工作的根本着眼点，也是做好工作应遵循的内在原则。做好文化自信工作也应该先明确这点，马克思主义为我们解读这个问题指明了思路方向。在马克思的视域下，一定时代的经济基础和政治制度造就了那个时代的文化，而这种文化往往是体现意识形态属性的，它应该反映了一定阶级的诉求。也就是说，基于现实的基础而产生的文化，具有一定的阶级属性，代表一定群体的人，要想促进文化发展就必须搞清楚文化所反映和代表的阶级群体，这样的工作才是有针对性和实效性的。中国共产党始终把为人民大众服务作为文化发展的基本价值取向。在实践中多次强调要坚持以人民为中心，凸显了习近平总书记厚实朴素的民生情怀，这是新时代中国共产党人对文化的宗旨继承与理念宣扬，也充分体现了文化自信的本质要求。坚定和增强文化自信同样也要先明确为了谁、为谁服务的问题，以人民为中心的发展思想对这个问题做出了明确解答。文化自信的主体是人，人民群众是文化的价值主体、表现主体与实践主体，对文化自信的培育和彰显发挥了主导作用。从文化的成果上来讲，文化是为客体服务的，即最广大的人民群众。所以，把人民作为中心，就是指在文化发展过程中要尊重人民这个主体，把人民的实践作为文化发展的源泉和动力，更要服务好人民这个对象。要在人民生活的沃土中促进文化发展、增强文化自信，通过人民群众的主体文化自信来凝聚民族复兴的前行动力，也要在实现文化自信过程中满足人民群众的文化需求，让文化发展成果由人民共享，进而使大家能增强自身的文化获得感与自信心。这既是坚持以人民为中心视域下理解文化自信的内在逻辑，也是增强人民文化自信的现实要求。

坚持以人民为中心的文化自信，必须始终将人民的主体地位突显出来。事业发展的源头活水在于伟大的人民，人民当中蕴含着无穷的创造力量和智慧。突显人民主体地位，就是要依靠人民，激发人民活力与热情，充分调动人民的文化积极性、文化主动性与文化创造性，善于从人民对文化的关心期盼中寻找方向，学会在人民的文化经验创造中汲取营养，将他们由文化的局

外人变为文化的守护者。只有在文化的创造参与和实践中，人民才能成为文化的主人，才能更好地把社会主义国家赋予他们的文化身份守护好，将自身的社会主义文化权利维护好，才能把中华民族的优秀传统捍卫好，将中国的红色记忆与精神弘扬好，这必然能在增强人民文化身份认同的基础上更好地提升人民的文化自豪感与自信心。

坚持以人民为中心的文化自信，必须用高质量的文化产品满足人民精神需求。习近平总书记指出："满足人民过上美好生活的新期待，必须提供丰富的精神食粮。"①时代和社会不断发展，人民的美好生活需要也在随之增长且日益变得广泛，面对新时代条件下人民群众对文化产品与服务等方面的新要求，努力满足人民日益增长的美好文化需要是广大文化工作者的新的历史任务。高质量的文化产品就是指既不低俗、也不媚俗、更不庸俗的文化产品，它不仅能很好地满足人民群众的精神生活需要，同时也是增强人民文化自信的重要载体，它绝不能只凭文化市场上的高票房和高上座率来衡量，它是在坚持经济效益的基础上很好地做到了社会效益的提升。因此满足人民美好精神文化需要，就是真正处理好文化与市场的关系，要以为人民提供精神指引为目标，在文化成品的内涵、质量、价值、服务上做出正面努力，在促进文化经济繁荣的基础上为人民提供真正优质的文化成果，以更好地提升全体民众的文化自信。

坚持以人民为中心的文化自信，必须让人民共享文化改革发展成果。人民群众是文化的创造者，在文化自信的培育过程中发挥着主体作用，而在文化成果的共享和文化自信效果的感受上也理应占有主体地位。搞好文化自信工程，就是要让老百姓获得看得着、摸得到、能体会、可感受的精神文化食粮。要时时同民意对标，事事向民心聚焦，持续深化文化体制改革，完善文化管理体制，完善公共文化服务体系，深入实施文化惠民工程，优化文化资源配置，更好地提升群众的文化满意度。只有这样，我们的文化建设才能真正体现名副其实的社会主义性质，我们的文化自信才能真正做到掷地有声、有着落、有回响。

---

① 习近平. 决胜全面建成小康社会 夺取新时代中国特色社会主义伟大胜利［N］. 人民日报，2017-10-28（04）.

三、始终坚持遵循不忘本来、吸收外来、面向未来的文化规律性

"不忘本来、吸收外来、面向未来"是习近平总书记多次强调的。这在方法论维度上鲜明地确立了新时代搞好文化建设的基本遵循。从时间和空间的综合维度来审视，我们可知，任何形态的文化都是在继承、发展本民族文化，学习、借鉴其他民族优秀文化的过程中逐步发展壮大的。只有文化繁荣兴盛，民族的文化自信才能有更好的根基和气度。只有坚持"不忘本来、吸收外来、面向未来"，我们正确处理社会主义文化、西方文化、传统文化三者之间的关系时就能有清晰的思路，这样就能更好地抓住文化发展的"金钥匙"，进而更好地坚定文化自信，加快社会主义文化建设步伐，实现中华民族伟大复兴。因此，作为文化发展的客观规律，"不忘本来、吸收外来、面向未来"当然也成为增强文化自信的重要原则。

不忘本来就是要回头看，在究其源头中弄明白到底什么才是我们文化中的本来。我们应在历史长河里寻找答案。中华民族是一个善于创造文化文明的伟大民族，五千多年的悠久历史孕育产生了博大而精深的优秀传统文化。同时，在近代以来我国发展的各个时期，党领导人民也开创形成了独具中国风格的革命文化、社会主义先进文化。这些都是中华民族自强不息、厚德载物民族禀赋的形式体现，也是中国人民昂扬向上、生机勃勃精神风貌的彰显载体，构成了新时代中国特色社会主义文化建设的养料来源，也必然成为文化中"不忘本来"最应珍视的核心内容。坚持不忘本来，就是要在马克思主义的指导下，高度明确与认同中国特色社会主义文化，要结合时代特点对中华文化加以继承和发扬，使之与当代社会相适应、与现代文明相协调。其次是要旗帜鲜明地反对虚无主义，包括民族、历史和文化等方面。虚无主义否定中国传统，歪曲中国历史，抹杀我们的文化价值观，消解人民的文化认同，诋毁国家的光辉业绩，对民族自尊心、自信心与凝聚力有极大的削弱瓦解作用。"根之茂者其实遂"，根本稳则支柱牢，任何时候，我们都必须牢牢坚守文化立场，保持战略定力，认清虚无主义的本质与危害，在态度和行动上敢于与其斗争和决裂，绝不能生搬硬套、强行嫁接，丢掉精神世界的"身份证"。

　　吸收外来就是要在立足自身的基础上向外看。如果说不忘本来是植根塑魂的伟大工程，那么吸收外来则是交流互鉴的迫切需要，他们同样构成了实现文化繁荣发展、促进文化自信确立增强的必要条件。关起门来谋发展从来不是文明发展的正确道路，故步自封也从来不能促进文化的真正繁荣，不同文化之间只有彼此学习沟通，相互取长补短，文明长河才能奔流不息，文化天空才能星光熠熠。中华文明兼具浓厚的本土性与较强的开放性，既是植根于中华沃土、深受传统滋养而衍生的文明，也是在与其他文明日益沟通互学的基础上逐渐成熟壮大起来的文明。中华文化之所以历经五千多年的历史洗礼而生生不息、绵延不绝，一个十分重要的原因就在于其在文明交流与互鉴的过程中始终以其广博雍容的气度不断汲取外来文化有益成果，取长补短、择善而从，这使得中华文化在不同的历史时期不断焕发新的生机与活力，彰显出中华民族强大的文化自信和高度的文化自觉。坚持吸收外来，就是要在姹紫嫣红、各有千秋的世界文化百花园中萃取精华、汲取能量，要以开放包容、兼收并蓄的胸怀来吸收融通一切有益的思想文化资源和文明文化成果，注重"以我为主，为我所用"，避免误入"以洋为尊""以洋为美""唯洋是从"的话语陷阱，使外来文化中积极的、有益的要素在中国大地上找到生根发芽的土壤、获得开花结果的希望，为不断铸就中华文化新辉煌源源不断地提供养料和活力。

　　面向未来就是要不断向前看。不忘本来与吸收外来，就是要更好地发展自身，为更美好的未来开辟道路。换言之，面向未来应是不忘本来、吸收外来的落脚点和归宿。政治经济不断向前发展，文化作为他们的集中反映，同样也要与时俱进地向前发展，只有这样才能使发展境界得以开拓提升，我们才能用更高品质的文化成果造福人民。面向未来，我们应审时度势、登高望远，瞄准和抓住文化发展的制高点，要清醒地认识到，实现"两个一百年"奋斗目标和中华民族伟大复兴的中国梦是最重要的历史责任与时代使命。文化的复兴与繁荣是国家发展中必不可少的内容，也是民族复兴的显著标识。世界文化格局风云激荡，全球文化环境错综复杂，要想在当中站稳脚跟并获得较大发展，就应适应迅速变化的形势，围绕着"两个一百年"的目标和民族复兴的愿景，秉承科学扬弃的态度，坚持辩证理性的思维，辨析主流与支流，明确先进与落后，在矢志不移走好中国特色社会主义文化发展道路的基础上，以文化的正能量凝聚民众精神、引领时代风气、激发创新活力，不断推进中国特色社会主义文化由"大"向"强"发展，使得中国魅力、中国特色、中国气派更好地深入人心、走向世界。

第三节　增强中国特色社会主义文化自信的路径设计

明确指导思想和基本原则后，就应在路径设计上下功夫，这是本章的重点内容，也是全书的落脚点。要以文化自信面临的挑战和问题为出发点，结合其背后的深层次制约原因，探寻符合时代要求与中国特色的提升之道。在路径上，要加强人民文化认同感，大力凝聚思想共识；要弘扬中国特色文化，努力夯实自信基础；要壮大文化产业，增强整体竞争实力；要牢牢把控文化话语权，全面提升文化传播力。唯其如此，我们才能以强大的文化自信更好地开创中国特色社会主义文化建设新局面，更好地助力民族伟大复兴的实现。

一、加强人民文化认同感，大力凝聚思想共识

"文化认同是民族认同、国家认同最重要、最深层的基础"，"是增强民族凝聚力的精神纽带，是民族共同体生命延续的精神基因"①，能对文化自信的实现产生积极影响。我们应认识到，文化认同是文化自信的前提和基础，文化自信的精神内核在于文化认同，文化优势的形成和发展同样也在于文化认同。只有在文化上形成了认同，才更容易萌生自豪感与自信心，进而才能形成强大的思想共识推动现实的发展。当前，由于多方面因素的影响，各种文化思潮相互碰撞交锋，在主流意识形态领域，马克思主义的指导地位遭到了严峻的挑战，中国特色社会主义文化在人民心理和思想上的认同感有所削弱，这必然不利于思想共识的凝聚，极大地影响了人民文化自信的提升。因此，正视现实中的阻碍因素，最大限度调动一切积极因素加强人民对中国特色社会

---

① 秦宣 . 关于增强中华文化认同的几点思考 [J] . 中国特色社会主义研究，2010（06）：18–23.

主义文化的认同，使其真正成为广大人民群众的共有精神家园与主流文化，是我们增强文化自信的必然选择和重要举措。

（一）提高人民的文化认同，调动其参与文化建设的积极性

"任何文化的认同都不能忽视主体人的存在，而任何认同的文化也必须从主体人来加以考量。"① 从"人"这一关键着手，在"主体人"的框架视域内研究文化认同，才能从根本上认清文化认同的本质，才能从本质上找到实现文化认同的有效之法。人是有思想有情感的动物，人本身的科学文化水平、思想道德素质等，对文化认同的实现有着直接的影响和决定作用。因此，探讨扩大民众的文化认同之道，首先就要着眼于人民群众自身素质、能力的提升研究，这关系到文化认同实现的难易与程度。

目前，对于促进中国特色社会主义文化认同，我们是具备一定基础的。新中国成立七十多年来，特别是改革开放四十多年来，国家在党的领导下发展取得了日新月异的成就，尤其是科教文卫事业获得了前所未有的进步，人民的生活质量、科学文化素养也得到了显著的提升，这是实现文化认同中的有利条件与积极因素。但我们也要看到不足，相比经济社会方面的发展，我们的文化建设存在一定的滞后性，与发达国家相比，我们还有很长的路要走。特别在某些群体、某些地方、某些层面，诚信缺失、价值观扭曲、坑蒙拐骗等失范行为还时有存在。这些同样对人们的文化选择形成制约，对整个社会的文化认同形成阻碍。因此，我们必须摆正心态，客观看待我国转型期存在的问题，一定要瞄准文化认同这个关键，下大力气提升广大人民群众的文化层次和科学水平，特别是要在加强人民的理想信念教育上下功夫，在推进公民道德建设上做努力，要营造风清气正的良好社会舆论环境，切实在民众中弘扬主旋律、传播正能量。

在整体上谋划，于关键处落子。在提升民众的文化认同素质过程中，我们还必须把握关键，关注重点群体，提高文化认同培育的针对性。中国共产党既是伟大事业的领导者，也是先进文化的代表者，党员干部自身的政治立

---

① 胡文明.文化的认同与认同的文化——社会主义文化大发展大繁荣应关注的两个维度［J］.中国浦东干部学院学报，2012（04）：101-104.

场、思想觉悟与文化水平，对国家发展大局、文化前进方向、自信培育导向等具有深刻影响。作为整个国家中最有希望、最具活力和创新潜力的群体，青年学生的地位、作用尤为重要，努力赢得并持续加深这一群体对主流文化的认同，对增强全社会文化自信有着重要的示范作用，有利于集中发挥群体优势资源，使之更好地传承优秀传统文化、弘扬好革命文化与社会主义先进文化。因此，要搞好文化认同工作，抓好党员干部和青少年学生这两大群体的培育，对激活全盘大局具有的引领意义。我们要注重抓好党员干部的教育培训，引导其学经典、守初心、担使命，不断提升其理论素养和履职能力，使"四个意识""四个自信""两个维护"在他们心中深深扎根并转化为积极的行动。构建"学校—家庭—社会"三位一体的协同模式，抓好对青少年学生的爱国主义教育、理想信念教育、党史国史教育，要在尊重青少年成长成才规律的基础上，做好灌输引导，使其在良好环境熏陶中不断增强自身的信仰、信念和信心。

尊重人民群众在文化认同中的主体地位，还应在推动中国特色社会主义文化建设的过程中，把人民群众文化建设的热情和积极性充分调动、激发出来。人民共建共享是社会主义国家的重要内涵，也是我们文化发展的内在要求。新中国成立七十多年来，广大人民群众的主人翁意识与社会责任感随着国家的日新月异发展而不断得到增强，越来越多的人更加主动关心国家政治文化生活，对国家和民族的未来充满期待和希望。人民在生产生活的实践中为国家创造了巨大的物质财富和精神财富，也为我们文化的进一步发展奠定了基础。其实，人民群众的实践是鲜活生动的，是社会主义文化创新发展的根基和源头。要想更好地传承弘扬优秀传统文化的精髓，把握好中国特色社会主义文化的本质，创造出更多人民喜闻乐见的具有中国情怀、中国风格的精品力作，深入群众、扎根人民生产生活的实践是必然的选择。我们要在人民群众的实践中做好端正导向、凝聚人心的工作，要通过政策宣传、风尚塑造、环境营造、文化熏陶等手段，将大家引导到中国特色社会主义共同理想上来，使大家在干事创业、文化创作中形成推动发展的合力，使其在参与实践中提升对文化的感知认同度，进而增强文化自信。

（二）最大限度地满足人民的利益需要，夯实文化凝聚共识的现实基础

在实现文化认同的过程中，要始终重视广大人民群众的利益诉求。一种文化之所以得到人民群众的广泛理解和认可接受，其原因就在于这种文化能真正反映民众的根本切身利益并使他们的需求得到满足，这是文化认同最根本的内在驱动力。"人们奋斗所争得的一切，都同他们的利益有关。"[①]"'思想'一旦离开'利益'，就一定会使自己出丑。"[②]人民群众是最讲实际的，最大限度地满足人民群众的利益需要，我们就能找准增强文化吸引力的着力点，这样中国特色社会主义文化的凝聚力才能发挥出来，人民的文化认同感才会变得更强。

七十多年前，中国还是一个一穷二白的国家，七十多年后的今天，中国已一跃成为世界第二大经济体，经济、政治、社会、文化、生态、军事、国防、科技等各方面取得的成就让我们日益走近世界舞台中央，人民的生活总体上也经历了从贫苦到小康的转变，这不得不说是人类发展史上的一个伟大奇迹。特别是党的十八大以来，以习近平同志为核心的党中央带领人民锐意进取、开拓创新，使党和国家事业发生历史性变革、取得历史性成就，中国特色社会主义进入了新时代，广大人民群众在共享改革发展成果中各方面利益需求都得到了较大的满足，这确实夯实了广大人民群众认可接受中国特色社会主义制度文化的心理基础。随着时代的发展，人民群众利益需求也呈现出多领域多层次的特点，在品质上也要求更高。从我国社会主要矛盾来看，当前现实发展的不平衡不充分对人的需要和人们利益的满足产生很大影响，这逐渐成为制约中国特色社会主义文化认同有效实现的重要因素。我们必须清醒地认识到实现文化认同中的这一制约因素，并以此为突破口，采取有针对性的措施以促使矛盾得以较好解决。这要求我们要更加注重发展的质量和效益，更好地促进人民群众根本利益的维护与实现。在全面深化改革中，我

---

① 中共中央马克思恩格斯列宁斯大林著作编译局.马克思恩格斯全集（第1卷）[M].北京：人民出版社，1956：82.

② 中共中央马克思恩格斯列宁斯大林著作编译局.马克思恩格斯全集（第2卷）[M].北京：人民出版社，1957：103.

们要突出重点，围绕构建公平正义的体制目标，在完善公共服务体系上加大投入，切实保障人民民主权利的落实与扩大，提高群众基本生活水平和质量，更好地优化分配方式、协调利益格局，以形成有效的社会治理、良好的社会秩序，使人民获得感、幸福感、安全感更加充实、更有保障、更可持续。特别是坚持把脱贫攻坚作为重大政治任务，下足"绣花"功夫，打好扶贫组合拳，落实责任制。要因地制宜制定政策，在工作实践中不断探索总结经验，调动全社会力量办实事解民忧，真正把宏伟蓝图变为美好现实，让人民群众得到最大实惠，让发展成果更多更公平地惠及全体人民。只有这样，人民群众才能从心理和思想上更加拥护我们的社会主义制度，更加肯定和认同中国特色社会主义文化，文化凝聚共识的现实基础才能更加扎实，文化自信的增强才具备更坚实的情感依托与价值依托。

（三）倡导和践行社会主义核心价值观，培育浓厚的主流价值文化氛围

文化认同是生命延续的精神价值基础，也是凝聚民族共同体的精神纽带，其实质是对该民族的价值观认同，而对国家主导意识形态的认同应是这种价值观认同的突出表现。作为我国的主导意识形态，社会主义核心价值观"反映社会主义核心价值体系的丰富内涵和实践要求，是社会主义核心价值体系的高度凝练和集中表达"[①]，以国家、社会、个人三个层面12个字的精确内容要求为我们指明了应该遵循的价值导向。培育和践行社会主义核心价值观实质上反映的是一种文化认同的实现机理，有利于凝聚我们对主流价值文化的共识，为增强文化认同、进一步提升文化自信注入了强大的正能量。

我们要严格按照党中央的安排部署，把实际工作规划制订得更合理科学一些，将目标要求明确得更有阶段性一些，有秩序有层次有策略地加以推进，切实把社会主义核心价值观贯穿于社会生活的方方面面，使其真正达到强基固本、凝魂聚气的效果。

具体来看，一是要把教育引导放在突出地位，在国民教育各阶段都注重

---

① 中共中央办公厅.关于培育和践行社会主义核心价值观的意见［EB/OL］.（2013–12–23）［2014–06–05］.

贯穿社会主义核心价值观，要把它作为学校德育的中心环节来抓，在组织领导、教材编撰、内容规划、学科设置、课堂教学、教师绩效等方面搞好顶层设计，构建合理科学、特色鲜明、导向正确、衔接紧密的德育体系；同时要善于发挥家庭家教家风在社会主义核心价值观培育中的基础与道德支撑作用，丰富载体和形式（座谈会、研讨会、报告宣讲、专家授课、竞赛选拔、经典读物、音像作品等），推动优良家风家训进企业、进机关、进学校、进社区、进乡村，使核心价值观更加可感可见，让家庭文明新风尚的春风吹遍每一个角落。

二要强化文化熏陶、以文化人，把新的时代内涵融于中华优秀传统文化中，挖掘利用其中的道德教化资源，广泛开展类似全民阅读、诵读经典、传统诗词大会等主题活动，引导广大人民修身律己、学礼崇德向善，在潜移默化中达到提升民众道德涵养和文化品味的目的。

三要注重实践养成，搞好志愿服务队伍建设，规范基层社区志愿服务站点和协会的构建，把志愿服务活动同扶弱助残、文明创建、交通出行、比赛活动、科技兴农等结合起来，推动其常态化、项目化、阵地化、制度化不断走向深入；搞好核心价值观的基地普及，建设好各类实践教育基地、高职实训基地、社会活动基地等，通过"星星之火"，达到以点带面的效果；同时开发与社会主义核心价值观相关的实践课程，让课堂知识与社会实践相融合，促进学生学以致用、知行合一。

四要强化舆论宣传，利用好传统实体宣传载体，在社区、校园、街道、公共区域等设置公益广告或宣传标语，大密度、全覆盖地宣传社会主义核心价值观，使其处处入眼、深入人心；加强传播媒介管理和行业自律，增强传播社会主义核心价值观的责任意识和职业能力；要抓好主渠道建设，发挥主流新闻媒体的传播功能，严格采编流程，做好核心价值观宣传栏目，使其引领社会思潮，在众声喧哗中凸显社会主流价值，在交锋交融中体现中国精神，进一步强化社会热点难点问题的引导，使主流媒体真正弘扬主旋律、传播正能量，不断巩固主流舆论阵地；把新媒体技术的应用管理纳入整治监督范畴，进一步打击网络犯罪，更好地规范网络信息传播秩序，营造净化清朗的网络空间。

五要抓好制度保障建设，着力健全工作机制，加强责任落实，特别是要加快推进社会主义核心价值观的法治化进程，突出引领性与规范性，抓紧完善相关行业的规章制度与民众行为准则，规范当前节庆和礼仪相关制度，通过多样纪念或庆典活动的开展，使人们的文化认同感、民族归属感得到更好的增强；同时要健全和落实监督、评价、奖惩机制，加强督促检查，及时总结推广经验，使核心价值观培育与弘扬的效果得以最大彰显。

六要坚持示范引领，强化"关键少数"的核心价值观教育，运用多种形式和手段，运用多种载体和平台，发挥党员干部在践行中的模范带头与先锋表率作用，同时善于发现、培育与推荐典型人物和道德模范，讲好他们的典型故事，做好对他们的宣传表彰，用身边好人、先进榜样凝聚社会正能量，形成学习先进、爱护先进、争做先进的良好社会风气。

总之，培育和践行社会主义核心价值观是一项复杂的长期的系统工程，必须以久久为功的韧劲，驰而不息地抓细抓实抓好，必须努力营造起浓郁的文化氛围，让社会主义核心价值观"像空气一样无处不在"，让公民时刻浸润于主流价值文化当中。只有这样，我们的主流价值观才能以强大的影响力和感召力凝聚最广泛的共识，高度的文化认同感与自信心才能在民众心中深深扎根和茁壮生长。

二、弘扬中国特色文化，努力夯实自信基础

从一定程度上来说，文化自身的真理价值与科学魅力对人们的文化认同情怀和自信力量有着决定性影响。对于一个民族来说，如果自身独有的文化魅力得不到很好的挖掘、继承与发展，那么人们的文化认同就自然没有了载体和依托，更谈不上拥有和建设文化自信了。文化自信蕴含民族精神的深邃精髓，是发展21世纪中国自信的动力之源。面对中华文化传承弘扬力度不足的现状，我们必须予以高度重视，想方设法加以完善解决。我们应深入挖掘和继承中华优秀传统文化，大力传承革命文化，着力发挥社会主义先进文化的示范引领作用，这不仅是极力弘扬中国特色文化的三个基本思路，也是我们奋力夯实文化自信基础的有效举措。

（一）深入挖掘与继承中华优秀传统文化

传统文化是一个民族的根，根深才能叶茂，源远方可流长。优秀传统文化是中国特色社会主义文化不可或缺的组成部分，也是增强文化自信过程中绝不能缺席的积极基因。绵延五千多年的中华优秀传统文化包含丰厚的哲学思想、人文精神、道德规范，在人类文明发展史上留下了宝贵印记，也发挥了重大作用。作为当代中国人，必须倍加珍惜老祖宗和历史留给我们的财富，义无反顾地深入挖掘传统文化精髓，善于学会在继承中创新，这不仅是增强人们民族文化认同感和归属感的必然要求，也是新时代提升文化自信的重要环节。

以什么态度和观念看待传统文化，不仅是一个学术问题，同样也是一个政治问题，在这个问题上把握不好，就容易在实践中犯原则性的错误。近代以来，有两种观点值得我们注意，一是文化虚无主义，二是文化复古主义。这二者本质上是对立的，在今天看来也是错误的、极端的。传统文化并非一团漆黑而毫无益处，但也不是万能之源而毫无缺点，在态度上，全盘肯定或全盘否定都是不可取的。正确的态度应该是在马克思主义的指导下，正确处理好古今文化的辩证关系，坚持古为今用、洋为中用，辩证取舍、推陈出新。也就是说，要结合时代要求，通过分析鉴别，敢于扬弃传统文化中的不合理因素，有选择地吸收利用合理因素，使得中华优秀传统文化焕发出崭新的时代光彩。

我们还应在传统文化资源的保护上下功夫，只要在思想上高度重视，在行动上有切实的举措，我们才能使得资源变活而富有生命力。应在立足本国的基础上，吸收借鉴外国的良好做法与经验，对本国传统文化资源进行系统、细致的梳理，特别是在古文化典籍的整理、重点文物的保护、中华善本的再造以及各种非物质文化遗产的传承等方面投入更多的财力物力，要用现代技术之功助力传统文化的创新转化，使在禁宫的文物、古籍的文字、典藏的字画、陈列的遗产都活跃起来、生动起来。

还要提升人们对中华传统节日的认识高度，在弘扬节庆文化上下功夫。中华民族在五千多年的发展中孕育和衍生了很多传统节日，这些节日凝结着国人的伦理情感与生命意识，承载着大众的审美趣味与认同情怀，对唤醒人们的民族文化记忆、加强民族文化认同和精神自信起到催化促进的作用。我们必须把宣传节庆文化纳入工作范畴，在政策假期上予以更多的优惠，通过开展多姿多彩的群众文化活动，发挥节庆在传承中华传统和提高民族素质等方面的积极作用；甚至推广传统节庆文化到国外，吸引更多的外国人参与到中国人的庆祝节目当中，让中华文化在世界舞台上更好地绽放光彩。

除此之外，还要在国民教育中更多地突显中华优秀传统文化因素，把民族文化教育提升至新的战略高度，积极回应民众的文化诉求，在民俗、乡土、经典、传承等方面为教育注入文化新内涵，唤醒民众对传统文化的关切。在学校教育中，应积极营造氛围、创新载体，加强课程建设、学科专业和研究平台建设，让中华优秀传统文化真正进校园、进课堂、进教材；在家庭教育中，父母应创造学习中华优秀传统文化的良好环境，为孩子树立榜样作用，特别要弘扬传承良好家风家训，在潜移默化中达到家长言传身教的目的。在社会教育中，政府和社会团体等组织应做好引导和宣传，尤其是要运用发挥文艺作品和活动的载体作用，使传统文化氛围浸染社区、乡村、街道、单位等的每一个角落。

主流媒体要担起弘扬中华优秀传统文化的重任，在栏目编排上多选取黄金时段和版面，在内容选择上应把最精彩最优秀的文化精品展现给群众，在技术和手段上，要发挥互联网科技的作用，通过开展知识问答、服装表演、艺术摄影、歌唱比赛、拍摄电影连续剧、设置综艺节目等方式，将中华优秀传统文化融入对中国梦的宣传、社会主义核心价值观普及与践行等意识形态工作中。总之，要从文字、声音、版面、画面等全方位展现中华优秀传统文化的元素，使人们在文化盛宴与文化洗礼中真正感悟民族历史文化魅力。

（二）大力传承革命文化

革命文化不仅是我们在推进革命进程中形成思想结晶，也是使得革命获取成功的重大利器。革命胜利后，革命精神的影响力依然发挥着作用，以强大的信仰力量推动着社会主义改造、建设和改革的发展，同样也极大地推动着社会主义文化建设进程。换言之，无论是战火纷飞的年代还是和平时期，革命精神和文化都是重要的红色资源，在时代的滚滚潮流中不断发挥着推动器的效用。在新的历史条件下，我们要始终牢记历史，认真利用好红色资源，大力弘扬好红色传统，持续传承好红色基因，尤其要在革命传统教育、革命文化旅游、革命文化作品等方面做好加强工作，把革命文化当中的生命活力和其所折射的时代气象激发出来、挖掘出来，让文化自信得到更好的增强和发展。

首先，我们必须明确革命文化的定位。要清楚地知道推动革命文化形成的领导力量是中国共产党，革命文化与我们党的发展、与社会主义事业的推进密不可分。弘扬革命文化，将革命文化和其蕴含的精神融入社会发展中，这不仅是单纯的文化建设问题，同时也是一个具有政治高度的问题，这对促进文化发展和经济社会的进步都具有重要的积极作用。

其次，要大力加强革命传统教育。应推动革命故事和革命精神进校园、进课堂，采用师生乐见爱听的语言和形式去开展爱国主义教育与革命传统教育，如邀请革命英雄或先烈后代、专家学者等亲临校园讲解或举办各类纪念活动等，充分激发师生学习革命历史的主动性和积极性，特别是在营造良好的校园环境上下功夫，使红色精神更好地在校园当中生根发芽、巩固发展，把革命教育的实效性提升至新水平。习近平总书记指出："革命传统教育要从娃娃抓起，既注重知识灌输，又加强情感培育，使红色基因渗进血液、浸入心扉，引导广大青少年树立正确的世界观、人生观、价值观。"① 因此，我们要抓好重点群体，从青少年入手，大力做好革命传统教育的灌输引导工作，使青少年更好地理解把握革命文化精神，增强情感认同，进而更好地打牢文化自信的根基。

再次，应重视对革命老区的保护和开发，在发展文化旅游中让广大群众受到革命精神的洗礼。书本和文字是人们了解革命历史的一个重要载体，但要想真正了解革命的艰辛不易，真正体验感受革命精神的伟大价值，还得到革命遗址等真实的环境中。革命圣地、革命事件发生地、革命名人故居等对引导人们正确了解历史、了解英雄人物生平、了解革命事迹典故有着其他载

---

① 习近平考察安徽金寨［EB/OL］. 新华网，2016-05-18.

体不可比拟的功能。比如，像瑞金、井冈山、南昌、遵义、延安、嘉兴等，在中国革命发展史中都具有重要地位，承载和见证着中国革命的光辉历程，参观这些城市，充分挖掘这些城市的红色资源，对弘扬党的优良传统、加强人民的爱国主义教育也具有积极意义。文化旅游部门应该依托革命老区资源，将此列入重点保护和发展项目的范围，大力发展红色旅游，积极规划和开发系列线路，让群众在参观学习、真切体验中感知革命先烈的英雄情怀和崇高信念。同时，还要加强对旅游景点的管控，完善配套基础设施，防止景点商贩趁机牟取暴利而影响革命文化的弘扬效果。

最后，应积极打造讴歌革命文化的精品力作，让革命故事、革命人物和革命精神等更加深入人心，更好增强革命文化的现实转化力。以革命文化为主题，可通过各类学术交流会、研讨会、朗诵比赛、演讲比赛等活动的举办，凝聚一批人来宣传革命文化价值；还可在音乐、绘画、电影、电视剧、话剧、戏曲等艺术创作中更多地融入历史题材，以更好地展现革命文化精神。文艺工作者应扎根人民、扎根生活，始终坚守艺术理想，始终把握好正确的创作导向，善于从革命文化中提炼资源、获得灵感，对于革命事件和历史人物，要做到客观、科学地解读评价，对于以革命文化为题材的作品内容，要兼顾好艺术与历史的双重维度，努力使其在客观真实地反映革命生活的基础上符合艺术审美规律，并适应时代主旋律要求。此外，我们还要不断完善文化政策与标准，加大经费投入，借助多种渠道开拓广阔的空间和打造优质的平台，为革命文化精品力作的创造传播营造良好的环境。

（三）着力发挥社会主义先进文化的示范引领作用

社会主义先进文化较好地做到了对中华文化传统的批判性继承与合理性发展，而且大胆地吸收借鉴了国外优秀文明成果，又积极融合了革命文化的精髓，是扎根中国大地、面向中国发展基础上形成的文化形态，展现出鲜明的中国风貌和中国气派。同时，社会主义先进文化还具有独特的人民属性，它在人民群众的实践中形成，又在人民群众的实践中得以发展，对增强民众文化自信、凝聚各族人民的奋斗合力具有较强的示范引领作用。因此，我们必须明确先进文化的社会主义特性，将其优势和功用发挥出来，让其真正成为社会文化的主流、人民价值的主导和风尚潮流的主体。

首先，我们要提高文化供给质量，促进国民素养和社会文明程度全面提升。我们必须明确，大力发展社会主义先进文化的根本目的是什么。用习近平总书记的话说就是"以文化人"，即通过文化的发展提高人民思想觉悟、道德水准、文明素养，促进社会文明程度全面提升。俗话说，有什么样的供给就会有什么样的产出。要做到以文化人，一个基本的前提就是要有质量不断提高的文化供给。目前，从整体上看，我们的文化供给是积极向上、人民群众喜闻乐见的，但是在一定程度上也存在着粗制滥造、品位不高、科技含量低、市场竞争力不强等问题，这与以文化人的要求存在着不小的差距。因此，持续不断地提高文化供给质量是当务之急，也是更好发挥社会主义先进文化示范引领作用的前提。必须用符合主旋律、充满正能量的文艺作品来引民风尚、启民心智，必须敢于与"三俗"（媚俗、低俗、庸俗）做坚决斗争。只有坚持这样的标准，只有保持这样的投入，只有源源不断的高质量文化产品的供给，国民的情操才能持续得到陶冶，其素质才能持续得到增强，整个社会文明的程度才能获得全面而有效的提升。

其次，要在坚持社会主义先进文化这一主旋律文化价值导向的同时，学会尊重不同文化价值观的差异，学会包容多样性。因为，社会主义先进文化之所以先进，其中一个原因就在于它是一种包容性的文化形态；也正因为拥有善于包容的特质，社会主义先进文化本身才能因丰富的内涵而迈向更加高远的境界。而尊重差异、善于包容又为社会主义先进文化创造了发挥作用的空间和前提。提倡客观看待差异性，主张尊重和包容多样性，这实际上也反映了我们党在思想文化建设上的胸襟和视野，彰显了我们党引领文化发展的自信与担当，说明了我们党在把握文化发展规律上更进了一步。坚持尊重差异和包容多样，并不是盲目而无原则底线的，这必须在弘扬社会主义先进文化的框架内进行。也就是说，先进文化可以引领多种社会思潮朝着社会需要的主流方向发展。这是把握一元与多元关系时应遵循的重要法则。

再次，要把有针对性地解决社会问题与引领社会思潮的工作相结合。引领社会思潮，首先要深刻认清社会思潮的本质，研究和把握其产生的根源、内容特点、基本形式及造成的影响。只有分清重点，下大力气搞好突破，我们才能以强大的辐射效应来支撑先进文化作用的发挥。在此基础上，还必须深入群众、深入基层，与人民打成一片，了解大家的利益需求和思想困惑，善于从社会热点话题与群众最关心的问题入手，在解决群众困难的同时做好思想引导，让先进文化更好地浸润群众心田，进而夯实人民群众同心奋进的思想共识基础。

最后，要构建引领机制，做好保障工作。在主体上，应切实增强党对文化引领的领导地位，把各类人民团体（团委、妇联、工会等）的桥梁作用发挥出来，把各类社会组织的功能调动起来，把人民群众的参与积极性激发出来，形成齐抓共建的工作合力。在实践途径上，要把社会主义先进文化的示范作用贯穿于精神文明建设的全过程各方面诸环节，探索先进文化与广播影视、新闻出版、文学艺术、科普教育等方面的融合表达机制，使先进文化的弘扬更有说服力和感召力；应注重轻松愉悦语境的养成，注重培育正能量生存发展的环境土壤，让先进文化的弘扬更好地服务于社会风尚的引领、改革稳定的维护与群众共识的凝聚。

三、壮大文化产业，增强整体竞争实力

文化产业的发展状况在很大程度上反映了文化自信的培育程度。提升我国文化产业的发展水平，壮大其竞争实力，这不仅有利于社会主义文化强国建设，还会对凝聚民众文化认同、增强民众文化自信产生积极深远影响。没有实力雄厚的文化产业，文化自信就只能是一句口号、空话而没有现实说服力。因此，繁荣的文化产业，是文化自信的水之源、木之本。党的十八大以来，围绕着文化产业振兴发展的目标，我们着力完善健全现代产业体系和市场体系，在推动文化事业和文化产业持续发展上交出了优秀的成绩单，为坚定文化自信打下了基础。但文化产业发展过程中的问题和短板依然存在，这日益成为产业进一步壮大与繁荣的重大阻碍，也对文化自信的巩固和发展产生极大的消极影响。因此，解决文化产业面临的问题，我们必须以供给侧结构性改革为主线，既要在体制机制的弊端上下足整改完善之功，又要抓住创新引领这个关键，还要注重搞好布局与结构的调整优化。只有这样，产业发展的后劲才会变得更强，人民群众日益增长的精神文化需求才能得到更好的

满足，所形成的文化自信才能真正具备扎实的产业根基与持续动力。

（一）完善体制机制，打破束缚

完善的体制机制文化产业顺利发展的基石和保障。从本质属性上看，文化产业兼具事业性与产业性两大属性，这决定了它既要实现社会效益，也要实现经济效益。以往的体制机制更多地强调文化产业的事业性而弱化了其自身的产业属性，所以在作用的发挥上必然导致文化产业功能和经济效益活力不能得到很好的释放。因此，要深化文化体制机制改革，就必须打破藩篱障碍，明确产业定位属性，理清产业发展脉络，积极推动文化事业单位的市场化运作、企业化管理，不断壮大文化产业实力。

第一，完善文化产业的管理体制。首先，要更好地界定政府部门在文化产业管理服务中的相关权责，从加大政府机构改革力度入手，革除机构交叉重叠、政出多门、部门分割的弊端，围绕着"高效、精简、权威、廉洁"的目标，加快推动政府职能转变，释放文化管理的功能，有效提升管理的实效和水平。其次，要把中国特色现代国有企业制度真正建立起来，在公司治理的各环节里要充分突出党的领导地位，把企业党组织在公司治理结构中的核心优势发挥出来，切实提升决策的科学性、严密性和有效性；深化国有文化企业改革，根据实际情况与市场标准完善用工、人事、分配等政策制度，健全涉及职工的考核、激励、监管等方面的机制，尽量把职工的主动性与创造性调动出来。最后，在生产经营机制上要注重对文化企业的优化管理，围绕以"内容管理"为重点的目标，探索建立考核评估体系，探索完善一系列相关机制，涵盖总部机构职能履行、薪酬多元分配激励、人事任期考核聘用、业务能力提升保障等方面，为企业规范发展、科学发展提供坚实制度保障。

第二，完善文化产业的投融资机制。首先是在政府层面加大引导性资金投入，并建立促进文化产业发展的专项基金，完善相关标准与规则，把公开公示、专家咨询、项目评估等引入监督政府行为的程序中，更好地规范政府投融资项目的决策行为，并建立健全政府投资重大项目的决策激励制度，充分发挥政府助力文化产业的积极性。其次应让投资渠道更好地得以拓宽，积极引入社会资本，鼓励不同主体（集体、家庭、个人）以不同方式（合伙经营、购股、参股等）建立、参与或投资中小文化企业。积极搭建对接平台，完善相关税收政策，鼓励社会团体、个人和企业对文化产业、文化事业进行赞助或捐赠，并对此予以大力肯定表彰。对于部分非营利性质的文化产业，其发展的资金来源可由设立文化发展基金来解决。同时还可促进文化与资本市场的有效对接，在直接融资上，可充分发挥股票、债券发行或者社会集资的重要作用；在间接融资上，可通过产权市场上的溢价转让或各类贷款（包括循环、固定资产、流动资金、联营股本、拍卖项目等方面）等方式推动资金回笼，解决文化企业资金短缺的问题。

第三，完善文化产业人才培养体制机制。应立足于我国文化产业大发展大繁荣的需求，培养符合文化产业发展需要的人才队伍。要重视文化素质的全阶段教育与实践，对于中小学教育，应科学合理设置课程体系，把文化素质与文化创造力的培养贯穿于中小学生学习的全过程；对于高等教育，应做好人才的顶层设计工作，要根据我国文化产业发展现状和文化产业的相关行业标准，做好学科评估与专业招生的调研与设置，尤其是针对当前出现的新型文化业态，积极探索创新人才培养方式，在专业基础知识、创新能力培养、跨界融合思维等方面着力提升学生的素质、能力，以使之更好适应形势变化的新要求。加强高校与文化企业之间的沟通互动，一方面在高校领导和教师中可抽选一定比例的人定期轮流到企业挂职锻炼，并适时对企业员工进行专业知识宣讲或培训；另一方面高校也可邀请文化企业的中高级管理人才走进校园，担任兼职教授，以人才的交流实现知识优势与市场优势的共赢发展。同时，加强校企合作力度，在文化企业中建立文化产业教学实践基地，发挥高校对企业的科研支持作用，高校也可按批定期派遣学生去文化企业实习锻炼，更好地提升学生理论联系实际的能力。还要构建全国统一的文化产业人才信息网，建立人才管理的信息数据库，更好地完善人才评价考核体系，为人才培养、人才流动等提供翔实的资料支撑。

第四，完善文化产业的相关政策法规。进一步结合新时代产业的实际情况来加快文化立法的步伐，既要立足于文化产业的长远发展规划，在国家层面全力推进《文化产业促进法》的立法工作；又要抓紧组织和协调各方力量起草、修订、完善广播电视传输保障、互联网文化产业、产业投融资等当前文化产业领域紧缺和急需的法律法规。要与时俱进完善配套政策，特别是涉及文化产业相关的市场准入、项目用地、风险评估等方面的政策，必须予以及时更新；在税收上实行优惠，对于文化产业融合发展的关键环节（如企业债务重组收益、资产评估增值、土地产权归属转移等）要最大限度地营造支持条件；注重文化产业产品知识产权的保护，探索建立多位一体（涵盖审查授权、仲裁调解、行业自律、社会监督等各方面）的联动保护政策体系。

（二）坚持创新引领，增强内生动力

创新能力不足的影响是深远的，其造成的结果也是令人担忧的，它成为制约我国文化产业进一步发展繁荣的重大瓶颈，这使得文化产品同质化、趋同化严重而难以走向更大的市场，使得文化产业发展缺乏核心竞争力和比较优势。时代呼唤创新，产业的持续发展也有赖于创新，创新就是文化产业发展的内在驱动力。在新的历史条件下，要深入贯彻落实创新发展理念，切实发挥创新对产业发展的引领支撑作用，探索走出一条适合中国国情实际的文化产业发展之路。

第一，坚持理念创新，提升文化产品的质量，拉动文化内需市场。文化产品的内容质量是文化产业发展效度的评判尺，文化产品的创新很大程度上取决于内容质量。内容生产是文化产业发展的源头，在产业运行的整个过程中，它始终居于基础与核心的地位。内容生产做不好，文化产品就不能突出特色，那整个产业发展就容易失去市场。换言之，产品的内容质量水平高、创意强，其吸引力就足，那么在文化市场上的价值就越大。创新更多文化产品，提升内容质量，必须坚持正确的发展导向，要在文化产业的效益上把握好"经济"和"社会"两个维度，而后一维度则是往往放在第一位；要瞄准人民群众的日常需求，把产品生产转为内容创造，实现传统特色与现代加工深度融合，要在深挖中华民族优秀传统文化的独特魅力上下足功夫，并结合时代特征赋予文化产品崭新元素，并给予人民群众全新的真切体验，使内涵丰富深刻、制作优良精湛、市场竞争力强的精品佳作不断呈现在人们眼前。只有这样，才能更好地刺激和满足大众的文化需求，形成良性积极循环，文化产业的发展才能有健康发展的营养，才能在市场竞争中更好地保持自身的独特性和比较发展优势。

第二，推动科技创新，实施文化与科技"双轮驱动"、互相促进。当今时代是文化与科技大发展的时代，文化资源是基础，文化创意是核心，科技创新是引擎；科技创造品质，文化创造品牌，文化与科技共同支撑和引领文化产业的发展。一是抓好源头植入，必须创新文化科技供给，增强自主研发创新能力。探索构建文化产业创新联盟战略协同平台，围绕国家需求与根本利益，以集成创新、原始创新等为手段，积极开展重大科研项目攻关合作，整合中坚力量以利于关键核心技术的突破，让物质技术基础得以夯实，使自主研发创新实力得以提升。二是注重过程监管，要发挥现代科技在开发利用文化资源上的重要作用，将科学技术贯穿于艺术生产经营的各环节全过程诸方面，使传统文化产业得以改造和升级，让传统文化产品的科技含量得以提高和跃升。三是落实成果转化，不仅要在创新绩效评价指标体系上想法子，还要在激发主体创新热情上出对策，特别是要在转化流程的加快与转化服务平台的优化上花心思，为专业机构在科技成果服务上提供信息分析、交易代理、价值评估等多样选择，使转化项目在投融资对接、孵化场地、技术对接等多元服务的支撑下得以更好落地，保证文化科技成果得到有序的转化。四是搞好机制保障，积极整合主体资源，激发文化企业、科研院所、金融机构、高等学校、政府部门等的联动活力，在充分兼顾资本投入、努力保证绩效评价等要素的基础上，着力构建"产学研"一体化的协调监管机制，有力促进"科研—开发—应用"的全流程贯彻发展。

第三，推进业态创新，加强文化跨界融合，创造新的文化经济增长点。互联网、大数据、云计算、人工智能等高新技术迅速发展，并广泛渗透于经济社会各个领域，不断催生新的产业形态和商业模式。数字化技术在文化产业领域的广泛应用，极大地拓宽了相关产业与文化创意的融合空间与路径。创意融合、跨界融合，既是文化产业竞争力提升的重要手段，也是优化产业结构、促进文化产业持续健康发展的动力源泉。要将文化和互联网融合，推进"互联网＋文化产业"发展模式，综合运用多项技术和渠道，深入发展物联网、大数据、智能终端、软件信息服务、应用云计算，让传统的文化业态向智能化、数据化与网络化转变，使文化产业突破传统，在商业模式上得以革新、在管理方式上得以丰富、在技术研发体系上得以优化，甚至在整个产业价值链体系中得以全新重塑。实施"文化＋"工程，扩大新业态衍生覆盖面，促进金融、教育、科技、旅游、餐饮、服装等与文化产业的有机融合，在凸显文化内涵的基础上更好地满足消费者新的个性化需求，使产业链条得以充分延伸。同时，我们应做好对新型文化业态的监管工作，将信息技术手段（云计算、大数据、互联网等）贯穿监管全流程各方面，探索审慎合理的监管方式，搭建智能规范的监管平台，健全高效公开的监管体系，不断提升监管的效度和水平。

（三）优化结构布局，合理配置资源

文化产业结构指向的是产业内部的构成及其比例关系，在很大程度上影响决定着整个产业发展的规模和层级。文化产业布局主要体现在城乡、区域和规划等方面，在质量与态势上对整个文化产业的发展产生影响。结构布局比例失衡，是当前我国文化产业发展面临的一个突出问题，这个问题形成的原因在于我们在过往的发展进程中不注意产业资源的合理配置。不解决布局比例均衡和结构协调的问题，我们的产业就会明显缺少后劲动力，那么产业在国际竞争中的比较优势就不能很好地发挥出来。因此，我们必须通盘审视我国文化产业发展中的比例失衡问题，更好地优化布局、调整结构、补齐短板，全面提升资源配置效率和水平，促进文化产业转型升级、跨越发展。

从产业内部结构看，我国的文化制造业一直以来就在整个文化产业大盘中占有偏高比例，而相对来说，占比长期偏低的却是文化服务业（特别是高层次的文化服务业）；从市场主体看，目前规模较大、资源优势较明显的是国有控股的文化产业，他们因其强有力的竞争实力在全国文化产业中占有较高的经济贡献度；而作为民营资本植入的文化产业，他们的竞争力与贡献度则相对略低。就目前的状况看，相比西方国家（其文化产业发展步伐相对较快且实力更雄厚），我国的文化产业的发展就显得持续力不足，那么在国际上就形成不了强大的竞争优势。今天，经济的全球化趋势越发明显，厚植发展优势对每一个国家来说都是非常重要的战略选择。世界文化之林百花齐放、争奇斗艳，我们的文化要想在当中占有一席之地并持续绽放芬芳，就必须把握

好自身的独特潜质，有效发挥自我比较优势。文化产业只有瞄准均衡发展，才能及时抢占先机，才能在激烈的较量中保持发展的国际话语权与优势竞争力。因此，新时代要推动我国文化产业的高质量发展，均衡是一个重大关键，这具体来说就是要在产业发展结构上进行优化，特别是要重视文化服务业的发展，并将其提升到重要地位，将其规模尽量做大，让文化产业的短板得以补齐；另一方面加快改造文化制造业，提升质效，做强文化产业之长板。在主体上，必须坚持市场化的趋向，着力培育和壮大民营文化企业，为其发展创造良好政策制度环境。在产品内部结构上，应着力提高文化产品的内容价值，减少低端同质化的文化产品供给，提高文化产品的艺术品位、文化价值、科技含量；要以创新为引领，在品牌研发上做出足够努力，应在立足本土的基础上结合产业实际学习吸收国外先进经验做法，做大做强自主文化品牌，提升品牌培育的能力和水平。

面对我国文化产业布局不均衡的现状，我们必须立足区域、城乡与规划的实际，统筹协调我国文化产业的发展，着力在促进产业布局优化上下功夫。一是要做好规划的文章，特别是要把文化产业同脱贫攻坚、污染防治、乡村振兴等国家顶层设计衔接起来，让文化产业在服务国家经济社会发展中提升实力、实现价值。二是要在区域产业发展上做好统筹协调的文章，正视我国中西部地区资源丰富但文化产业发展薄弱的这一现实，加大对其的政策支持力度与资金投入力度，积极抓住长江经济带、"一带一路"建设发展等良好机遇，以促进文化资源的空间化聚集与产业化整合为目标，努力发挥中西部地区的民族文化优势与绿色资源优势，努力打造互补性强、联动性强、潜力巨大、前景广阔的文化产业集群，使产业特色得以延伸、竞争优势得以彰显，促进东中西文化产业的相互反哺、相互联动，更好地助力整个国家文化产业的腾飞。三是要在城乡产业发展上做好统筹协调的文章，探索建立城乡文化产业协同发展的制度创新机制，想方设法拓宽融资渠道，构建多元化城乡文化产业投融资体制，促进资源和资本的有效对接；特别是要加大对农村文化产业的支持力度，大力挖掘农村地区的民间文化资源，开发农村民间文化产品，弘扬农村民间文化艺术，引导农村文化产业走特色鲜明的自主创新之路；应把建设农村文化产业人才队伍纳入重要工作范畴，把一批热爱农村农业、懂得艺术创作、懂得经营管理、乐于推动发展的人吸引会聚起来，为文化产业的发展增添动力、提供保障。同时，要注重搞好城乡衔接的相关基础设施建设，充分发挥城市先进产业的吸引积聚和辐射带动优势，让城乡产业相互促进、相互补充，促进资源要素合理流动。

四、牢牢把控文化话语权，全面提升文化传播力

面对文化话语权西强我弱的国际局面和文化交流传播中的一系列新机遇和新挑战，中国特色的文化话语权才有了出场的迫切性和需求。只有牢牢把控文化话语权，在文化传播力上着力，才能更真实地表达中国人民的情怀和奋斗，才能更全面地展现文化自信的成果和魅力。必须围绕着增强文化自信的要求，始终保持清醒的头脑，切实增强忧患意识，旗帜鲜明地反对和抵制各类错误思潮，认清其背后的实质危害，以斗争的姿态应对不同文化话语的交锋；应积极促进文化话语体系构建，增强文化话语能力，更好彰显新时代文化话语的中国优势；同时还要注重提升文化国际传播的能力水平，为扎实推动中华文化"走出去"贡献力量。

（一）坚决反对和抵制各类错误思潮

当前，我国正处在改革发展的关键时期，人们的思想观念呈现越发复杂的特征，其价值取向也变得更加活跃，整个社会思潮越来越多元化，我们的文化话语权遭到了极大的挑战。意识形态领域斗争的复杂性是我们以前从未面临过的，我们在高扬马克思主义、社会主义主旋律的同时，一些错误的社会思潮暗流涌动、此起彼伏、竞相发声。"尽管是支流，也必须认真对待。如果任其发展，就会造成极大的社会危害。有些错误思潮的滋生蔓延，往往就是始于我们对支流的忽视，最后不得不用很大力气去解决。"[①]清代学者龚自珍曾指出："欲亡其国，必先亡其史；欲灭其族，必先灭其文化。"苏联解体、东欧剧变就是镜鉴。它表明国家的解体、政权的丧失、事业的葬送往往是从思想领域开始的。"思想文化阵地，马克思主义、无产阶级的思想不去占领，各

---

① 江泽民.江泽民文选（第3卷）[M].北京：人民出版社，2006：82.

种非马克思主义、非无产阶级的思想甚至反马克思主义的思想就会去占领。"①
正确认识和对待当前的各种社会思潮，是思想理论界的大是大非问题，关乎
文化自信、关乎国家民族的前途命运，不能不搞清楚。在这些问题上，绝不
能含含糊糊、模棱两可，更不能袖手旁观。这要求我们，面对各种错误思潮，
绝不能退缩乃至任其蔓延滋长，必须旗帜鲜明、理直气壮地反对和抵制，要
毫不含糊、积极主动地同其展开斗争，以确立和发挥我国文化话语权的独特
优势，为增强中国特色社会主义文化自信正风肃气、鼓劲扬帆。

我们必须清醒地看到，一种错误思潮即使暂时消失了，假以时日可能还
会沉渣泛起，还会改头换面重新出现。无论错误思潮的理论如何具有迷惑性，
手段如何多样化，它们总是远离人民立场，无视实事求是的原则。因而我们
必须始终保持学术上的自觉、理论上的清醒和政治上的坚定，敢于从学理角
度对其开展深入批判，从思想上拨开各种错误思潮制造的理论迷雾。要用马
克思主义的立场、观点和方法教育引导人民，使之看清各种形形色色的错误
思潮的反动本质；要切实加强对思想舆论阵地的管理，加强对错误思潮的分
析与预测，严防错误思潮的滋生与蔓延；要找准民生诉求与意识形态问题的
切入点与契合点，下大力气做好夯实群众思想基础的工作；要用社会主义核
心价值体系来凝魂聚力，使之在文化建设的诸层面能得以渗透和贯彻，建立
起抵制错误思潮的强大文化支撑；要积极在政治、经济、社会、生态等方面
创设条件，调动一切积极有利的因素和力量，为预防和抵制错误思潮营造良
好的氛围……只有这样，我们才能正本清源，把中国特色社会主义的优势发
挥到最极致，进而才能在话语权角力中占据道义和真理的制高点，赢得国家
文化主权争夺的胜利。

（二）积极促进中国特色文化话语体系的构建

对于意识形态来说，话语是它的一个桥梁和中介；对于思想体系来说，
话语又是它的一种拓展与延伸。文化的内在价值需要由文化话语权来维护、
发声与传递，而文化话语权又是表现文化价值、创造舆论环境和主导文化发
展的利器，其建立必定能对文化自信的增强与国家意识形态建设产生积极而

---

① 江泽民.江泽民文选（第3卷）[M].北京：人民出版社，2006：97.

深远的影响。中国特色社会主义文化建设经过了几十年的发展，在成果上取得的业绩是辉煌喜人的，但在文化话语权方面做得却远远不够，我们在不同层面不同程度上出现了"话语赤字"，无语、少语、失语、吃语现象突出。因此，着力建构中国特色社会主义文化话语体系，形成具有中国优势的文化话语权势在必行。文化话语体系的科学建构是提升国家文化话语权的前提条件。没有自己的文化话语体系，那么提升文化话语权就成了一句空话，民族文化自信也将缺乏根基，国际竞争力的增强更无从谈起。创新话语表达、拓展传播平台、建设学科体系，是我们构建文化话语体系的三个重要维度，也是我们促进文化自信培育的重要着力点。

　　创新文化话语表达，就是要用中国特色的话语范式来解读和诠释文化的建设和发展，要把话语体系构建贯穿于文化产品的设计生产中，贯穿于满足人民美好文化生活需求的服务全过程。具体来看，是要在内涵和形式上做文章。在内涵上，文化话语要把握专业性、学术性和理论性的标准，以保证文化话语提出和文化议题设置的合理性与合情性，要创造具有中国风格、中国气派的文化话语。在形式上，打造中国式的文化话语体系，就是把凸显中华文化话语的美感和魅力作为目标，用富含中国味道的话讲述中国故事、发出中国声音、打响中国品牌，这就要求我们在话语表达的实践中善于继承传统文化的精髓，善于吸收外来文化的积极正面因素为我所用，而不是简单地翻新粉饰传统话语或机械地复制刻录外来话语，应是在创新性上做好话语的融会贯通。要广泛利用各种新技术实现对文化话语传播体系的多样化和高效化构建，实现文化理论的大众化、时代化转换，使我国文化话语传播渠道更加丰富、畅通。同时，中国特色社会主义文化话语还必须做到真正贴近实际，这要求我们必须在文化表达的话语形式上下功夫，要围绕着让人民群众听得懂、受感染的目标，向群众多讲一些实在话、心里话与贴心话，少打一些官腔，少说一些套话，少背一些条文，真正做到言之有物、与时俱进、实事求是，把温度与感情真正植入话语中，让群众喜闻乐见、真心接受。只有在内涵和形式上做到创新，我们的文化话语表达才能有立场、有情怀、有风度、有力度，中国特色社会主义文化话语体系的影响力、把控力、解释力和说服力才能增强。

　　拓展话语传播平台，是构建文化话语体系中必不可少的关键环节，也是占领意识形态领域的突出抓手。作为国家文化话语权传播的喉舌，媒体在促进沟通交流的层面上发挥了重要作用，同时也成为一个重要平台，深刻影响着文化话语体系的构建，并直接影响着这一体系主导力、感染力和竞争力的发挥。因此哪个国家和地区控制了媒体的发言权并将其平台作用发挥到极致，那么它就能在世界文化发展大势中掌握主动权。当前，人类社会进入了"互联网＋"时代，在这样的大背景下，网络新媒体迅速发展让人们始料未及，这铺天盖地的态势对人们的思维方式与生活方式产生极大影响，同时也不可避免地给思想教育模式与新闻传播形式带来了巨大的挑战。这样一来，我们应当如何正确把握社会舆论的生成机制？应当如何构建新时代的话语体系？这些都是值得深思的课题。新时代文化话语体系建设不得不积极应对发展潮流，不得不发挥互联网的重要媒介作用。应启动"互联网＋"战略，将互联网思维应用与体现于话语表达的增强实践中，在网络文化宣传上时刻占据制高点，让文化话语传播平台塑造得更加多元、更加立体和更富有层次性，使文化输送渠道的各环节得以打通，把网络文化话语建设的主动权牢牢地紧握在手中。

　　构建学科话语体系，特别是中国特色的哲学社会科学话语体系，是文化话语体系建设的重要基础。因为从广义上讲，文化是一个宏观的概念，搞好哲学社会科学的研究，对解读文化、建构文化和发展文化意义重大，同样也有利于文化话语权的树立和形成。而现如今，我国哲学社会科学研究还处于滞后阶段，在很多方面与发达国家还存在着差距，这直接影响着我国文化话语体系的构建。事实上，我国的哲学社会科学自近代以来至今只有一百多年的历史，而且我们长期受西方理论"注经"的影响，在解读实践问题时大部分都是用西方概念和理论。但面对中国特色社会主义伟大实践面临的新情况与新问题，西方理论和话语却无法真正做到准确而全面地概括、总结和解释。因此，尽快从西方的研究范式中脱离出来，建立起真正属于中国自己的哲学社会科学话语体系，就成了一个重大而迫切的历史任务，落在了当代哲学社会科学研究者的肩上。没有自己的哲学社会科学话语体系，那么中国思路、中国声音就不能很好地在国际舞台上表达，中国主张、中国方案就不能很好地被世界接受，人类命运共同体事业的推进就必然缺少正确的精神指引，而我们中华民族就谈不上用自信的底气去搞社会主义建设。我们必须坚守党的意识形态阵地，牢牢掌握中国特色的、马克思主义的、社会主义的话语权；要打造标识性的新概念、新范畴、新观点的新表述，以生动的话语阐明马克思主义真理和中国共产党主张；要自觉增强问题意识，重视对现实问题的研究，既要深入研究中国问题，又要聚焦国际社会共同关注的问题，主动引导重大问题和前沿问题探讨，增强我国国际问题话语体系导向力；要重视顶层设计、统筹协调、主动出击、扩大影响；要奏出哲学社会科学话语体系理论学术传播的最强音，必须贯穿涵盖教材、学科、学术、评价等体系的话语构建……

总之，只有深深扎根于中国特色社会主义的伟大实践，在哲学社会科学话语体系的构建中协调处理好历史与现实、国内与国外、传承与创新之间的关系，我们才能在国际文化话语权的竞争中站稳脚跟，才能在解决好中国问题、讲好中国故事的过程中实现中华文化话语权的整体提升。

（三）有力提升文化国际传播的能力水平

文化需要传播，在文化中拥有自己的话语权，讲好中国故事、传递中国声音，让中国特色社会主义文化走出去是增强文化自信的迫切需要。作为对外传播的重要内容，文化也是民心相通的渠道平台和塑造中国国际形象的载体形式。在对外传播过程中，深入挖掘展示中国的文化精髓，向不同国家的民众充分展示中华文化，让其更好地了解中华民族的价值观，了解中国所选择的发展道路和社会制度背后存在的必然原因，这正是中国强大文化自信的体现。习近平总书记明确指出："加强对外话语体系建设，用中国理论阐释中国实践，用中国实践升华中国理论，更加鲜明地展现中国思想，更加响亮地提出中国主张。""加强国际传播能力和对外话语体系建设"[①]，是中国积极参与国际事务、争夺文化话语权的必要途径。新时代，我们必须深刻把握国际国内发展大势，进一步提升我国文化的对外传播能力水平，积极促进文化话语权的构建，以更强更实的文化话语权力价值提升中国特色社会主义文化自信。

我们要建立完善一个新型的对外文化交流体系，一是党和政府应做好顶

---

① 中共中央关于全面深化改革若干重大问题的决定［N］.人民日报，2013-11-16（01）.

层设计，在宏观层面上进行统筹协调，在文化的传播上搞好相关法规的设置，并严格执行明确责任制，使我国文化走出去有法可依、有规可循。二是在培育有实力的文化企业上着力，充分调动其积极性，使其更主动地参与国际市场的竞争，发挥其带领文化走出去的生力军作用；要提升品牌经营意识，在企业的文化产品中更多地突显中华特色的元素，使更多的人知晓和关注中国企业和中国产品，让企业的市场占有率得以拓展、国际知名度得以增强。三是应重视民间文化互通在国际文化交流中的重要作用，鼓励文化名人、专家学者、社会团体等进行跨国交流活动，积极选派交流使者，打造推介系列项目，使得中华文化在国门外得到较好传播与弘扬。四是要高质量高标准打造一流媒体，增强其国际传播能力，特别是在媒体基础设施和手段技术上要做好更新和维护，在国外受众群体方面要做好调研和分析，在信息内容上要做好设置和筛选，切实把信息传播的针对性与吸引性提升至新水平；还要发挥互联网优势，做好对外文化主题网站的设置与营运工作，把信息传播与构建国家形象、弘扬民族精神结合起来，使主题网站成为国外民众了解中国的窗口和平台，加深其对中国的印象和好感。五是要最大限度地激发科技创新的巨大潜能，把科技真正植入文化创作与生产的各环节，用科技元素包装文化产品、打造文化品牌、延长文化价值链，使中华文化与科技创新在相得益彰中最大限度地满足国外民众的文化消费需求。六是要研究和构建文化对外交流的效果评估体系，所谓评估体系，这涉及标准、流程、效益等方面的维度，要彻底改变以往只重数量而不重质量的标准，在文化"走出去"的内涵上下功夫，在检视工作问题、做好整改落实上真抓好，探索中国特色的文化评估监督机制，更好地保障对外文化交流落地性与实效性。只要我们瞄准传播力这个焦点，调动一切积极的因素，将不同主体的作用发挥到最大化，把构建中国特色的、现代化的和与国际接轨的对外交流常态化机制纳入重要议程，由浅入深、由表入里，以完善、科学的交流机制引领我国文化领域的交流，这样我们的文化传播力就能得到大幅度的提升，中华文化话语权就能在对外传播中被牢牢地掌握好、控制好、发挥好。

结　语

一个没有灵魂的国家，必定不能长存于世；一个缺少灵魂的民族，一定是没有未来的！文化在国家发展与民族振兴中居于灵魂地位，文脉连着国脉，文运影响民族复兴，只有文化日益兴盛，那么国运才能日益昌隆，民族才能日益强大。中华民族的伟大复兴，必然少不了高度的文化自信和繁荣兴盛的文化。当前，文化自信已成为一个崭新的时代命题，极具研究意义与实践价值，学术理论界对此做出了很多研讨和探索，为进一步增强文化自信奠定了基础、积累了经验。文化自信以提升文化自觉为基本前提，以实现文化自强为重要目标，其核心实质就是价值观自信。作为中国特色社会主义"四个自信"的重要组成部分，我们的文化自信表现出鲜明的民族风格、时代风采与中华气派，它以思想根基的形式成就了道路自信，以底气源泉的地位成就了理论自信，以精神支撑的作用成就了制度自信，成为"四个自信"中更基本、更深沉、更持久的力量。因此，没有任何一个人能忽视和否定文化自信的地位与作用。它是增强中华文化软实力的内在要求，是维护国家文化主权与意识形态安全的重要保障，是实现中华民族伟大复兴中国梦的精神支柱，更是促进个人自由全面发展的强大引擎与推进党的建设新的伟大工程的关键抓手。关于中国特色社会主义文化自信形成的理论渊源，我们既要关注马克思主义经典作家的文化思想和中国共产党人的文化自信思想，也要关注中华优秀传统文化，因为当中孕育着很多体现民族特色的理念基因，足以为文化自信的生成发展提供丰沛养分；对三种文化形态的自信（中华优秀传统文化、革命文化、社会主义先进文化），毫无疑问是我们今天强调的文化自信的主要内容；在基本特征上，中国特色社会主义文化自信做到了科学性与价值性相统一、历史性与时代性相衔接、批判性与继承性相结合、民族性与开放性相融通。

习近平总书记曾明确指出，"当今世界，要说哪个政党、哪个国家、哪个民族能够自信的话，那中国共产党、中华人民共和国、中华民族是最有理由自信的"。[①] 真正的自信源于清醒的自我认知，是人们对自身当前状况以及未来前途命运心中有数的坚定表现。因此，我们找寻和探知文化自信的理由必然离不开清晰准确的自我回顾、自我定位和自我展望。历史告诉我们，中华文明绵延几千年没有中断，为人类不断书写璀璨华丽的文明篇章，成为世界文明发展史上的一道独特风景，我们没有理由不为此骄傲和自豪。但是，我们应该看到，历史文明的发展不会一帆风顺，当中充满了惊涛骇浪与暗礁洪流。在多重因素的影响制约下，自近代以来中华文明的发展逐渐落后于西方，随之我们的文化自信也开始衰落。在探寻救国救民真理的过程中，一批又一批的仁人志士前赴后继、艰辛探索、流血牺牲，付出了如今无法想象的巨大代价。最后是历史和人民选择了中国共产党，让中华民族真正实现了旧貌换新颜。党在马克思主义旗帜的指引下，深深扎根中华大地的现实，探索出了一条强国富民的康庄大道，把国家民族日益引向正轨，让中华文化重新焕发出生机与活力。特别是改革开放以来，围绕着中国特色社会主义这一主题，党领导人民在开辟道路、形成理论体系和确立制度的基础上，成功发展了中国特色社会主义文化，中华民族重拾自信的步伐一次次加速，中国人民的民族自信心和自豪感也在一次次建设壮举中得到最大限度的唤醒和激活。我们应该看到光辉成就背后的文化动因，也就是说，中华民族的历史传统和文化积淀是孕育、造就与推动伟大实践的基因密码，会对现实产生根本性的决定作用。中国道路的选择、中国理论的创新、中国制度的形成，无不植根于源远流长的中华文化。没有中华文化的滋养，就不可能有中国自信的展现。同时，天上不会自动掉下馅饼，世间也没有平白无故的爱，中国人对自身文化

---

① 习近平.在庆祝中国共产党成立95周年大会上的讲话［N］.人民日报，2016-07-02（02）.

的自信心与民族自豪感也不是自动生成的，而是经过顽强拼搏与坚韧斗争换来的。我们完全可以说，中华民族的文化自信是真正蕴含于国家奔向复兴的历史跋涉中，真正来源于博大精深的华夏文明。所以从更宏观的视野来看，我们的文化自信，既是在改革开放四十多年的伟大实践中建构起来的，也是在新中国七十多年的持续探索中、在近代以来一百七十多年的民族发展历程中、在中华民族五千多年悠久文明传承中建立发展起来的。今天，中国共产党以更加自信和开放的姿态领导人民走在实现民族复兴的康庄大道上，伟大祖国取得了让世人惊叹的变革与成就，正日益走近世界舞台的中央，中国方案与中国智慧的国际影响正逐步彰显，特别是在文化领域，我国的文化体制与服务持续完善，核心价值观培育初见成效，文化市场与产业繁荣发展，民族传统文化得以弘扬，民众文化认同普遍增强，对外文化交流日益频繁，这标志着中国特色社会主义文化自信迈上了新台阶、获得了大发展。可以说，我们的文化自信是中国模式展现的中国气质，是中国精神焕发的中国风貌，是中国梦想凝聚的中国力量。党的有力引领、国家的蓬勃发展，为我们提供了坚强保障；而人民的辛勤创造、文化的优秀灿烂，给我们增添了活力精彩。没有这些，我们文化自信就不会拥有如此强大充盈的底气。这是社会达成的强烈共识，更是无须争辩的铁的事实。

伟大的成就令我们感到无比自信和自豪，但我们也要时刻不忘自我怀疑和审视。只有了解自身、肯定成绩，才有力量坚定信心而继续前行；只有找出问题、直面挑战，方可扫清障碍而做到行稳致远。我们必须清醒地认识到，由于西方意识形态的渗透、市场经济的负面作用、网络传媒的消极影响、公众主体的弱化迷失、体制机制活力性不足等因素的制约，我们的文化自信面临着不少问题和挑战，主要表现在社会公众文化认同度不够高，对自身文化不自信；传承弘扬中华文化的力度不足；文化产业起步晚基础弱，整体竞争力不强；国家文化话语权不强，文化传播力有待提升等方面，这必须引起我们的高度重视。文化自信，不仅仅是理念，而更应该是行动。不以事艰而无为，只因任重而奋行。敢于直面问题、认真分析问题、努力解决问题，这是问题展开的逻辑，也应是我们对待现实挑战应该持有的积极态度与合理方式。

因此，提升中国特色社会主义文化自信就要进一步增强忧患意识、责任意识与问题意识，必须明确指导思想和基本原则，并在路径设计上做出努力。从马克思主义，到历代中国共产党人的文化自信思想，再到习近平新时代中国特色社会主义思想，这是增强文化自信应把握指导思想的三个层次要求。坚持中国共产党的领导，坚持以人民为中心的发展思想，坚持不忘本来、吸收外来和面向未来的文化规律性，构成了增强文化自信基本原则应遵循的三个维度。在路径设计上，我们必须着力加强人民文化认同感，大力凝聚思想共识；必须弘扬中国特色文化，努力夯实自信基础；必须繁荣发展文化产业，增强整体竞争实力；必须牢牢把控文化话语权，全面提升文化传播力。只有这样，全民族文化创造活力才能不断被激发，我们的文化自信才能得到更好提升与彰显，人民的基本文化权益才能得到更好保障，人民精神风貌才能更加昂扬向上，国家文化软实力才能持续提高。

"东方欲晓，莫道君行早。踏遍青山人未老，风景这边独好！"[①]今日的中国，主旋律响亮，正能量强劲，到处欣欣向荣、蓬勃向上，这是一个经济高质量发展并对世界繁荣做出突出贡献的中国，是一个爱好和平社会稳定并不断为全人类创造福祉的中国，是一个历史悠久底蕴深厚并致力于促进世界文化多样化发展的中国。当前，全国各族人民正团结一致、意气风发地朝着民族复兴的伟大梦想而努力。相比历史上任何时期，我们都前所未有地接近并更有信心和更有能力去实现这一目标和梦想。征程万里风正劲，重任千钧勇奋蹄！潮头登高再击桨，无边胜景在前头。我们要始终保持"乱云飞渡仍从容"的定力，拿出"会当水击三千里"的气魄，涵养"不畏浮云遮望眼"的格局，始终坚定对未来的信心，豪情满怀地走好实现梦想的道路。就像习近平所言的那样："站立在960万平方公里的广袤土地上，吸吮着中华民族漫长奋斗积累的文化养分，拥有13亿中国人民聚合的磅礴之力，我们走自己的路，具有无比广阔的舞台，具有无比深厚的历史底蕴，具有无比强大的前进定力。中国人民应该有这个信心，每一个中国人都应该有这个信心。"[②]"长风破浪会

---

① 　中共中央文献研究室.毛泽东诗词集［M］.北京：中央文献出版社，2003：40.

② 　习近平.在哲学社会科学工作座谈会上的讲话［N］.人民日报，2016-05-19（02）.

有时，直挂云帆济沧海！"我们应始终坚信，有了中国共产党的坚强领导，有了中国人民的创造奋斗，有了绵延不断的文化血脉，有了坚毅恒定的文化自信，我们就一定能毫无畏惧地面对和战胜一切艰难险阻，就一定能坚定不移地开辟新天地、创造新奇迹，不断从胜利走向更大的胜利！

后　记

本书在我的博士学位论文基础上完成，也是我求学生涯上探索和积累的成果。这本书见证了我的成长进步，体现了个人写作的风格气度，也凝聚着师友亲朋对我的关怀、指导、帮助与期盼。

回望自己这么多年来的求学历程与生活点滴，百感交集、思绪万千，心情久久不能平静。从本科到博士，南北数辗转，至今十余秋。日月忽其不淹，春与秋其代序。十余年的求学生活，经历过失败的坎坷苦楚，体悟过成功的激动喜悦，养成了独立思考的习惯，形成了坚韧不拔的品格。一路走来，不变的是对完成学业的坚定执着和滚烫初心，是对建设国家的远大抱负和信仰使命，这也是支撑着我不断前行的动力和源泉。本科和硕士阶段的学习积累，企业和政府部门的工作经历，为我在博士阶段搞好学术研究、写好高质量论文打下了坚实的基础。

时代是思想之母，实践是理论之源。当代中国正在经历我国历史上最为广泛而深刻的社会变革，也正在进行人类历史上最为宏大而独特的实践创新。这种前无古人的伟大实践，必将为理论创造、学术繁荣提供强大动力和广阔空间。一切有价值、有意义的文艺创作和学术研究，都应该反映现实、观照现实，都应该有利于解决现实问题、回答现实课题。作为新时代的参与者、见证者与经历者，必须坚持与时代同步伐，聆听时代声音，自觉把个人追求与国家社会需要相结合，回答好新时代、新征程提出的重大命题，更好地助力社会进步和人的全面发展。文化自信是一个深沉而伟大的时代命题，是一个国家、一个民族发展中更基本、更深沉、更持久的力量。立足现实的基础上对这一问题进行全面系统的研究，探索构建文化自信的分析框架，显然是一项学术内涵与实践意义兼具的工作。这本《中国特色社会主义文化自信研究》，围绕着鲜明主题，对相关问题进行了深入系统的探讨，特别是在理论梳理的基础上，分析了文化自信的形成条件、内容特征，并对文化自信的现实境遇进行考察，最后有针对性地提出进一步优化的方法和途径，这是笔者置身于时代大潮的理论思考，是紧跟社会实践步伐的思想探索，希望以自己的绵薄之力不揣浅陋试图给出意见建议，以供决策参考与审视批判。

本书从策划、论证、写作到修改、定稿、出版，无不凝结着我的倾心付出与汗水心血。在此过程中，我征求了很多人的意见，也吸收了相关专家的观点，得到了来自方方面面朋友的关心和支持。感谢我在读博期间的导师陈树文教授，没有她的鼓励关心与指导帮助，就没有我博士论文的顺利完成，更没有本书的成型问世。感谢我的单位广西社会科学院，为优秀青年的发展创设了好平台、好氛围与好条件，还专门为本书的出版启动项目支持，全程给予资金援助，这让我受宠若惊、备受感动、深受鼓舞！特别是陈立生院长，没有他一直以来的关怀厚爱与培养支持，就不会有本书的顺利出版。感谢曾家华研究员，为本书的出版事宜提供了有益的经验与建议。感谢光明日报出版社所有工作人员在本书出版过程中给予的耐心指导和辛勤奉献，他们精益求精的工作态度让我敬佩，这为本书能以更好的面貌呈现在读者面前提供了坚强保障。还有我的家人，尤其是我的父母和妻子，他们始终是我的坚强后盾，见证和支持着我的成长，感谢他们对我的充分理解、支持包容与倾情付出。尤其是俊丞小朋友的到来，给我的生活和工作增添了新的动力与乐趣，我越发感到自己身上的担子更重了。我唯有不懈努力、更加积极进取，担负起对家庭的责任，争做国家栋梁之材，更好地奉献社会、服务人民，才能不辜负他们对我的期望。感谢所有关注、关心、支持和帮助过我的人，这份恩情，我将永远铭记在心。

从更宽广的视角看，《中国特色社会主义文化自信研究》这本书的出版也可以说是我个人思想之旅、人生之旅的一个驿站。驿站意味着盘点过去、收获启示，意味着整装待发、继续前进，意味着更美画卷在前方、更好风景在后头。经过了较长时期的跋涉后，停下来稍做梳理，回望过去的路，就是为了总结经验、明确思路，更好地坚定继续前行的脚步。路漫漫其修远兮，吾将上下而求索。我将怀着感恩之心与感激之情，踔厉笃行、奋发有为，自信自强地走好未来的道路。

　　最后诚恳地指出，本书作为一本中国特色社会主义理论与实践问题研究的探索性著作，涉及方面相当广泛，涵盖的内容也比较丰富，需要比较深厚的理论功底和坚实的实践经验甚至丰富的人生阅历做支撑，但由于个人学识、能力水平、阅历精力有限，并受技术设备的运用、资料的收集整理等因素的影响，书中难免有疏漏与其他不足之处，敬请各位读者和有关专家批评指正。

林柏成

2022年4月于南宁

参考文献

（一）经典著作类

［1］中共中央马克思恩格斯列宁斯大林著作编译局.马克思恩格斯文集（第1–10卷）［M］.北京：人民出版社，2009.

［2］中共中央马克思恩格斯列宁斯大林著作编译局.马克思恩格斯选集（第1–4卷）［M］.北京：人民出版社，2012.

［3］中共中央马克思恩格斯列宁斯大林著作编译局.马克思恩格斯全集（第1卷）［M］.2版.北京：人民出版社，1995.

［4］中共中央马克思恩格斯列宁斯大林著作编译局.马克思恩格斯全集（第2卷）［M］.2版.北京：人民出版社，2005.

［5］中共中央马克思恩格斯列宁斯大林著作编译局.马克思恩格斯全集（第3卷）［M］.北京：人民出版社，2002.

［6］中共中央马克思恩格斯列宁斯大林著作编译局.马克思恩格斯全集（第4卷）［M］.北京：人民出版社，1995.

［7］中共中央马克思恩格斯列宁斯大林著作编译局.马克思恩格斯全集（第10、12、13、31、32卷）［M］.2版.北京：人民出版社，1998.

［8］中共中央马克思恩格斯列宁斯大林著作编译局.马克思恩格斯全集（第11、30卷）［M］.2版.北京：人民出版社，1997.

［9］马克思恩格斯全集（第16卷）［M］.北京：人民出版社，2010.

［10］马克思恩格斯全集（第19卷）［M］.北京：人民出版社，2006.

［11］马克思恩格斯全集（第21卷）［M］.北京：人民出版社，2003.

［12］中共中央马克思恩格斯列宁斯大林著作编译局．马克思恩格斯全集（第25、44卷）［M］．北京：人民出版社，2001．

［13］中共中央马克思恩格斯列宁斯大林著作编译局．马克思恩格斯全集（第33、47卷）［M］．北京：人民出版社，2004．

［14］马克思恩格斯全集（第34卷）［M］．北京：人民出版社，2008．

［15］中共中央马克思恩格斯列宁斯大林著作编译局．马克思恩格斯全集（第35卷）［M］．2版．北京：人民出版社，2013．

［16］中共中央马克思恩格斯列宁斯大林著作编译局．马克思恩格斯全集（第48卷）［M］．2版．北京：人民出版社，2007．

［17］马克思恩格斯全集（第49卷）［M］．中共中央马克思恩格斯列宁斯大林著作编译局，译．北京：人民出版社，1982．

［18］中共中央马克思恩格斯列宁斯大林著作编译局．列宁选集（第1-4卷）［M］．北京：人民出版社，1995．

［19］中共中央文献研究室．毛泽东文集（第1-2卷）［M］．北京：人民出版社，1993．

［20］中共中央文献研究室．毛泽东文集（第3-5卷）［M］．北京：人民出版社，1996．

［21］中共中央文献研究室．毛泽东文集（第6-8卷）［M］．北京：人民出版社，1999．

［22］邓小平．邓小平文选（第1-2卷）［M］．2版．北京：人民出版社，1994．

［23］邓小平．邓小平文选（第3卷）［M］．北京：人民出版社，1993．

［24］江泽民．江泽民文选（第1-3卷）［M］．北京：人民出版社，2006．

［25］中共中央文献研究室．江泽民论有中国特色社会主义（专题摘编）［M］．北京：中央文献出版社，2002．

［26］胡锦涛．胡锦涛文选（第1-3卷）［M］．北京：人民出版社，2016．

［27］胡锦涛．高举中国特色社会主义伟大旗帜 为夺取全面建设小康社会新胜利而奋斗［M］．北京：人民出版社，2007．

［28］习近平．习近平谈治国理政［M］．北京：外文出版社，2014．

［29］习近平．习近平谈治国理政（第二卷）［M］．北京：外文出版社，2017．

［30］中共中央文献研究室．习近平关于实现中华民族伟大复兴的中国梦论述摘编［M］．北京：中央文献出版社，2013．

［31］中共中央文献研究室．习近平关于社会主义文化建设论述摘编［M］．北京：中央文献出版社，2017．

［32］习近平．在哲学社会科学工作座谈会上的讲话［M］．北京：人民出版社，2016．

［33］习近平．在庆祝中国共产党成立95周年大会上的讲话［M］．北京：人民出版社，2016．

［34］习近平：决胜全面建成小康社会 夺取新时代中国特色社会主义伟大胜利——在中国共产党第十九次全国代表大会上的报告［M］．北京：人民出版社，2017．

［35］中共中央宣传部．习近平总书记系列重要讲话读本［M］．北京：学习出版社，2014．

［36］中共中央党史研究室．中国共产党历史 第一卷（上下）［M］．北京：中共党史出版社，2011．

［37］中共中央党史研究室．中国共产党历史 第二卷（上下）［M］．北京：中共党史出版社，2011．

（二）文献汇编

［1］中共中央文献研究室．十三大以来重要文献选编（中）［M］．北京：人民出版社，1991．

［2］中共中央文献研究室．十四大以来重要文献选编（上中下）［M］．北京：人民出版社，1996，1997，1999．

［3］中共中央文献研究室．十五大以来重要文献选编（上下）［M］．北京：人民出版社，2000，2003．

［4］中共中央文献研究室.十六大以来重要文献选编（上中下）［M］.北京：人民出版社，2005，2006，2008.

［5］中共中央文献研究室.十七大以来重要文献选编（上中下）［M］.北京：人民出版社，2009，2011，2013.

［6］中共中央文献研究室.十八大以来重要文献选编（上中下）［M］.北京：人民出版社，2014，2016.

［7］中共中央关于制定国民经济和社会发展第十三个五年规划的建议［M］.北京：人民出版社，2015.

［8］本书编写组：中国共产党第十八届中央委员会第六次全体会议文件汇编［M］.北京：人民出版社，2016.

（三）论著类

［1］梁启超.梁启超论中国文化史［M］.北京：商务印书馆，2012.

［2］冯友兰.中国哲学史［M］.涂又光，译.北京：北京大学出版社，2013.

［3］季羡林.谈东西方文化［M］.杭州：浙江人民出版社，2016.

［4］张君劢.明日之中国文化［M］.济南：山东人民出版社，1998.

［5］梁漱溟.东西文化及其哲学［M］.北京：商务印书馆，1999.

［6］梁漱溟.中国文化的命运［M］.北京：中信出版社，2016.

［7］费孝通.乡土中国［M］.上海：上海人民出版社，2013.

［8］费孝通.文化与文化自觉［M］.北京：群言出版社，2010.

［9］高占祥.文化力［M］.北京：北京大学出版社，2007.

［10］何晓明，曹流.中国文化概论［M］.北京：首都经济贸易大学出版社，2007.

［11］孙正聿.思想中的时代：当代哲学的理论自觉［M］.北京：北京师范大学出版社，2004.

［12］郑彪.中国软实力［M］.北京：中央编译出版社，2010.

［13］钱穆.中国文化史导论［M］.台北：中正书局，1951.

[14] 胡绳. 从鸦片战争到五四运动 [M]. 北京：人民出版社，1997.

[15] 张岱年，方克立. 中国文化概论 [M]. 北京：北京师范大学出版社，2004.

[16] 张岱年. 中国文化与文化争论 [M]. 北京：中国人民大学出版社，1990.

[17] 汤一介. 新轴心时代与中国文化的建构 [M]. 南昌：江西人民出版社，2007.

[18] 李泽厚. 中国现代思想史论 [M]. 北京：生活·读书·新知三联书店，2011.

[19] 朱谦之. 文化哲学 [M]. 北京：商务印书馆，1990.

[20] 陈序经. 中国文化的出路 [M]. 北京：中国人民大学出版社，2004.

[21] 庞朴. 文化的民族性与时代性 [M]. 北京：中国和平出版社，1988.

[22] 楼宇烈. 中国文化的根本精神 [M]. 北京：中华书局，2016.

[23] 徐伟新，等. 社会主义核心价值观研究 [M]. 北京：中共中央党校出版社，2016.

[24] 徐伟新. 社会主义社会发展动力观 [M]. 北京：中国社会科学出版社，1991.

[25] 《学习时报》编辑部. 落日的辉煌——17、18世纪全球变局中的"康乾盛世" [M]. 北京：中共中央党校出版社，2001.

[26] 陈先达. 文化自信——做理想信念坚定的中国人 [M]. 长春：吉林人民出版社，2017.

[27] 陈先达. 文化自信与中华民族的伟大复兴 [M]. 北京：人民出版社，2017.

[28] 陈先达. 马克思主义和中国传统文化 [M]. 北京：人民出版社，2015.

[29] 李慎明，李晓萍. 国际交往与文化软实力 [M]. 长沙：湖南大学出版社，2016.

[30] 耿超. 中国特色社会主义文化自信论 [M]. 桂林：广西师范大学出

版社，2016.

　　［31］王蒙.王蒙谈文化自信［M］.北京：人民出版社，2017.

　　［32］任仲文.传承·开放·超越：文化自信十八讲［M］.北京：人民日报出版社，2011.

　　［33］陈来.中华文明的核心价值观［M］.北京：生活·读书·新知三联书店，2015.

　　［34］邵汉明.中国文化精神［M］.北京：商务印书馆，2000.

　　［35］陈松编.五四前后东西文化问题论战文选［M］.北京：中国社会科学出版社，1985.

　　［36］杨信礼，等.中国特色社会主义核心价值体系研究［M］.北京：中共中央党校出版社，2014.

　　［37］孙成武.中国共产党文化建设研究［M］.北京：人民出版社，2013.

　　［38］罗艳华.美国输出民主的历史与现实［M］.北京：世界知识出版社，2009.

　　［39］衣俊卿，胡长栓.马克思主义文化理论研究［M］.北京：北京师范大学出版社，2012.

　　［40］冯天瑜，杨华，任放.中国文化史［M］.2版.北京：高等教育出版社，2005.

　　［41］王永章，胡惠林.中国文化发展指数报告［M］.上海：上海人民出版社，2016.

　　［42］刘宝莅，张华.文化自觉与文化自信——山东文化强省建设的理论与实践［M］.济南：山东人民出版社，2012.

　　［43］郑淑芬.从自觉到自信——新民主主义革命时期中国共产党夺取文化领导权的历史考察［M］.北京：人民日报出版社，2014.

　　［44］刘德定.当代中国文化软实力研究［M］.北京：人民出版社，2013.

　　［45］郑永年.中国崛起重估亚洲价值观［M］.北京：东方出版社，2016.

　　［46］郑永年.中国的文明复兴［M］.北京：东方出版社，2018.

　　［47］张国祚.中国文化软实力研究论纲［M］.北京：社会科学文献出版社，

2015.

　　〔48〕沈壮海，佟裴.吸引力 影响力 文化软实力——中国特色社会主义文化建设〔M〕.武汉：武汉大学出版社，2014.

　　〔49〕沈壮海.论文化自信〔M〕.武汉：湖北人民出版社，2019.

　　〔50〕沈壮海，等.文化强国建设的中国逻辑〔M〕.北京：人民出版社，2017.

　　〔51〕韩震，张伟文.中国的价值观〔M〕.北京：中国社会科学出版社，2016.

　　〔52〕胡海波，郭凤志.马克思恩格斯文化观研究〔M〕.北京：中国书籍出版社，2012.

　　〔53〕韩振峰.马克思主义中国化理论与实践研究〔M〕.北京：中华书局，2014.

　　〔54〕韩振峰.马克思主义在中国的新发展〔M〕.北京：中国社会科学出版社，2008.

　　〔55〕韩振峰.科学社会主义在中国的新发展〔M〕.保定：河北大学出版社，2006.

　　〔56〕韩振峰.思想政治工作通论〔M〕.石家庄：河北人民出版社，2005.

　　〔57〕韩振峰.中国共产党思想政治教育史〔M〕.保定：河北大学出版社，1997.

　　〔58〕巴克.文化研究——理论与实践〔M〕.孔敏，译.北京：北京大学出版社，2013.

　　〔59〕马林诺夫斯基.文化论〔M〕.费孝通，译.北京：中国民间文艺出版社，1987.

　　〔60〕汤普森.意识形态与现代文化〔M〕.高钻，译.南京：译林出版社，2012.

　　〔61〕哈姆，斯曼戴奇.论文化帝国主义：文化统治的政治经济学〔M〕.曹新宇，张樊英，译.北京：商务印书馆，2015.

　　〔62〕葛兰西.葛兰西文选〔M〕.李鹏程，译.北京：人民出版社，2008.

［63］怀特.文化科学——人和文明的研究［M］.曹锦清，等译.杭州：浙江人民出版社，1988.

［64］萨义德.东方学［M］.王宇根，译.北京：生活·读书·新知三联书店，1999.

［65］约瑟夫·奈.软实力［M］.马娟娟，译.北京：中信出版社，2012.

［66］亨廷顿.文明的冲突与世界秩序的重建［M］.周琪，刘绯，张立平.等译.北京：新华出版社，2002.

［67］亨廷顿，哈里森.文化的重要作用——价值观如何影响人类进步［M］.程克雄，译.北京：新华出版社，2012.

（四）期刊类

［1］隗金成，房广顺.当代中国文化自信的深刻内涵与动力源泉［J］.人民论坛：中旬刊，2016（08）.

［2］刘奇葆.坚定文化自信 传承中华文脉［J］.党建，2017（05）.

［3］陈先达.中国传统文化的创造性转化和发展［J］.前线，2017（02）.

［4］陈先达.论中国共产党人的文化自信［J］.党建，2017（05）.

［5］陈先达.文化自信既具有政治性又具有学术性［J］.红旗文稿，2017（13）.

［6］陈曙光，杨洁.论文化自信［J］.文化软实力研究，2016（03）.

［7］颜晓峰.中国特色社会主义文化重要功能愈加凸显［J］.人民论坛，2017（07）.

［8］李江波，姚亚平，黎滢.文化自信：理论维度与实践维度［J］.江西社会科学，2016（09）.

［9］田克勤，郑自立.坚定文化自信的三个基本维度［J］.思想理论教育，2016（10）.

［10］薛玉成.文化自信的概念界说与现实意义［J］.佳木斯大学社会科学学报，2015（01）.

［11］沈壮海.文化自信之核是价值观自信［J］.求是，2014（18）.

［12］沈壮海.担负好涵养文化自信的教育使命［J］.中国高等教育，2016（Z2）.

［13］沈壮海.担负起新的文化使命［J］.思想理论教育导刊,2017（11）.

［14］刘水静.当代中国文化自信建设的战略意蕴［J］.教学与研究，2016（50）.

［15］齐卫平.文化自信的实质与意义［J］.中原文化研究，2016（05）.

［16］陈一收.论以马克思主义为指导的文化自信［J］.思想理论教育导刊，2016（07）.

［17］高翔.坚持中国特色社会主义文化自信［J］.党建，2016（08）.

［18］曲青山.关于文化自信的几个问题［J］.中共党史研究,2016（09）.

［19］赵付科,孙道壮.习近平文化自信观论析［J］.社会主义研究，2016（05）.

［20］刘建军.论当代中国人文化自信的来源［J］.文化软实力，2016(01）.

［21］牛先锋,云付平.文化自信，我们是想要表达什么？［J］.科学社会主义，2016（05）.

［22］方世南.文化自信视域中的文化现代化研究［J］.学习论坛，2017（01）.

［23］罗嗣亮.毛泽东关于重建民族文化自信的思考及启示［J］.马克思主义研究，2017（01）.

［24］郝立新,朱紫祎.中国特色社会主义文化的时代境遇与价值选择——学习习近平总书记关于坚定文化自信的重要论述［J］.毛泽东邓小平理论研究，2018（11）.

［25］范晓峰,郭凤志.关于中国特色社会主义文化自信的几点思考［J］.思想教育研究，2016(07）.

［26］杨泽明,陈钰业.文化自觉·文化自信·文化繁荣·文化自强——探寻中华文化发展的内在逻辑［J］.西北民族大学学报（哲学社会科学版），2013（05）.

［27］程惠哲.文化自信的底色与本色［J］.人民论坛，2018（36）.

［28］沈湘平.从使命高度理解和坚定文化自信推动社会主义文化繁荣兴盛［J］.中国高校社会科学，2017（06）.

［29］公方彬.政治观视野里的文化自信［J］.人民论坛·学术前沿，2017（07）.

［30］董振华.关于中国特色社会主义文化自信的几点思考［J］.科学社会主义，2016（05）.

［31］庄严.以高度的文化自信推动中华文化繁荣发展——学习习近平总书记关于中华优秀传统文化的重要论述［J］.求是，2015（02）.

［32］张远新.文化自信：更基础、更广泛、更深厚的自信——学习习近平总书记关于文化自信的有关论述［J］.兰州学刊，2016（10）.

［33］徐伟新.坚定文化自信［J］.理论视野，2015（10）.

［34］陈琳，贾晓芬.中国公众的文化自信指数调查报告（2016）［J］.人民论坛，2016（36）.

［35］张春和，张学昌.坚定文化自信的价值理路分析——兼论社会主义核心价值观教育［J］.理论与改革，2016（06）.

［36］云杉.文化自觉 文化自信 文化自强——对繁荣发展中国特色社会主义文化的思考（上）［J］.红旗文稿，2010（15）.

［37］云杉.文化自觉 文化自信 文化自强——对繁荣发展中国特色社会主义文化的思考（中）［J］.红旗文稿，2010（16）.

［38］云杉.文化自觉 文化自信 文化自强——对繁荣发展中国特色社会主义文化的思考（下）［J］.红旗文稿，2010（17）.

［39］秦刚.充分发挥文化在社会发展和进步中的作用［J］.科学社会主义，2009（02）.

［40］张雷声.文化自觉、文化自信与社会主义核心价值体系［J］.思想理论教育导刊，2012（01）.

［41］刘士林.中华文化自信的主体考量与阐释［J］.江海学刊，2009（01）.

［42］廖小琴.文化自信：精神生活质量的新向度［J］.齐鲁学刊，2012（02）.

［43］刘林涛.文化自信的概念、本质特征及其当代价值［J］.思想教育

研究，2016（04）.

　　［44］刘林涛.文化自信的社会功能及其实现机制探究［J］.思想教育研究，2017（02）.

　　［45］杨增炭，吕漩.中国特色社会主义文化自信的基本特性［J］.前线，2016（08）.

　　［46］李月明.文化自信的意义、来源及表征［J］.实事求是，2015（05）.

　　［47］秦志龙，王岩.论坚定文化自信的三个基本问题［J］.科学社会主义，2017（01）.

　　［48］李长学，王子凤，胡振良.中国特色社会主义文化自信何以可能［J］.科学社会主义，2016（05）.

　　［49］孙代尧，李健.中国特色社会主义文化自信的生成逻辑［J］.前线，2017（03）.

　　［50］王岳川.世界视域下的中国文化自信［J］.前线，2017（01）.

　　［51］安晓静.文化自信的三个维度［J］.人民论坛，2016（25）.

　　［52］魏波.文化自信的生成与发展机制［J］.前线，2017（03）.

　　［53］徐立文，舒建华.习近平总书记提出"文化自信"的必然性探析［J］.社会工作与管理，2017（01）.

　　［54］邹广文，乔瑞华.关于文化自信问题的几点思考［J］.北京行政学院学报，2017（02）.

　　［55］杨修伟.文化自信与道路自信、理论自信、制度自信的关系辩证［J］.学校党建与思想教育，2016（07）.

　　［56］王喜国.在坚定文化自信中不断提升价值观自信［J］.思想理论教育，2016（11）.

　　［57］管永前.在文明互鉴中树立文化自信［J］.前线，2017（01）.

　　［58］赵亚飞.三个维度全球化条件下我国文化自信之路［J］.改革与开放，2016（10）.

　　［59］王岳川.世界视域下的中国文化自信［J］.前线，2017（01）.

　　［60］朱小娟，安丽梅.论人民主体性在文化自信中的彰显［J］.学校党

建与思想教育，2016（07）．

［61］简臻锐，许慎．论人民在文化自信中的作用［J］．学校党建与思想教育，2016（13）．

［62］林毅夫．21世纪全球多极增长格局中的中国经济发展和文化复兴［J］．北京大学学报（哲学社会科学版），2012（01）．

［63］姚黎君．全球时代的中华文化走向——方克立教授访谈录［J］．党政干部学刊，2001（04）．

［64］樊浩．如何才是"文化"自信？［J］．世界华文文学论坛，2017（01）．

［65］漆玲．从人的发展看文化自觉、自信、自强的重要意义［J］．道德与文明，2011（06）．

［66］黄晓波．论文化自信的生成机制［J］．科学社会主义，2012（03）．

［67］封海清．从文化自卑到文化自觉——20世纪20—30年代中国文化走向的转变［J］．云南社会科学，2006（05）．

［68］王卫兵．全球化语境下的文化自信：缘起、问题、出路［J］．长白学刊，2017（03）．

［69］杨萃．坚持文化自信必须回答的三个问题［J］．国家治理，2017（01）．

［70］孟睿．历史与现实中的中国共产党文化自信分析［J］．当代世界与社会主义，2017（01）．

［71］邱柏生．论文化自觉、文化自信需要对待的若干问题［J］．思想理论教育，2012（01）．

［72］李书群．增强文化自觉提高文化自信实现文化自强［J］．兵团党校学报，2011（06）．

［73］毕重增，黄希庭．中国文化中自信人格的内涵和功能［J］．心理科学进展，2007（15）．

［74］陈金龙．论中国特色社会主义话语权的建构［J］．思想理论教育，2015（03）．

［75］杜振吉．文化自卑、文化自负与文化自信［J］．道德与文明，2011（04）．

［76］郝士艳，王海云，苗艳丽."一带一路"战略中文化自信的彰显［J］.青海社会科学，2017（03）.

［77］冯刚.在中华民族伟大复兴进程中坚定文化自信［J］.马克思主义理论学科研究，2017（03）.

［78］任新民，马喜梅.试论历史规律与文化自信［J］.云南民族大学学报（哲学社会科学版），2017（03）.

［79］周琳娜，赵冰梅.文化自信：21世纪中国马克思主义文化理论的基点［J］.江西师范大学学报（哲学社会科学版），2017（03）.

［80］梅景辉.文化自信与马克思主义意识形态话语权的当代发展［J］.马克思主义研究，2017（05）.

［81］李世珍，郑士鹏.以文化自信增强新时代意识形态安全的实践理路［J］.江西社会科学，2019（10）.

［82］郑士鹏.培育时代新人的文化自信［J］.人民论坛，2019（15）.

［83］韩振峰.社会主义核心价值观的基本内涵与重大意义［J］.思想政治工作研究，2012（12）.

［84］韩振峰.坚持马克思主义在意识形态建设领域的指导地位［J］.上海交通大学学报（哲学社会科学版），2006（03）.

［85］韩振峰.习近平总书记对理论创新和实践创新的新表述［J］.前线，2017（08）.

（五）报纸类

［1］陈先达.文化自信与民族自强［N］.人民日报，2016-12-05（16）.

［2］陈曙光.我们的价值观自信从何而来［N］.辽宁日报，2016-05-31（05）.

［3］于燕文.文化自信我们有底气［N］.人民日报，2016-12-26（13）.

［4］韩振峰.社会主义核心价值体系是兴国之魂［N］.人民日报，2011-12-09.

［5］韩振峰.提升国家文化软实力的路径［N］.人民日报，2011-01-18.

［6］韩振峰.培育核心价值观与增强文化软实力［N］.中国文化报，2014-03-13.

［7］韩振峰.治国理政的传统文化特色［N］.光明日报，2017-02-28.

［8］韩振峰.坚持"四个自信"的内在依据和重大意义［N］.河北日报，2016-10-26.

［9］韩振峰.构建中国特色哲学社会科学的时代价值［N］.光明日报，2017-06-12.

（六）学位论文类

［1］沈红宇.当代中国文化软实力研究［D］.北京：中共中央党校，2013.

［2］周忠华.论核心价值观自信［D］.上海：上海师范大学，2016.

［3］王森森.习近平文化软实力思想研究［D］.海口：海南大学，2014.

［4］江运东.中国特色社会主义文化自信研究［D］.成都：电子科技大学，2017.

［5］宋军.中国共产党文化发展战略研究［D］.九州：华南理工大学，2011.

［6］罗绪春.中国文化自信论［D］.北京：中共中央党校，2018.

［7］孙良瑛.中国特色社会主义文化自信研究［D］.北京：中共中央党校，2018.

［8］徐龙建.文化自信问题研究［D］.北京：中共中央党校，2019.

［9］范晓峰.中国特色社会主义文化自信问题研究［D］.长春：东北师范大学，2018.

［10］陈松源.中华民族复兴道路上文化自信问题研究［D］.郑州：郑州大学，2018.

［11］代露.新时代中国特色社会主义文化自信研究［D］.厦门：集美大学，2018.

［12］马迪.中国特色社会主义文化自信实现路径研究［D］.长春：东北师范大学，2018.

［13］杜弯弯.中国特色社会主义文化自信培育研究［D］.长春：东北师范大学，2018.

［14］毛毛.习近平文化自信思想研究［D］.成都：西南交通大学，2018.

［15］占啸成.习近平文化自信思想研究［D］.南宁：广西大学，2018.

［16］张猛.习近平文化自信思想研究［D］.咸阳：西北农林科技大学，2018.

［17］李燕兰.坚定中国特色社会主义文化自信路径研究［D］.武汉：华中师范大学，2018.

［18］娄世欣.马克思主义文化观视域下的中国特色社会主义文化自信研究［D］.郑州：华北水利水电大学，2018.

［19］丁欧.当代中国文化自信研究［D］.北京：北京交通大学，2017.

［20］梁晨.中国特色社会主义文化自信研究［D］.成都：西南石油大学，2017.